U0619466

丛书主编／乔 力 丁少伦

WENHUAZHONGGUO YONGHENGDEHUATI

文 济南出版社 化 永恒的话题 中 （第四辑） 国

苏轼
率性本真总不移

范晓佩 张昊苏 / 著

《文化中国：永恒的话题》（第四辑）
编辑委员会

主　编　乔　力　　丁少伦
副主编　明　晓
编　委　车振华　　冯建国　　李少群　　李然忠
　　　　孙鹏远　　张　伟　　张云龙　　武　宁
　　　　武卫华　　洪本健　　赵伯陶　　贾炳棣
　　　　曹振华　　潘　峰

总　序

乔力　丁少伦

　　如果仅只一般意义上的泛泛之言，那么，文化，特别是较偏注于精神层面的历史—文化类，便容易生出些与现实中社会经济发展进程相疏离的印象，以致它们那份作为生命价值衡定和终极追求的根基，或者伴随原生点所特具的恒久坚持品格，就往往被世俗间浮躁浅陋的表层感觉相遮蔽误读。其实，庄子早就在尊崇着"无用之大用"的绝佳境界，而海德格尔（Heidegger）从另外的角度着眼，也曾经说过"语言是存在的家园"的话头；如此看来，这种类型的人文—文化，很有可能会筑构起人类世界的精神家园，是极力追逐着速效与实用的现代人那匆促焦灼的人生之旅中的一片绿荫，是抚慰芸芸众生的缕缕清凉气息……

也许，简单推引东西方先贤高哲的理论来作譬喻依归，或许强赋它们以过度严肃严重的功能，将使之疲于担当；而新文学家朱自清《经典常谈》里的观点则是颇有意思的参照："在中等以上的教育里，经典训练应该是一个必要的项目。经典训练的价值不在实用，而在文化。有一位外国教授说过，阅读经典的用处，就在教人见识经典一番。这是很明达的议论。"此言诚不虚也！佐之以别样异类的眼光，则使我们更多元、更宽阔地领略体会到这"一番"：那种智慧的激荡、视野的开张，所带给人心灵的愉悦舒畅。

所以，长时间以来，读书界似乎总在期望着能够以广阔的大文化视野去引领统摄，凭借知识门类的交叉综融而打通人为壁垒的割裂，借助畅达明朗消解枯涩僻奥，既有机随缘地化合学术于趣味之中，又仍然坚守高品味格调的那一种境界——也正是基于上述考量，从我们擘画构想大型丛书系列《文化中国》初始，便明晰了相关选题取向定位和通体思路走向，即"兼纳文史，综融古今"的开放性观照角度与充溢着现代发现目光的"话题"式结构形态；而二端皆出之以寓深以浅、将熟作新的"文化解读型"的活泼清新的叙述风格，是谓异质同构。若申言之，则兼纳综融者成就其框架，设定了特具的内容实体，解读者则属它那有机的贯通连接的具象方式、形态。故此，于遵循一般性历史史实文献叙述规则的同时，还须得特别注重大众可读性，凸显文字的充分文学性趋势。

顺便说明的是，总体上应该变换已经凝滞固型的惯常思维模式，而移果就因、将反换正，另由逆向方面重新审查中国社会历史中既然的现象、人物、事件，有可能寻找、开启别一扇不被熟知的门扉。那里面或许藏蕴了无限风光不尽胜境，等待被发现、辨识尚

未迸发出的生命热情与现代活力，给予现在意义上的形态描述和价值评断。新月派诗人闻一多说："一般人爱说唐诗，我却要说'诗唐'——懂得诗的唐朝，才能欣赏唐朝的诗。"借鉴这种自我作古的论辩意味，我们引申出关于"文化"的终极关怀，充分确认了自己的独立研究发端和把握范畴，明晓这并非单纯的中国文学史、哲学史、政治史，或者相关历史、宗教、审美、教化等等所拼接装合的读本。

至于《文化中国》丛书之第一系列《永恒的话题》，我们则不曾有过任何张皇幽眇、搜剔梳罗早已被岁月尘埃堙没的碎琐资料、荒僻遗存以自诩自足的计划：我们之所多为注目留心者，只是那类于漫长的社会历史—文化演进行程中，曾经产生过推动、催变或滞碍、损毁等诸般巨大作用，拥有广泛、深刻的影响力，又为普世民众感兴趣，每每引作谈资以伴晨夕诵读、茶余饭后的"话题"。无论对其揄扬臧否，这里面都应当含蕴包纳了可供人们纵横反复地探讨评骘、上下考量的丰繁内容，能够重新激荡起心灵波纹的感应——这些即是我们选择的参照系，对于"永恒"的理解和定义。

依前所述，虽然本系列关注的重点在于社会历史运动进程中，那些起到支配主导作用的部分，阐释多种文化现象里的主流内容，力求明晰描绘出那些关键环节与最璀璨绚丽的亮色；但不应忽略的是，造成这些"话题"演变的原因、结果往往是多义性的，其运程经过更可能呈现出多元化的展露、一种异常纷杂繁复的构成形态，而极少见到的是那严格意义上的唯一性。故而，与其强调它们的关系属于决定论，倒不如主张为概率式的，才更切合实际，也更需要一种远距离、长时间的"大历史"理念和宽视界、全方位的"大文

化"框架去作重新检讨。两者其实是互补而相辅相成的。如果将这个方法提升成范式，则很可能显示出同以往传统惯常的观点、结论并不总是趋同的独到之处。这也是我们所希望得到的东西。

以上已明了《文化中国：永恒的话题》丛书系列的缘起和总体立意命思，随后就它们的具体撰写旨趣与大致结构特点略予说明。

首先是关于丛书的。本系列要求必以全面、凿实的史料文献作为立言根基，却主张采取清畅流丽而富于文采意趣的散文体笔调去表述，以实现对诸"话题"的多元考量与文化透视。也就是说，意味着从文化的特定视角来重新解读，并非简单、直接地面对某些重大社会历史文化的主题；而给出的现代反思和阐释，也折射、反映着一定的时代文化精神。从这里出发，我们尽管极力求取更多的知识信息含量，但却不是一般化的知识读物；虽然以深厚谨严的学术品格做前提，但非同那种纯粹的学院派学术论著。我们力推有趣味的可读性，却绝对排斥、摒弃那种纯为娱乐而违背史实随意杜撰编排的"戏说"故事；强调现代发现和个人创见，又拒绝只求新异别调的无根游言及华而不实的浮夸笔墨。总归一句话，丛书所要的只是浓郁的文化观照、历史反思和新见卓识，即新的观点、视角和表述方式方法。

后者是关于本系列的。本次的 5 种为其第 4 辑。如果依然采用以类相从取所近者而归纳于同一范畴的方式的话，则这 5 种可是本系列已经出版过的数十种里未曾有过的类型，这反倒与另一个系列《边缘话题》的第 3 辑相似，皆属于"纯文学性"的题材。只不过那些都是作品，以对中国古典戏曲巅峰制作的 5 种文本（元人《西厢记》，明人《琵琶记》、《牡丹亭》，清人《长生殿》、《桃花扇》）

来展开叙说述评，敷衍成书；而本系列的 5 种则通为作家了——他们无不是高高矗立在中国文学史极顶上的人物，贯穿着开端到结尾，永远标志了那几千年漫长岁月里所可能臻达的辉煌。

顺便提一下，运作本辑的动念竟有点偶然：因着当代小说家莫言获诺贝尔文学奖事，国人生发出浓郁的"诺奖情结"，热议：设若也为中国古代文学家立项的话，那么谁能够得此殊荣？送经作家学者们讨论、网友几番票选，百余名有幸获提名者中最居前端的便是本辑的 5 位：真可谓众望昭昭，实至名归。下面就依照其所处时代的顺序先后，列出虚拟颁奖辞，并略缀数语为之说明补充。

《屈原：乡土元音奏典范》："处身于黑暗无序的政治环境里，他却孤独地坚守光明有序。他将极具个性化的楚风楚调之蛮荒神秘转化成为纯美绚丽的艺术世界，虽与中原先民的群体歌唱情韵殊异，然皆为华夏文学文化的源头和经典。"

屈原是战国末期的楚贵族，曾参与过政治最高层，然终遭贬黜斥逐，国家也走向了彻底衰败。作为中国历史上的第一位纯文学作家，他是浪漫的诗人。不过，这种浪漫不重在意志与渴念，也不讲排弃原则的反讽，而是以人为本，张扬人的灵性，将人格与自然的两美蕴含在一起，主客融化，物我成一体，构建起独特的审美形式。屈原之浪漫，每以飞翔的想象、不竭的动力作为外在表现，而内在则支撑充盈以他那独特的理想人格，才铸就了他的精神境界：卓伟高洁，痛快淋漓。

《李白：梦里游客竟未归》："一个终生'在路上'而无所归属的追梦者。由于他气骨高举、豪迈不羁的诗歌所创造出的非凡艺术力量，在不适合幻想的人世里，诠释证明了人格自由和人的价值。"

他名播四海，但生命中却从未得有真正深度介入现实政治的机会，终究以一介平民身份弃世。可他心头总是装着许许多多的梦想，如求道寻仙之梦，任侠仗义之梦，出将入相之梦，拥抱自由之梦……而实际上，李白的这些梦想，并未圆满筑构成，也断难筑圆。不过，他仍然不断地为践行理想奔走，努力探寻他那个世界，给盛唐天空镶嵌上熠熠闪光的星星。就像古代神话中的夸父逐日——夸父尽管"道渴而死"，未能达到目的，但他所留下的手杖，业已化作绚烂如火般热情的桃花林：这便是永远青春盛开的李白，真乃太白金星之精魄也！

《杜甫：儒风侠骨铸真情》："等到身后才被历史发现、认同，尊奉为'诗圣'，享千秋盛誉。他将家国民生之深思大忧融进诗歌，又将诗歌注入生命深处，变移了古典诗风走向，尝试并构建起人工胜天然的新美学范式，遂挈领后世诗坛潮流。"

他总是揣着满满的儒者情怀，忧国忧民，也曾几度任职于朝廷和地方政府，危难时刻仍坚守理想；同时又受到洋溢了青春精神、生命活力的盛唐气象与任侠之风的熏染影响，思想作风时常迸射出侠义光芒。而这些，都根基于他的一片真情、"民胞物与"的大爱情怀。故无论"伤时挠弱，情不忘君"，或者对人间亲友、自然万物，"杜甫是当得起'情圣'这一封号的"。所有种种诸般，都活现在他为之付出毕生心血、直相伴到人生途程之最后的诗歌里，乃至成就为历史的永恒："善陈时事，律切精深，至千言不少衰，世号'诗史'。"或许，杜甫是幸运的，生当这个数千年难得一遇的、国家盛衰转换的关键；他也是无愧的，圆满完成了自己的诗人使命。

《苏轼：率性本真总不移》："尽管多历跌宕忧患，他仍笑对人

生，将儒、释、道综总融作高远旷达。作为不世出的天才全才，他标志着被视为中国历史上最高度发达成熟的那个文化时代的辉煌。"

苏轼本着以儒济世报国、以道处世为人、以佛治心养气的理念，综融贯通了儒、释、道三教，进而给自己的人生和事业打下"外儒内释"的深深印痕。他才华横溢，学识渊博，极富创造力而成就卓绝不凡。他虽广泛涉猎于文学艺术乃及文化的诸领域，然多能自成一家，"别开生面，成一代之大观"。这也与那个在开明宽松的国家政策和稳定和平的社会环境下，思想文化呈现出历代罕见的大繁荣，造就了发展鼎盛期的时代背景所应合，遂得成巍巍高峰。苏轼的文艺创作崇尚自然，主张创新，别立标格，注重自由写"意"与真实情感的抒发。无论在朝为帝王师抑或出任地方牧守，甚至是屡遭斥逐的艰窘岁月，他都每每以率性本真之面目待人处世，不改其超迈清旷、高绝俗浊之气。

《曹雪芹：从忆念到永恒》："繁华旧梦已化灰，他据之创造出经典的艺术大厦。这是由于他对真理的热情和探索，对思想的贯通能力，对社会的广阔观察，以及他在一部作品中辩解并阐述那种理想主义的人生哲学时，所表现出来的坚执与热忱。"

他一生只写了这一部小说，自称是"自怜幽独，伤心人别有怀抱"之作，藉以表达对宇宙、人生和社会、历史的探讨，散发出悲天悯人的巨大思想精神力量——曹雪芹和《红楼梦》已经紧密地融化为一体。准确说来，《红楼梦》是曹雪芹以自己的亲身经历、见闻为基础，通过典型塑造、虚构提高等诸多艺术加工所成的，带有浓厚自传色彩的稀世杰作。在其间，关于失败贵族青年痛恨前非的忏悔，对忆念想象中曾闻见的优秀女性那瑰丽形象与超群智慧，以

及精湛广博的中国文化的表现，都在曹雪芹笔下被赋予了永远的生命活力。

总括言之，《文化中国：永恒的话题》强调"可操作性和持续发展的张力"，即足够的灵活性和巨大的包容性。作为一个长期的品牌选题，视具体情况，分为若干辑陆续推出，以期完成对"文化中国"的重大历史—社会文化主题的另样解读，自然希望能得到更多读者朋友的关注。倘蒙你们慨然指出不足谬误之处，相互切磋商酌，那便是传递出一份浓浓的友情，而我们的欢迎和感念之情，当是不言自明的。

2014 年季冬之月于济南

目　录

引　言

　　海南岛上的苏公祠有一副名联："此地能开眼界，何人可配眉山。""眉山"指的正是苏轼，"眉""眼"相对，正是大家妙笔。与通常的祠堂联不同，这种评价并不是过度揄扬。在中国的文化长河中，苏轼确实被人们看作文化巨人，放眼古今，罕有能与其相匹敌者。

　　不过，仔细想想，也不免令人产生些许疑问：为什么我们更愿意把苏轼——而不是其他人——当作文化巨人？中国历史上提倡立德、立功、立言的"三不朽"，达到"三不朽"，苏轼在这些方面是不是真就首屈一指呢？

　　从"立德"来说，苏轼自幼接受儒家思想教育，以"治国平天下"为己任，"为天地立心，为生民立命，为往圣继绝学，为万世开太平"是他奉行终生的行为准则。为臣，他直言敢谏，自知不合时宜也要力争到底，为此吃过许多苦头，却到底不改本性；为官，

他爱民如子，施惠于民，在他治下，每每"因法以便民，民赖以安"，而赈济救灾，创建救儿会、安乐坊等悲天悯人之行更是不胜枚举，犹属难得的是这许多善行都发生在他遭受迫害、困顿潦倒之时；为师，他热心提携后辈，著名的"苏门四学士""苏门六君子"便是最好的证明，而他自身在显达时的操守、贫困时的气节也足以彰显德行。"立德"这一点，就苏轼来说，应当是毋庸置疑的，只不过"德行"毕竟是不能以高低贵贱来衡量的，在这方面计较出个大小短长也实在没有必要。

从"立功"来说，他"奋厉有当世志"，有着远大的理想抱负。他也曾少年得志，在科举考试中一举成名，获得皇帝、朝中重臣和文坛领袖的赏识，然而当他真正进入仕途，政治理想的实现之路却走得坎坎坷坷。从神宗年间的王安石变法开始，他就被卷入党争旋涡，因其苏世独立而为政客们所忌恨，导致坎壈终身。这样充满贬谪与凄凉的政治生涯，虽然在黑暗中也不乏亮色，但却很难说有什么"立功"的大表现。

从"立言"来看，苏轼的文学天才和文学成就无人能够否认。人们公认他是一位旷世的文学天才，他也属于当世的文坛巨公，但从成就上说，似乎还没到"唯他独尊"的地步。说到诗，屈原、李白、杜甫等人就是座座高峰，苏轼虽不见得必处下风，但说远超侪辈，自是不客观的；说到词，他"以诗为词"的手法向来多有争议，而从文学史地位来说，约略同时的柳永、秦观、周邦彦，较后的辛弃疾，都足以与他较量一时的进退，相为颉颃；说到文章，他列身"唐宋八大家"之一，亦很难说文采就铁定超过其他七人，从影响上看，恐怕也不如韩愈、欧阳修等人更受后世欢迎……那么，

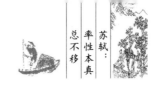

既然苏轼没有可以拿出来压服群贤的单项成绩，他又是如何成为人们眼中的文化巨人的？

首先即是他的"综合能力"之强。不错，拿出"单项"来，确实难说苏轼就是独一无二的；但是如果看综合评价，他的诗、词、文，乃至书、画等诸多方面，都能达到一个相当高的境界，这便是难能可贵的了。如果中国文学史举办一场"十项全能"比赛的话，冠军想来非苏轼莫属。

不过，仅有这一点还是不够的。唐宋八大家均能兼擅诗文，自不必说；后世的刘克庄、元好问、陈维崧等人也能兼擅各体，成就虽然不如苏轼那么高，但自有其不俗的价值。是否综合水平第一，就必然被尊崇为文化巨人，而高于独擅一体、垂名万古的屈原、李白、杜甫、辛弃疾、曹雪芹诸人呢？恐怕这样的比较还不能尽服人心，文学毕竟不是算总分加权就能够排出名次的，它的多样性给人们以无尽的排名空间，读者尽可以扬李白而黜杜甫，乃至赞吴敬梓而贬曹雪芹，在不同文学观念指导下的多样标准，也就给人更多的遐想空间。那么，在这样复杂的文学评价体系中，苏轼为什么还能够屹立不倒？

原因即在于，苏轼不仅仅是一个才气纵横、下笔万言的天才文学家，同时又是一个苏世独立、不同流俗的士人。在苏轼的奔走潦倒中，他的生存境遇完全通过他的文学作品表现出来。在他的作品中，我们可以清晰地看出苏轼的人格。正如林语堂《苏东坡传》里那段有名的论定之语："苏东坡的人品，具有一个多才多艺的天才的深厚、广博、诙谐，有高度的智力，有天真烂漫的赤子之心——正如耶稣所说具有蟒蛇的智慧，兼有鸽子的温柔敦厚，在苏东坡这

些方面，其他诗人是不能望其项背的。这些品质之荟萃于一身，是天地间的凤毛麟角，不可能多见的。"

读苏轼的作品，我们可以发现，他能慎独修身，却不是高妙难及的圣人；他思想纵横，却不是自成体系的哲学家；他的聪明天才不似尼采那样偏激，却令我们感到无比的亲切。事实上，人们爱读苏轼的作品，并非看重他的修辞手法多么高妙难及，而是从他的诗、词、文中，可以品味到一个真实的天才的人生。这种本性之真，就仿佛他如在身旁，可以为师，可以为友，有着别样的亲切感。

苏轼没有政治上的表现并不妨，因为他的伟大之处并不在成就世务上。他那种乐天而率真、独立而宽厚的人格，已经深入到中国人的文化血脉之中，我们吟诗作文，往往还留有他的影子。这样的表现，才是历史上最伟大的表现。

那么，就让我们回到那个时代，通过他的作品，由其文，知其人，来体会这个文化巨人的真实吧。

第一章

一门父子三词客

一、东坡故里蜀眉山

苏轼，字子瞻，一字和仲，号东坡居士，四川眉山人。这句话可以算是文学常识了，作为开场白，或许有点过于平淡。然而，在谈苏轼之前，我们有必要说说川蜀，说说苏轼的故乡眉山。

四川位于中国西南腹地，先秦时期分属巴、蜀两国，自古即是丰饶富庶之地。中国地大物博，丰水沃土并不罕有，然而巴蜀之地却贵在宁静安逸，这与四川得天独厚的地理环境不无相关。整个四川省被四面林立的高原、山脉所环抱，地势险要，易守难攻。李白在《蜀道难》里反复咏叹"蜀道之难，难于上青天"。战时据此险地，足以"一夫当关，万夫莫开"。盆地内沃野千里，河流、山壑、丘陵散布其间，自然资源不可谓不丰。秦代时，太守李冰在成都兴

建的著名大型水利工程都江堰，更使得此地"水旱从人，不知饥馑"（常璩《华阳国志》）。既能避免战争的侵扰，又有优渥的自然人文环境，四川自此成为当之无愧的"天府之国"。

巴山蜀水养育了四川人，也孕育了灿烂的文化。西汉景帝年间，蜀郡太守文翁注重教育，在成都建立了第一个官办学堂"文翁石室"，使蜀地学风大盛，"蜀地学于京师者比齐鲁焉"（班固《汉书·循吏传》）。文翁教化之力，更惠及后世，班固在《汉书》中对于文翁的举措给出了高度评价："至今巴蜀好文雅，文翁之化也。"文翁之后，蜀地文化昌明，人才辈出，在各个朝代都闪烁着不容忽视的耀眼光芒。

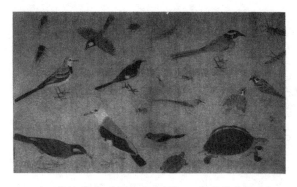

（五代）黄筌《写生珍禽图》　故宫博物院藏

宋代及以后暂且不论，仅仅汉唐之世，随口一数，就有司马相如（西汉）、王褒（西汉）、扬雄（西汉）、严君平（西汉）、陈子昂（唐）、李白（唐）等著名文人，更不说史家常璩（东晋），画家黄筌、黄居寀父子（五代），以及极具知名度的才女卓文君（西汉）、花蕊夫人（五代）等等，甚而中国历史上唯一的女皇帝武则天同样出身四川。

为什么四川这个地方能出那么多了不起的文人学者？简简单单的"文风昌盛"并不足以成为令人信服的理由，毕竟中华大地文明开化极早，孔子以降，由于私学的兴起，文化教育不再是贵族的专

利，教育的普及度大大提升。说蜀地"文风昌盛"，可放眼整个华夏大地，哪处不是如此？蜀地的特别之处究竟在哪里？有疑惑，当然会有解答，于是一些玄奇的猜想与传说就这样诞生了。

魏颢在《李翰林集序》开篇写李白的出身之地四川，有这么一段话：

> 自盘古划天地，天地之气艮于西南。剑门上断，横江下绝，岷、峨之曲，别为锦川。蜀之人无闻则已，闻则杰出。是生相如、君平、王褒、扬雄，降有陈子昂、李白，皆五百年矣。

自从盘古开天辟地以来，天地间飘荡的清明灵秀之气，就停留在了西南地区。上被蜀地北部雄奇险峻的剑门所隔断，下为南部奔腾澎湃横贯而过的长江所阻绝，灵气萦绕其间，不得出入。这里山川秀丽，物产丰富，川蜀西北有岷山，绵延而至西南与峨眉山相连，岷峨一带水系纵横，发源于岷山南麓的岷江，蜿蜒曲折，流经天府成都，分出的支流即为锦江。

锦江古称濯锦江，最早源于汉代。左思《蜀都赋》中有"贝锦斐成，濯色江波"之句。李善注引谯周《益州志》云："成都织锦既成，濯于江水，其文分明，胜于初成；他水濯之，不如江水也。"相传以此江之水濯洗锦缎，纹路分明，色彩灿若云霞，不仅美于初织，更为其他地方的水所不及，濯锦江因此而得名。

比"濯锦江"有着更为悠久历史的是蜀地的丝织业。蜀地早有"蚕丛古国"之称，因盛产桑树而多有桑蚕，以古蜀先王蚕丛教民养蚕，劝事农桑为始，发展到西汉时，蜀地的织锦业已极为繁盛，三国蜀汉时期甚至到了"百室离房，机杼相和"（左思《蜀都赋》）的地步。蜀锦就此驰名天下。

成都百花潭铜壶（战国）　　铜壶纹饰摹本　　　采桑图（细部）

所谓物华天宝，人杰地灵，在这样一个山阻水隔却又富饶安宁的地方，盘绕聚集的天地灵气，被盆地四面环山的地形所限而不得外泄，所以川蜀之地要么不出人才，一旦出了人才，必是五百年才得一遇的天才。

魏颢对川蜀地理人文的这段描述和总结，如今听起来颇有点荒诞不经，未免涂抹了太多夸张而神秘的色彩，但作为《李翰林集序》的开篇倒是恰如其分：李白是个浪漫主义诗人，他的出身之地必然也是富有浪漫主义色彩的。蜀地为什么能出像李白这样的天才？那是自盘古开天地以来，就在此地驻足的灵气影响的结果。

暂不谈此说虚幻与否，不可否认的强有力证据倒是为这一论断增添了几分真实性。魏颢身处当时，也即站在唐代回顾，四川历代的著名文人学者之中，堪称天赋奇才，也是最让四川人引以为傲的，莫若"赋圣"司马相如和"诗仙"李白二人。

众所周知，汉代与唐代，是我国历史上的两大盛世，无论是政治、经济，抑或是思想、科技、文化，都极为强盛。不同的社会环境会生成不同的文化，因之中国历史上的每一个朝代，都有其代表文学，有其独特的文学风格与文学体裁。汉唐盛世的土壤，培育出的则是中国文学史上最大放异彩的两大文学形式：一为汉赋，一为

唐诗。

所谓汉赋，指的是在汉代出现的一种有韵的散文，是两汉四百年间文人创作最主要的文学样式。它在中国文学史上有着举足轻重的地位，可以说是最早的以文学本身的感染力为目标的文体，说它开启了文学自觉时代的到来也毫不为过。正是汉赋使得文学的价值开始真正受到重视，从而使得文学与一般学术分离开来，并促进了中国文学观念的形成。而汉赋的奠基者，也是成就最高的代表作家即是司马相如。他的赋作标志着汉赋的基本定型，《子虚赋》《上林赋》《大人赋》《长门赋》等名篇不仅深受时人喜爱，更为后世争相效仿，影响力无疑是巨大的。

再说唐诗，如果把唐诗比喻成中国文化史上最璀璨耀眼的一颗明珠，想来绝对不会有异议。唐诗文字精短，篇幅不长，但格律严整的近体诗几乎将古曲与诗歌的音韵美、节奏感乃至意境浑成的艺术特色，推到了一个前所未有的高度，更把汉字的魅力发挥到了极致。也正因如此，即使历经千余年，唐诗依然魅力不减，深受人们喜爱。而提到唐诗，恐怕无人不会想到浪漫主义诗人的代表李白。在中国，如李白这般达到妇孺皆知地步的文人，实在屈指可数，而像李白这样能称得上是天纵奇才的文人，更是寥若晨星。

然而，或许是蜀地风水特异，也或许真有所谓的天地灵气聚集在这里，李白再往后三百余年，中国历史上又一个旷世奇才、一代文豪——苏东坡，在川蜀之地降生了。

说到苏轼的出生，倒是有一个传说，堪与魏颢的"天地灵气说"遥相呼应。宋代张端义《贵耳集》中有这样几句简单的记载："蜀有彭老山，东坡生则童，东坡死复青。""童"意为"秃"。相

传，在四川眉山县有一座山叫彭老山。北宋景祐三年（1036 年），苏轼诞生的那一天，山上的花草树木一夜之间忽然全部凋谢枯萎，成为一座秃山。更奇的是，东坡去世的建中靖国元年（1101 年），这座六十余年寸草不生的荒山，又吐青含翠，重新焕发盎然生机。

这个故事的真实与否，如今已无从考证，但至少有一点可以肯定。这个传说之所以广为流传，是因为人们相信苏轼是天地之灵的化身，他的降生夺尽了天地灵气，整个彭老山的钟灵毓秀都汇集于他一人之身，等到他去世，才又将千古英灵之气还给了山川。说来不可思议，但唯其如此，方能解释苏轼旷世奇绝的纵横才气。"清明灵秀，天地之正气，仁者之所秉也。"苏轼一生坦荡刚正，未尝不是天地灵秀之气所赋的缘故。

传说无疑是美好的，放眼中国历史文献记载，但凡传奇人物必然有着异于常人的出身与经历，神秘玄妙的故事似乎是必不可少的。它就好像锦上之花，为人物生平增添了几许朦胧的浪漫与超然。然而美则美矣，却神化了本该有血有肉的人，淡化甚至抹杀了个体本身的努力，让原本可以触及的存在变得缥缈而虚幻。所以，要了解真实的苏轼，我们必须得拨开历史为他罩上的轻纱薄雾，从原点开始细细探寻。

宋仁宗景祐三年（1036 年）阴历十二月十九日，苏轼出生于眉州眉山县（今四川眉山市）一户普通的家庭。

提到眉山，很容易让人想起"水是眼波横，山是眉峰聚"这句词。眉山，就如它的名字，是个山川奇秀、如诗画般美丽的地方。眉山城并不大，却颇为宜居。从地理位置上看，它在成都平原西南边缘，境内平原沃野间丘陵起伏，有水色清透碧蓝的玻璃江贯通内

外，临江而立的是山
势低圆、状貌怪奇的
蟆颐山，水碧山青，
如诗如画。日暮时分
在此凭江而望，山映
斜阳，水映山容，可
一览"蟆颐晚照"的
胜景。循江而往，环

三苏祠

绕点缀在城郭内外的是成片的良田、菜畦和荷塘，更有千竿翠竹在
屋宇间摇曳生姿。这是一座安谧静美、极具田园气息的小城，苏轼
在这里度过了整个少年时代。

儿时的苏轼，活泼爱玩，无忧无虑地跑遍山林田野，发掘着隐
藏在天地自然间的乐趣与奥秘。那段时光无疑是快乐美好的，以至
很多年后，他还经常忆及少年乐事："我时与子皆儿童，狂走从人
觅梨栗。健如黄犊不可恃，隙过白驹那暇惜。醴泉寺古垂橘柚，石
头山高暗松栎。"在《送表弟程六知楚州》中，他不无怀念地回忆
小时候常常与表兄弟们一起像小黄牛一样满山野乱跑，寻找梨、
栗、橘、柚等各种山果的快乐时光。

苏家的书房前种满了绿竹松柏和各色花草，郁郁葱葱的树木吸
引了很多鸟来筑巢。在《异鹊》中，他回忆起儿时光景："昔我先
君子，仁孝行于家。家有五亩园，么凤集桐花。是时鸟与鹊，巢毂
可俯拏。忆我与诸儿，饲食观群呀。"由于母亲不许孩子们捕鸟杀
生，所以在这儿栖息的鸟雀都不怕人，鸟巢筑得很低，人俯下身就
能看到巢中的雏鸟。受母亲的影响，他与兄弟姐妹们常常在庭院里

喂养鸟雀，体会由仁善呵护之心所带来的回报，也即与珍禽异鸟亲近接触的独特经历。

苏轼小时候很喜欢种树。"我昔少年日，种松满山冈。初移一寸根，琐细如插秧。二年黄茅下，一一攒麦芒。三年出蓬艾，满山散牛羊。"（《戏作种松》）他曾经在山岗间植松数万株，并且很享受树木渐长、最后满山葱郁的成就感。

他还曾躺在牛背上读书，幻想自己在行舟中渡河过水，甚至总结出牧牛放羊的各种乐趣与经验，颇有情趣。在《书晁说之考牧图后》中就有几段很生动的描写：

> 我昔在田间，但知羊与牛。
>
> 川平牛背稳，如驾百斛舟。
>
> 舟行无人岸自移，我卧读书牛不知。
>
> 前有百尾羊，听我鞭声如鼓鼙。
>
> 我鞭不妄发，视其后者而鞭之。
>
> 泽中草木长，草长病牛羊。
>
> 寻山跨坑谷，腾趱筋骨强。

从苏轼所写的诗文中，我们能够很真切地感受到，他的童年生活多姿多彩而又意趣盎然。或许正是这样与自然亲近的快乐经历，才陶冶出他率性洒脱的性情与自由奔放的艺术风格。

林语堂在回忆自己的少年时代时，说过这么一段话："一个人一生出发时所需要的，除了健康的身体和灵敏的感觉之外，只是一个快乐的孩童时代——充满家庭的爱和美丽的自然环境便够了。在这样的条件之下生长起来，没有人会走错的。"（林语堂《人生不过如此》）诚然，童年时与自然接近的体验，会成为一个人一生知识

和道德的强有力的后盾。只有处身于青山绿水间，与自然生灵为伴，才能拥有简朴自然的思想和立身处世的超然之态，才能看清世间的伪善和人情的势利，并引以为戒。

"居移气，养移体"，安宁美丽的自然环境对一个人性情与思想的影响之大，自是不言而喻。山水能够荡涤灵魂，拥有过亲近自然的经历，才会明白大自然是最完美的存在：它有至高无上的美，同时又蕴藏着无穷的智慧。大自然的馈赠是无形的，对于一个人成长的影响，更是如春雨润物般细而无声。一个人不论是性格气质的养成，还是其对生活与周遭事物的观察感悟，以及对先圣学说的透彻理解，甚或是立身处世所秉持的思想与智慧，都在很大程度上与其身处的环境息息相关。

瑞士的心理学家卡尔·古斯塔夫·荣格曾说："一个人毕其一生的努力就是在整合他自童年时代起就已形成的性格。"童年时代的见闻所感，在自然的潜移默化中逐渐成型的思想与观念，往往影响到一个人的一生。这些影响也许是显明易见的，也许深埋在潜意识之中，并不易察觉，待到多年后经历过人世坎坷，面临着人生抉择时，重新审视自己，总会不可避免地回到生命的原点。而这时才会明白，少时朝夕相伴的一草一木一山一水，对自己的影响有多大，在困苦迷茫之中挽救自己的，或许就是那些在生长荣枯间默然不语的山水草木。山灵秀、庄重、敦厚、沉静、包容，水灵动、纯净、温润、平和、悠远，山水有大智大美却不言不说，不论风晴雨雪，或岿然不动，或随遇而安，却到底不改本色。生命的真理大多源于自然，贴近自然才能获知万物智慧，返璞归真才能了悟大道至简，而这些感悟一旦被重新唤醒，便终其一生再也不会忘记。

苏 轼

苏轼一生坎坷跌宕，我们并不确知在漂泊困顿时，他所秉持的处世智慧有多少是源自年少时代的记忆，但可以知晓的是，观其一生，不论是思想、为人、处世，抑或是文学风格，无不透着"率直，自然"的本质，简朴天真不矫作，并贯彻始终。不论遭遇的是毁是誉，不论境遇是顺是逆，始终遵循本道，不移不改，真正做到颠沛匪亏，造次弗离。很难说，少年时代的成长环境与经历对这一性情的养成没有一点影响。

林语堂提到的一个人一生出发时所需要的三个条件——健康的身体，灵敏的感觉，快乐的孩童时代（充满家庭的爱和美丽的自然环境），这些苏轼并无意外地都具备了。秀丽的蜀地山川，赋予了苏轼超凡拔俗的文学艺术气质与异常敏锐的感受能力，更给予了他率真质朴的赤子性情，而充满了爱的家庭以及这个家庭所给予的教育，对于苏轼才学与人格的养成也起着重要作用。

苏轼出生在一个普通的家庭里，如果非要在这个家庭里找出点不一般，那大概就是藏书甚丰（"门前万竿竹，堂上四库书"），颇富文化传统了。苏轼出生前，这个家出过一个进士，那便是苏轼的伯父苏涣。苏轼的父亲苏洵（字明允）本来并不十分潜心学业。中国启蒙小儿都知道，这位苏明允是直到二十七岁才开始发愤读书，闭门苦学十余年终有所成，并由此文名大噪。不知是巧合还是自有缘由，苏洵发愤苦学的那一年，正是苏轼诞生之年。

在这样的家庭里，苏轼与弟弟苏辙从小就受到良好的文化教育。苏洵对苏轼两兄弟进行了悉心的栽培，不仅在学业方面要求严格，而且在学习方法、文章写作等方面都做出了正确的引导，这些教育可以说影响了苏轼一生。

苏洵

几十年后，苏轼被贬谪海南儋州之时，由于环境艰苦，清贫无事，犹自梦见小时候父亲监督自己学习的情景："夜梦嬉戏童子如，父师检责惊走书。计功当毕春秋余，今乃粗及桓庄初。怛然悸寤心不舒，起坐有如挂钩鱼。"（《夜梦》）即使此时苏轼已垂垂老矣，在学业上依然不敢稍有懈怠，可见幼时父亲的要求有多么严格，而对他的影响又多么深刻。

苏洵是散文大家，在文章写作方面有着独到的体会，而他也将自己的创作理念完整地传达给了苏轼兄弟，教育他们要有为而作，不要为文而文，认为文章"非能为之为工，乃不能不为之为工"。从后来苏轼的行文风格看，他是牢记了这一教诲，在《南行前集叙》中他也自言："自少闻家君之论文，以为古之圣人有所不能自己而作者。故轼与弟辙为文至多，而未尝敢有作文之意。"因为自小聆听父亲关于写作的看法和主张，所以他跟弟弟苏辙虽然写了很多文章，但从来不敢有浮华矫作之意，文章始终秉持自然而淳朴的风格。

除了父亲在学业上的严格培养，苏轼兄弟受到的另一份重要教育则来自母亲。苏轼的母亲程氏是大理寺丞程文应的女儿，喜欢读

书，通晓大义，性格坚毅仁厚，贤惠善良。在苏洵闭门苦学期间，她勉夫教子，一力承担家中生计，为丈夫免去了后顾之忧；而在苏洵四方游学期间，也正是这位母亲，给了苏轼两兄弟最早的教育。

苏轼有几篇回忆母亲的小品杂记，可以从中略知这位母亲正直温良的性格。在《记先夫人不发宿藏》中，他记述了程氏不取新居地下偶然发现的瓮中之物，以自身行为教导孩子，非分之财，不得妄取。另一篇《记先夫人不残鸟雀》（有诗《异鹊》），则记载了他小时候母亲严令兄弟们不得捕捉鸟雀，不可妄自杀生，要始终怀有仁厚慈善之心。

在苏洵游学期间，苏轼与苏辙的学前教育，都是由程氏亲自完成的。她教育兄弟俩："汝读书，勿效曹耦，止欲以书生自名而已。"读书要有远大的志向和抱负，不能只做个百无一用的书生。她又常常借引古人重视名节的故事要求他们："汝果能死直道，吾亦无戚焉。"（司马光《武阳县君程氏墓志铭》）

在《宋史·苏轼传》和苏辙为兄长所写的长篇墓志铭中，都记载了这样一件事：在苏轼十岁的时候，因父亲苏洵游学四方，所以由母亲程氏亲自教两个儿子读书。有一次，程氏教两兄弟读《后汉书·范滂传》，对范滂的事迹大为感慨。

范滂是东汉时期一位忠贞廉正的官员，因党锢之祸遭受迫害，被捕入狱。临刑前，范滂与母亲诀别，说今后只能靠弟弟孝顺奉养母亲了，自己即将追随父亲归于黄泉之下，从此生人死者各得其所，劝说母亲割舍下难忍的恩情，不要太过悲伤。范母听了儿子的话，反倒很平静地对他说："你今天能够与李膺、杜密等忠义之臣齐名，虽死何恨？既已得到美名，又想求得长寿，这两者哪能兼

得呢？"

听到这个故事，年幼的苏轼问母亲："我长大了要做范滂这样的人，母亲您愿意吗？"程氏随即回答说："你若是能做范滂，我难道不能做范滂的母亲吗？"没有丝毫的犹豫，程氏就是这么让孩子明白，倘若儿子因为坚持正道而死，那是母亲的骄傲，不需要妄自悲伤，所以你们尽可以坚持心中的正义，不要有所顾虑，也不要退缩或改变。

一个人品格的养成，与幼时的教育是分不开的。正是有了程氏在道德上的言传身教，才有了此后一生不改坦荡刚正，有着"不可夺者，嶷然之节"（宋孝宗《赠苏文忠公太师敕》），始终无惧无畏，从不"俯身从众，卑论趋时"的苏轼。

说到底，成就一个人的因素是多种多样的，有自身的，也有外界的。自身因素暂且不论，很多时候，一个人的成功是需要各种因缘和机遇的。就苏轼的成长而言，如果说蜀地人杰地灵，是占据了地利；充满了爱与亲情的家庭的教养与培育，是占尽了人和；那么，苏轼所拥有的另一个幸运恐怕是天时之利——生逢其时，他生在了一个能够大展抱负的好时代，一个中国文人最扬眉吐气的时代。应该说，在这样的时代，有苏轼这样的文学巨人诞生似乎是一种必然。

二、造极于赵宋之世

宋朝的开国皇帝赵匡胤是在五代乱世中成长起来的，战乱的流弊使他感受深刻。他明白，面对遭遇长期战祸后千疮百痍的中原大地，刚建立的宋朝政权急需的是一个和平安稳的社会环境休养生息。唐朝的灭亡是藩镇割据之祸，五代的频繁更迭多是军人集团篡

夺政权的结果，总的来说都是地方势力过于强大的缘故。以史为鉴，要使赵宋这个新生政权维持长久，不至于重蹈覆辙成为另一个短命王朝，赵匡胤要思考并解决的首要问题，就是对地方权力和军权的抑制，而这也成为了整个大宋王朝确立政治体制的根本出发点。

赵匡胤

为防止武将拥兵自立，在军事体系上，"兵无常将，将无常师"的措施使得军队里"兵不知将，将不知兵"，大大削弱了地方军事实力，从而保证了中央集权的高度强化；为防止地方形成割据势力，在官僚体系上，由文臣担任地方长官，长官之外再添通判，使之互相牵制，各方势力都难以独大。宋初施行的一系列政策，一言以蔽之，即由中央统领全局，以分支体系中各种力量的相互牵制来提高中枢机构的控制力。就初衷而言，其成效可谓立竿见影，武将的权力锐减，从根本上避免了军将夺权之祸，而针对官员的监督制约机制，也杜绝了地方势力的坐大。当然，这样的政体利弊兼有，武力的羸弱即是两宋最遭诟病之处，但无论如何，从结果上来看，却的的确确带来了宋代的长治久安。

"一个国家，只有联合而为统一的集权国家，才有机会谈到真正的文化经济上的进步。"（邓广铭《论赵匡胤》）稳定的国家和政权，是民族文化延续传承乃至繁荣兴盛极为重要的因素，而两宋在经济、科技和文化上所取得的高度成就也从事实上证明了这一点。

在学术界，关于宋朝是否奉行"重文轻武"的国策，以及文盛武衰的现实是否源于"右文"政策的影响等问题，虽然颇有争论，但不论是有意为之，还是牵制体系的附加效应，宋代文臣地位的显著提高是不争的事实，而宋朝的国体、制度和社会环境，也实在是文人的"天堂"。

纵观两宋历史，如果说宋太祖赵匡胤为大宋一朝奠定了宽松平和的立国基调，那么宋太宗赵光义则将"文治"的局面真正打开，确立了有宋一代的整体风格，而后制定的一系列政策都直接促成了文人群体的迅速崛起。宋代文化的大繁荣，自此而始。

1. 开科取士　大兴科举

《元史》中有语："宋大兴文治，专尚科目。"始于隋唐的科举制度，发展到宋代，已经逐步走向完善。为确保科考取士的质量，宋代健全了科举管理和考试制度，保证了科举考试的公平性。其中最大的改进，当为废止唐代以来的门生称谓及公荐制。

宋太祖时期即诏令，禁止主考官与中选进士结成座主与门生的关系，考生不得再称呼主考官为师门或自称门生。另外，宋代科举在州试、省试之外又增加了殿试

殿试图

一级，即由皇帝亲自出题考试，所有经过殿试考中的进士，都算作天子门生。这种对取士过程的控制，减少了考官与士子联党结派的

可能，使绝大多数文化精英集中在政府机构。

而废止"公荐制"的举措则是，在科场考试上，不再允许行卷、温卷的做法。"行卷"、"温卷"是唐代科举考试盛行之风。唐代取士，不仅看成绩，还需要有名人显贵的举荐，主试官有权参考举子平日的作品和才誉决定录取资格及名次。所以举子为增加及第的可能性，在应试前常常将自己以往的诗文作品投给名公巨卿，以求得称誉推荐，即为"行卷"。而过上几日再投，以提醒受卷的达官贵人对自己的关心和注意，则谓之"温卷"。"行卷"与"温卷"确实能够使有才能的人显露头角，但是在这种风气下，也不乏弄虚作假、欺世盗名之人。而宋代禁止"行卷""温卷"，废止权臣向考官推荐考生的特权，也就有效防止了科举中的徇私舞弊，保证了科举考试的公平性，如此一来，即使是毫无背景的寒门子弟也有机会通过公平公正的考试进入仕途。

为防止科考作弊，在废止"行卷""温卷"之余，又进一步实行"糊名""誊录"制。"糊名"在宋代称为"弥封"，就是把试卷卷首的考生姓名、籍贯和初定等第等信息一律封住或者裁去，以防止评卷官员徇私舞弊。所谓"誊录"，顾名思义，即考生的试卷在送到考官手中之前，必须由书记将试卷重新抄录一遍。经过"糊名""誊录"之后，考官在评阅试卷时，不仅不知道考生的姓名，连考生的字迹也无从辨认，这种制度，对于防止主考官徇情取舍产生了很大的效力。说到这里，不能不提一下那个为人所津津乐道的故事，因为关于科考"糊名""誊录"制最著名的乌龙事件，就发生在本书的主人公苏轼身上。

苏轼在北宋文坛初露头角的一战，即是宋仁宗嘉祐二年的科举

考试。在礼部考试的应试文章《刑赏忠厚之至论》中，他以清晰的思路和流畅的行文阐述了仁政治国的思想，这篇文章中所主张的观点，也是他一生所遵循的政治哲学，当然，这是后话。当时的主考官是文坛领袖欧阳修，国子监直讲梅尧臣（字圣俞）则担任参评官，梅圣俞读到这篇文章后非常喜欢，认为该文"有孟轲之风"，转给欧阳修看，欧阳修看后，对文章的内容和风格十分欣赏，一度"惊喜以为异人"，准备将这篇文章取为第一。但因为考卷"糊名""誊录"的关系，考官不知作者是谁。欧阳修以为此文是自己的学生曾巩所写，怕惹来嫌疑，最终还是将原本列为首卷的这篇文章改批为第二。说起来确实有点冤，但也从侧面反映了当时科考制度的严格。

值得一提的是，宋代对于科场考试的一些法规制定虽然比起前代更为严格，但对于参加科考的人群却具有更大的宽容度。举一个最明显的例子：唐代时，并不是什么人都能参加科举考试，考进士之前，首先需要进行资格审查，其中有一点，如果家中是经商的，或关系比较近的亲属是做生意的，就没资格参加科举考试。众所熟知的天才李白，为什么终其一生都没有参加过科举考试？狂傲如李白，虽自言不屑于此，但最大的原因是他没有资格，李白是商人之子，在唐代的科举制度下，是无缘科考的。而宋代科举放宽了应考条件，由于不再抑商，商人子弟也可以通过科举入仕，偏远地区的考生甚至能够申请到由政府提供的往返路费。虽然一届科考并不是所有考生都能高中，但这样的举措无疑促成了全民向学的良好风气，不仅使得普通民众的文化素质普遍提高，政府也通过扩大人才的选拔面，择选出大量优秀的行政官员。广大庶族士人也因此得以

进入宋王朝政治系统，作为新崛起的文人阶层活跃在宋朝官场，最终形成文官政治局面。

宋代科考中的另一项重大举措，被称为"为文人打开了天堂的大门"，即扩大科举取士的规模，由此开辟了文人的天下。自宋太宗赵光义即位，朝廷就开始大幅度增加科举录取名额，太宗朝的第一场科考录取比例即达空前之高。对比前朝数据，唐代每届科举考试进士录取名额不过二三十人左右，宋初也大体相当。宋太祖一朝开科十五次，总共才取士 188 人。而据记载，宋太宗太平兴国二年（977 年）殿试，进士及第 109 人，诸科及第 207 人，此后则每届逐渐增加，北宋科举考试的进士录取额基本维持着三四百名的规模，宋朝因此呈现出人才济济的局面。不仅如此，自太宗时期起，政府放宽了任官条件，凡在殿试中得中进士的考生都可以立即授官，不需要再经吏部选试，并给予士大夫较高的政治待遇和优厚的俸禄。

虽然放宽了应考条件，也扩大了录取规模，但因为有严格的科场考试制度把关，保证了进士的质量，避免了流于滥取的弊端。毫无疑问，宋朝在科举考试中的一系列改革是成功的，也取得了丰硕成果，真正发挥了科考的优点和作用，在为大宋王朝输送大量优秀文人官员的同时，又带动了好学的风气，政府和民间创办的教育机构遍及全国。京师有国子学和太学，地方有州学、县学，民间书院更是盛行其时。整个社会文风大盛，为文化的大繁荣创造了极佳的条件和氛围。

2. 大举修书　建馆崇文

宋太宗时代，在"文治"方面还有几桩大事。除了科举的改革，还有两件影响深远尤其让文人欢欣鼓舞的大事，一为"修书"，

另则为修建崇文院。

书籍是文化传承最为重要的载体。回顾中国几千年历史，不管遭遇怎样的战祸与动荡，即便是异族入侵，国家民族陷入生死存亡之境，都不曾让我们的文化消亡。中国文化能够绵延数千年，多少得益于自文字诞生以来就代代相传的书籍之力，从甲骨、金石到竹简、木牍、丝帛再到纸张，不管在哪个朝代，总有人不曾丢掉手中的书本，不曾扔弃心中固守的文化信

赵光义

念。而一个国家或朝代对于自己民族最好的交代，莫过于对文化的传承复兴做出贡献。从这种意义上说，修书的重要性自是不言而喻。

宋太宗登基后不久，即诏令翰林学士编纂各类书籍，将当时所能见到的历代古书汇集成册。整个太宗一朝，共纂修大型类书《太平御览》一千卷，《太平广记》五百卷，《文苑英华》一千卷，这三部再加上真宗时编纂的《册府元龟》一千卷，被合称为北宋"四大类书"。四部书保存了宋代以前的大量文献资料，由于宋代雕版印刷盛行，更得以完整流传至今。宋初的修书之举对民族文化的深远影响由此可见一斑。

诚然，书籍是一个民族最珍贵的财富，而一个崇尚文治的国家，不能没有一个像样的藏书机构，否则，文化的上承下传就只是一句空谈。经历过五代乱世，官方存储图书的"三馆"——昭文馆、史馆和集贤院虽然还在，但是建筑低矮，狭小又潮湿（"湫隘

卑痹，仅庇风雨"），一副残破衰败的模样。在亲自察看过"三馆"的凄凉景象后，太宗即刻下令重修三馆，并赐名"崇文院"，使得侥幸逃过战火的书籍有了安身之所。这座比皇宫还要美轮美奂（"轮奂壮丽，甲于内庭"）的国家图书馆，集纳天下藏书八万余卷，成为了宋代乃至后世文化发展的宝贵养料。

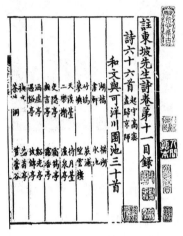

宋版书

什么才是最好的教化？班固在《白虎通义》中说，"教者，效也，上为之，下效之"。官方对文化事业的重视与大力扶植，使得宋代社会读书、藏书风气大盛。整个宋代社会从上至下、由外而内各种因素的交互影响，形成一种良性循环。文化的发展促进了经济与科技的发展，而经济、科技的发达与繁荣，也成为了文化兴盛的强大助力。在文化发展的需求下，中国古代最伟大的发明之一——活字印刷术在宋代应运而生。在这一发明的推动下，图书的整理、出版盛行于世，带动了文化的普及与繁盛。各种出版物大量发行，不仅使得当时国民的文化素质普遍提高，更造福了千秋后世。发达的出版业，为学术研究提供了极大的便利。宋代士人喜好著述，更喜收藏整理古籍，时至今日，宋版书仍有着无可取代的学术地位和价值。

3. 思想开明　文化自由

民族文化繁盛所需要的土壤，除了安稳和平的社会环境，更重要的是开放自由的社会风气。一位研究宋史的作家曾说，开国皇帝

的成长经历和性格往往会影响一个朝代的风格和体制。虽生于五代乱世，但赵匡胤成年之前品尝过真正的平民乐趣，他的性格温和宽厚，他内心的天堂是平静的，因此他建立的朝代文华风流，宁温和不酷厉。从"黄袍加身"篡夺皇位到"杯酒释兵权"谋夺军权，看不到血腥杀戮的影子，治理国家则选择以牵制替代压制，没有残酷暴虐的迹象。这样的风格，作为"祖宗家法"被整个大宋朝代所继承。

据王夫之《宋论》卷一《太祖三》记载："太祖勒石，锁置殿中，使嗣君即位，入而跪读。其戒有三：一、保全柴氏子孙；二、不杀士大夫；三、不加农田之赋。……自太祖勒不杀士大夫之誓以诏子孙，终宋之世，文臣无欧刀之辟。"三条誓言，将"仁"字贯彻始终，是宋代历朝皇帝即位前，必须跪读的祖宗之法。有评价称，太祖誓碑是中国历史上最应不朽的名言，这是在人治独裁制度下所能达到的最好的、最开明的也是最有效的制度安排。难能可贵的是，两宋历朝皇帝都遵从了誓言，让太祖的这几条开明政策，在宋朝三百年间都得到了切实的执行。尤其是"勒石三戒"中最核心的一条，即"不得杀士大夫及上书言事人"，这种等同于宪法的保障，使得士大夫可以尽情议论时弊，讦扬幽昧，可以说从根本上确保了宋朝能够达到中国文明的最高峰。

宋代的祖宗家法，为士大夫创造了宽松开明的政治环境，宋朝的台谏制度非常发达，还形成了朝省集议制度。而宋代的文人士大夫也没有辜负此盛德。放眼中国历史，宋代的士大夫比任何朝代的文人都更体现出"治国平天下"的儒家精神，以及"以天下为己任"的信念与责任感，"为天地立心，为生民立命，为往圣继绝学，

为万世开太平"（宋·张载《张载集》）几乎成为大多数士大夫的共同志向。在这种时代环境下，大宋的官员直言敢谏，中国文人的气节与尊严在宋代被体现得淋漓尽致。

不唯政治开明，思想文化同样如此。宋代在思想文化上无专制，文化环境自由而宽松，这一基调从立朝伊始即已奠定。从历史上看，自战国时期诸子学说"百花齐放，百家争鸣"之后，文化专制主义不乏其事：秦代有"焚书坑儒"的暴行，西汉有"罢黜百家，独尊儒术"的做法，北魏太武帝、北周武帝、唐武宗、后周世宗有"毁佛""灭佛"之举，乃至后世的大兴文字狱等。不论这些事件的历史背景究竟为何，无疑都是文化专制的体现。而宋代儒、释、道三家学说无所谓轻重，凭其自由发展，思想、文学、艺术等领域的各个流派都兼容并包，从不存在打压与限制。宋代文化艺术界因此生气蓬勃，呈现出一派繁荣活跃的景象。

4. 文化的登峰造极

不管是社会环境、国家政策，抑或是时代氛围，都为文化的生长壮大提供了最适合的土壤，宋代也最终结出了无与伦比的文化硕果。

陈寅恪先生在《邓广铭〈宋史职官志考证〉序》中有一句颇为著名的总结："华夏民族之文化，历数千载之演进，造极于赵宋之世。"对宋代文化的繁荣做出了高度评价。邓广铭先生也说："宋代文化的发展，在中国封建社会历史时期之内达于顶峰，不但超越了前代，也为其后的元明之所不能及。"宋代是中国文化史上的鼎盛时期，此说绝非溢美之言。

无论文化人才还是文化成果，宋代都足以与历史上任何时代媲

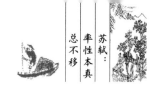
美。在活跃自由的文化环境下，两宋学术成为自战国时期"百家争鸣"之后仅见的一座文化高峰。宋代文坛群英荟萃，儒学大家、文人学者灿若繁星。宋代文化经过初期的积累与发展，在北宋中后期达到顶峰，一大批文化名人几乎同时出现在历史舞台上，文学艺术领域一时盛况空前。简单列数一下宋代文化领域的成就和著名文人，就能感受到当时的盛况。

宋学：北宋在哲学领域远超前代，其最大的成就莫过于"宋学"，它被认为是中国封建社会后期最为完备的理论体系。宋学以儒家礼法、伦理为核心，以"理"作为宇宙最高本体和哲学思辨结构的最高范畴，因此又被称作"新儒学"或"理学"。北宋中后期出现了一批理学家，最著名的当属"北宋五子"——周敦颐、张载、邵雍、程颢、程颐。

史学：陈寅恪曾说，"中国史学，莫盛于宋"，宋代在史学方面也创造了辉煌的成就，其代表人物是欧阳修和司马光，另有修史"三范"（范镇、范祖禹、范冲）等。其中尤以司马光的史学成就最高，由他所编写的《资治通鉴》代表了我国古代编年体史书的最高成就。

宋诗：唐诗在中国诗歌史上是一个不可逾越的高峰，宋诗另辟蹊径，偏重理趣，创出了自己的特色。这个时期，北宋著名诗人有梅尧臣、苏轼、黄庭坚等。

宋词："唐诗"、"宋词"并称中国文化史上的两颗明珠，宋词在北宋中后期达到鼎盛，佳作迭出，著名词人比比皆是，如晏殊、欧阳修、张先、晏几道、范仲淹、柳永、苏轼、秦观、周邦彦等。

散文：明代学者宋濂称："自秦以下，文莫盛于宋。"几乎同时

期出现的北宋散文大家就有欧阳修、苏洵、苏轼、苏辙、王安石、曾巩，占据"唐宋八大家"六席之地。

书法：宋代书法"尚意"，强调在书法中自由表现个性与情感，为书法艺术尤其是行书的发展开辟了新天地。北宋著名书法家有苏轼、黄庭坚、米芾、蔡襄，被认为是宋代书法风格的典型代表。另外，宋徽宗赵佶在书法上也有着较高的造诣，他所创的"瘦金体"别具一格，为后人竞相效仿，成为书法的一大流派。

绘画：北宋中后期"文人画"的兴起将中国绘画艺术带入了一个全新的领域，而宋代的山水画则代表着中国画最高的艺术水平。北宋的著名画家早期有李成、范宽、燕文贵等，中后期则有文同、苏轼、李公麟、张择端、米芾、米友仁、赵佶（宋徽宗）等人。

上述列举的都是今人耳熟能详的文化名人，这些人在北宋中后期于不同领域涌现出来，使得北宋文坛盛极一时，由他们所创造的文化成果几乎成为宋朝最值得夸耀的成就。可以说，作为一个文人，生于宋代是一种幸运，而生于北宋中后期——整个宋代文化最为鼎盛的时段更是一种莫大的幸运。这个时代造就了一大批文人，反过来，这个时代也因为这些文人而在中国历史上呈现出不逊于任何朝代的璀璨光芒。

这种可遇而不可求的幸运，让苏轼赶上了，他所身处的北宋中后期有最浓厚的文化氛围，有最理想的文化环境，有最纯粹的文化精神。对于一个不世出的奇才来说，生于这个时代，不啻如鱼得水，最终，他也没有辜负时代所赐予的这份好运，凭借自身非凡的才华与独特的人格魅力，成为了宋代乃至整个中国文化史璀璨群星中最耀眼的一颗。

三、父子高名重古今

古人云，学而优则仕。在宋代，文人通过科考入仕，是比任何朝代都更加容易的。苏洵才智过人，在政治上有很大的抱负，即便二十七岁才发愤苦学，但毕竟禀赋颖异，很快就学有所成。然而不知是否天意弄人，苏洵参加过多次科举考试，却屡试不中。乍听有些难以置信，深想一下，这倒也没什么好奇怪的。会做学问的人，并不一定会考试，有些人天赋极高，却偏偏考不出好成绩。究其原因，大约越是天资聪颖的人，越容易被固定的条框和规则所限制。苏洵的长处是散文，最擅政论，他的作品偏重思想与理性，不造作，不花哨，弱点则是作诗，所以即便文学成就斐然，但在主考科目是帖经、墨义和诗赋的进士科考中却难得讨好。

庆历七年（1047 年），苏洵又一次落第。这一年，父亲苏序在家中去世，正在庐山、虔州一带南游的苏洵匆匆返蜀。归家后他把往日旧作全部焚毁，"遂绝意于功名，而自托于学术"（苏洵《上韩丞相书》）；转而又将落空的志向寄托在两个儿子身上，开始精心培养起两个儿子。这一年，苏轼十二岁，苏辙九岁。

苏轼兄弟天生聪慧，悟性极高，在父母的引导教育和自身的勤奋努力下，两兄弟很快就显示出出众的才华。苏轼十多岁的时候，苏洵让他作《夏侯太初论》，苏轼竟然能写出"人能碎千金之璧，不能无失声于破釜；能搏猛虎，不能无变色于蜂虿"这样富含哲理的句子，让苏洵欣慰不已。苏轼自己也非常喜欢这两句话，后来在《黠鼠赋》和《颜乐亭诗并序》中还两次引用到。

苏辙每每自言比不上兄长之才，"嗟我顽钝质，乃与公并生。

苏　辙

出处每自讬，讴吟辄尝赓。譬如病足马，共此千里程"（苏辙《次韵子瞻见寄》）。感叹自己资质愚钝，与兄长一起学习成长，就好像脚力不济的驽马，与千里马同行一样。但那只是因为比较的对象太过优秀罢了，苏轼曾说："我少知子由，天资和而清。好学老益坚，表里渐融明。"　（苏轼《初别子由》）苏辙自小深受父兄的影响，凭借勤奋好学之力，其文学造诣也绝不逊色。

在两兄弟学业大进后，苏洵带着他们进京赴试，顺道去成都与当时镇守蜀地的官员张方平作别。张方平与苏洵素来交好，性格宽宏豪迈，为人刚正不阿，是苏轼非常尊敬的一位长者。《宋史》称其少时"颖悟绝伦"，所有书只读一遍，就能记住全部内容，且终身不读二遍，被宋绶、蔡齐等著名学者称作"天下奇才"。张方平看了苏轼和苏辙素日所作文章，对两兄弟甚是器重。当时苏洵问张方平：依你看，两个儿子这样的才智从乡举，能行吗？张方平说："从乡举，乘骐骥而驰闾巷也。六科所以擢英俊，君二子从此选，犹不足骋其逸力尔。"（张方平《文安先生墓表》）意思是：从乡举，太大材小用了，无异于驾着一匹千里良驹奔跑在窄巷中，施展不开才华。如今科举考试尽选天下英才，就凭两位公子的才华，考科举是轻而易举的事，中选可谓游刃有余。

据《瑞桂堂暇录》记载，当年张方平还出了六道题来考苏氏兄弟，两兄弟答题时，他则在壁间窥视。两人拿到题目后，就各自思

考，苏辙对题目有疑问，指给苏轼看，苏轼没说话，拿起笔用笔管敲了敲书案，意思是《管子注》。苏辙又指第二题，苏轼却直接把这道题给勾了，因为该题并没有出处。六题答完后，张方平对苏洵说："二子皆天才，长者明敏尤可爱。然少者谨重，成就或过之。"张方平确实眼光独到，预言也很准，苏轼两兄弟此后境遇也真如这位长者所说，虽然苏轼才华远胜苏辙，但就仕途而言，苏轼宦途坎坷跌宕，苏辙就相对平稳多了。

宋仁宗嘉祐元年（1056年），苏洵父子三人到了京城。因为有雷简夫和张方平的推荐信，他们得以结识德高望重的文坛盟主欧阳修。苏洵向欧阳修呈献了自己所作的二十篇论文，素以求才育才为己任的欧阳修非常欣赏苏洵的文章，称其文有荀子之风，尤其赞赏《权书》《衡论》等文章，认为可以与刘向、贾谊相媲美，于是向朝廷推荐苏洵。宋朝的文风是极为兴盛的，苏洵的文章被上奏朝廷后，当时的公卿士大夫都争相传诵，苏洵因此文名大盛。

嘉祐二年（1057年）礼部考试，苏轼、苏辙均得以高中，苏轼在这场考试中考了第二名。以这场省试为契机，苏轼初次显露出了不凡的才华和文学功力，更因朴质无华的行文风格深受欧阳修赏识。前文我们提到，在这场考试中，由于"糊名"导致的阴差阳错，使得苏轼与第一名失之交臂，但他的应试文章《刑赏忠厚之至论》确实给当时的文坛大儒欧阳修和梅圣俞都留下了深刻的印象。

这篇文章脱尽五代宋初以来的浮靡艰涩之风，以质朴简洁的笔调从尧舜禹汤乃至文武成康之政说起，引经据典，论述了刑赏之法和忠厚之道。由《尚书》中的"罪疑惟轻，功疑惟重。与其杀不辜，宁失不经"，进一步引申出自己的观点："可以赏，可以无赏，

赏之过乎仁；可以罚，可以无罚，罚之过乎义。过乎仁，不失为君子；过乎义，则流而入于忍人。故仁可过也，义不可过也。"在行赏与否难以抉择的时候，宁愿赏之；在行罚与否难以抉择的时候，宁愿恕之。因为过于仁慈，尚可谓之君子，过于循理，就难免流于残忍。所以在刑赏中，宁可过于仁，不可过于义，如此"以君子长者之道待天下，使天下相率而归于君子长者之道"，就是忠厚之至了。

整篇文章一气呵成，不仅思路清晰，观点鲜明，引据和用典也恰到好处，使得文章所提的思想与主张令人信服。但是文中有一处用典，让欧阳修很是费解，原文是这样的：

《传》曰："赏疑从与，所以广恩也；罚疑从去，所以慎刑也。"当尧之时，皋陶为士。将杀人，皋陶曰杀之三，尧曰宥之三。故天下畏皋陶执法之坚，而乐尧用刑之宽。四岳曰"鲧可用"，尧曰"不可，鲧方命圮族"，既而曰"试之"。何尧之不听皋陶之杀人，而从四岳之用鲧也？然则圣人之意，盖亦可见矣。

苏轼在论述中，举了唐尧时代的两个例子来论证刑赏之法。为阐述"罚疑从去"，他举例说，帝尧之时，皋陶担任司法官，将要对一个罪犯处以死刑，皋陶说应该杀，前后说了三次，尧三次都说宽恕他。接着又举例，在用人的时候，四岳说鲧这个人可用，尧说不可用，后来又说，还是试试看吧。借帝尧在此事上的做法阐述"赏疑从与"。初看来，对比鲜明的两个例子用得可谓恰如其分，以帝尧在刑赏之际的不同做法作为论据，使得文章的论点具有强大的说服力。问题是，关于第一个例子，欧阳修怎么也想不起出处。

后来有一天，欧阳修问苏轼：皋陶的典故出自哪本书？苏轼随口说，在《三国志》、《后汉书·孔融传》中。欧阳修把这些书重新读了一遍，还是没有找到这个典故，更加困惑了，再次见到苏轼又问起来。这次苏轼老老实实地承认：是我杜撰的，虽说是杜撰，但也不是凭空无端捏造的。当年曹操灭袁绍，将袁熙的妻子赐给曹丕。孔融不满，于是说，武王

欧阳修

伐纣，就把妲己赐给了周公。当时曹操很是吃惊地问："此事见于何书?"孔融淡淡地说："以今度之，想当然耳。"苏轼说：我的"杜撰"，也是这个意思。帝尧宽厚仁慈，所以能够想象到，"皋陶曰杀之三，尧曰宥之三"这样的事肯定发生过。

欧阳修一听此言，非但没有生气，反而大为欣赏，惊叹道："此人可谓善读书，善用书，他日文章，必独步天下。"（杨万里《诚斋诗话》）后来，欧阳修给梅圣俞写信称："读轼书不觉汗出，快哉! 老夫当避此人，放出一头地。"这位文坛领袖坦言，读苏轼的书信（当为苏轼的《谢欧阳内翰书》），顿感畅快不已! 我应该退避此人，让他出人头地。欧阳修慧眼识珠，更难得的是胸襟宽阔，惜才重才胜过惜己之名。他还曾对自己的儿子说："你记住我的话，三十年后，不会再有人谈论我的名字。"（事载南宋·朱弁《曲洧旧闻》卷八，《东坡诗文盛行》）如他预言，之后发生的事，就如同往平静的湖面投进了一块巨石，激起了层层巨浪。苏轼，甚至三苏父

子很快就在北宋文坛声名鹊起。

三苏图

所谓十年寒窗无人问，一举成名天下知。之前不久，苏洵的文章才被朝中公卿士大夫争相传诵，很多后生学者"尊其贤，学其文，以为师法"，接着，苏轼、苏辙在科举考试中双双得登高第，而苏轼之文之才尤被文坛盟主欧阳修赏识。短短数日，父子三人名动京师，苏氏文章传遍天下，时人竞相仿效。当时的盛况，据曾巩所言："三人之文章盛传于世，得而读之者皆为之惊，或叹不可及，或慕而效之。自京师至于海隅障徼，学士大夫莫不人知其名，家有其书。"（曾巩《苏明允哀词》）

这种影响力不仅在当时文坛形成轩然大波，甚至到南宋，其风头依然不减。陆游在《老学庵笔记》中记载："建炎以来，尚苏氏文章，学者翕然从之，而蜀士尤盛。亦有语曰：苏文熟，吃羊肉；苏文生，吃菜羹。"依照陆游的说法，南宋以来，苏氏文章在学者间已经成为一种流行的风尚，仿效苏文的写法也成为一种风气。当时甚至流传着这样一种说法："熟悉了苏文，就有羊肉可吃；而对苏文生疏，就只能喝喝菜羹了。"即学习苏轼的文章体例、风格，在社会上就容易被人承认，从而功名顺畅；反之则不被人看好。宋代文人学者对苏氏文章的推重由此可见一斑。

那么我们不禁要问，"三苏"的文章为什么会有这样大的影响

力？或者说，苏氏文章的魅力究竟在哪里？

前文有提到，在苏轼兄弟开始学写文章的时候，苏洵就教导他们，文章要坚持淳朴自然的风格，不可沾染当时流行的靡丽华美之风，陷入雕章琢句的病态作风，尤其强调文章要"得乎吾心"，写"胸中之言"。苏轼在《凫绎先生诗集叙》中有一段记载：

> 昔吾先君适京师，与卿士大夫游，归以语轼曰："自今以往，文章其日工，而道将散矣。士慕远而忽近，贵华而贱实，吾已见其兆矣。"以鲁人凫绎先生之诗文十余篇示轼曰："小子识之。后数十年，天下无复为斯文者也。"先生之诗文，皆有为而作，精悍确苦，言必中当世之过，凿凿乎如五谷必可以疗饥，断断乎如药石必可以伐病。其游谈以为高，枝词以为观美者，先生无一言焉。

凫绎先生，即颜醇之，是苏洵的好朋友。苏洵非常推崇颜醇之的文章，并以他的诗文做示范教育苏氏兄弟：文章要有为而作，"言必中当世之过"，不能像大部分读书人所写的文章那样"慕远而忽近，贵华而贱实"。在当时，空洞而没有实际内容，除了华丽辞藻之外一无是处的文章充斥文坛，成为一时陋习。幸有苏洵的正确引导，苏轼兄弟自小就形成了清新朴实的文风，写出的文章凝练简劲，与时文截然不同。

苏洵在文章写作上的观念和倾向与一向主张"文以明道"的欧阳修不谋而合。"三苏"也因此成为北宋古文革新运动的核心人物，与唐代发起古文运动的韩愈、柳宗元，以及同时代倡导和参与古文革新的欧阳修、王安石、曾巩并称"唐宋八大家"。

无论如何，"三苏"之名是被深刻地记录在了史册上，连同他

苏小妹

们所创造的文学著作一起，被古今传诵。一个家庭出一位闻名千古的文人尚不足为奇，然而父子三人皆在文学领域取得辉煌成就，就世所罕有了。有道是，山川之秀，偏萃于一门。在民间传说中，这个家除了文名著世的父子三人，苏洵还有一个才华横溢的女儿，叫苏小妹。苏小妹是个颇具灵心慧性的才女，古灵精怪的她经常与兄长们以诗文相互戏谑。关于她的故事很多，其中与宋代著名词人秦观的佳话尤其为人津津乐道，要说最有趣的，当推冯梦龙《醒世恒言》里"苏小妹三难新郎"的故事。

相传，苏小妹嫁给秦观时，由于之前的小过节，在新婚之夜有心"报复"，新郎要想进洞房，必须答对她出的三道题。秦观是有名的才子，对此倒是成竹在胸，谁知这三道题一题比一题难，前两题秦观都顺利答出，最后一题却难倒了这位大才子。

这题是要求对一副对子，苏小妹出的上联是"闭门推出窗前月"，此联看似简单，却巧妙非常，要对出工整而浑然天成的下联着实不易。秦观在庭中苦思良久，搜索枯肠不得其对。后来此景被苏轼瞧见，苏轼有心解围，往水缸里投了一块小石头给出提示。秦观这才恍然大悟，对出下联"投石冲开水底天"，从而成就一段佳缘。

不管在哪个时代，才子佳人的故事总是深受世人喜爱，但可惜的是，事实上苏轼并没有妹妹。苏洵与程氏有三个儿子，三个女儿，长女、长子和次女先后夭折。苏轼最小的姐姐八娘也在嫁入表亲程家后不久，不幸遭夫家虐待而离世。六个孩子就独剩最小的两个儿子，而这两个儿子日后都有了惊人的成就，在中国文化史上享誉千载，也算稍可告慰。

苏小妹这个人物形象的诞生，以及与之相关的传说越来越广泛，越传越逼真，其实也正反映了千百年来人们对"三苏"的喜爱，或者说对苏轼人格魅力的钟爱。即如孔融的"想当然耳"，一个家既然能出"三苏"这样的文学巨擘，想必，他们家的女儿，也是一位聪明伶俐惹人怜爱的才女吧！如此说来，这样的"杜撰"也算合情合理。苏轼的性格平易近人，从古至今深得百姓喜爱，与其有关的传说与趣谈经久不衰，恰恰说明在人们心目中，他不是遥如星辰般的存在，而是一个活生生的有血有肉的人，亲切得如同朋友一样，即使人们心中仍然坚定地相信他是转世下凡的"文曲星"。

"三苏"虽齐名于世，但苏洵和苏辙的文学成就主要在散文写作方面，而苏轼就不止如此了。他是散文家，是诗人，是词人，又是书法家、画家。不管在哪个领域，苏轼都是当之无愧的大家。对于这样全才全能的苏轼，或许我们还有另一个更恰当的称谓——"文豪"。

沈宗元在《东坡逸事》的序言中说：

> 窃谓古今文人，求如东坡之全能，实历劫所罕觏。李杜雄于诗而文不概见，韩欧之诗，不敌其文，宋人以词名者实繁，而诗文或不并美，右军子昂，亦仅以书鸣。甚哉才质之有所限，

而多能之未易言也。惟东坡文章诗词书法，无不卓然大家，此其才力之雄厚，不几长江大海哉。古今立名者众矣，然自汉以来，名遍中外，能使妇人孺子、蛮夷外邦，咸震钦而倾服者，厥惟二人，武侯东坡是也。是则同一立名，固亦有广狭久暂之分哉。

这篇序文列举了不少著名文人，李白、杜甫、韩愈、欧阳修、王羲之、赵孟頫，以他们与苏轼作比，可以说将苏轼的旷世之才和独特性概括得全面而透彻。历史上，在文学艺术各领域，独擅一长虽已属难得，却到底大有人在，然而如苏轼这般，文章诗词书画皆得大成，且又为妇孺所知，举世倾服者能有几人？

论文，作为"唐宋八大家"之一，他与欧阳修并称"欧苏"；论诗，他"以文为诗"，诗风清新雄健又不乏旷远闲逸，与黄庭坚并称"苏黄"；论词，他开创豪放一派，又与辛弃疾并称"苏辛"；论书法，他开创"尚意"书风，行书、楷书自成一家，被列为"苏黄米蔡"宋四家之首；论绘画，他首次阐明了"文人画"的理论，提出"士人画"的概念，并与文与可共同开创了"枯木竹石"的文人画题材。这样世所罕见的文学艺术天才，不是"文曲星"下凡是什么！

或许我们该感谢宋代的文化环境，生在这样一个文人的"天堂"，苏轼的各方才能都得到了最大程度的发挥。而且，不必感叹"冯唐易老，李广难封"，在少年成名之际，他还遇到了北宋最好的皇帝。

当时的皇帝宋仁宗特别重视人才。嘉祐六年（1061年），刚刚守完母丧归京的苏轼兄弟参加了另一场考试——制举考试，这是北

宋最高级别的人才选拔考试。"制举无常科"，不同于普通的进士科考，这是由皇帝亲自下诏并主持的考试，没有固定的时间和内容，而是根据国家需要，专门为选拔各类人才而特设的一种考试制度，入选后很快就能得到提拔。

制举考试的要求非常苛刻，一来开设次数极少，二来考试难度极高。考生必须由朝中大

宋仁宗赵祯

臣推荐，先提交自己所作的五十篇策、论，经两制（即掌内制的翰林学士与掌外制的中书舍人）认可，再由秘阁试六论，层层考核合格后，才能参加由皇帝亲自主持的殿试策问。据统计，两宋三百年举行过二十二次制举考试，考中的仅仅四十人左右，平均每次只有两人通过，可以想见其难度之大。

苏轼与苏辙经欧阳修推荐，参加了这次制科考试——"贤良方正能直言极谏科"，简单说，就是要坦率地批评朝政。仁宗举办这次考试的目的，除求才外，也是为激励公众舆论的风气。在这场考试中，苏轼以力陈自己政治主张的二十五篇《进策》、二十五篇《进论》，以及"直言当世之故，无所委曲"的《御试制科策》被仁宗钦点为制举第三等。这里需要解释一下，宋代制举一、二等依照惯例都是虚设，实际上最优等级为第三等，五等以下就是不合格了。自宋初以来，只有吴育在景祐元年（1034年）制科入第三等，

而宋代三百年，得制科第三等的只有四个人，分别是吴育、苏轼、范百禄和孔文仲，其中苏轼分别于仁宗嘉祐六年（1061年）和英宗治平二年（1065年）两次参加制科考试，成绩均为最优第三等。

之前我们惋惜苏轼在科举考试中因阴差阳错屈居第二，未免太冤。然而，两次制科考试皆入三等，又岂是常人能为？

嘉祐六年的这次制科考试，苏轼入第三等，而苏辙的文章因为极论朝政之失、宫掖之秘，在朝廷引起轩然大波。胡宿等一干大臣极力主张撤免他的录取资格，然而仁宗却力排群议，并说："吾以直言求士，士以直言告我，今而黜之，天下其谓我何！"（苏辙《遗老斋记》）遂降一等，取为第四等。经过这次考试，宋仁宗对苏轼兄弟大加赞赏。后来，曹皇后曾回忆，考试结束后，仁宗高兴地对左右说：今天朕给后代子孙寻觅到了两个宰相之才。

宋代是一个极适合文人生存的时代，苏轼的旷世才华是有目共睹的。作为一个有着自己思想的年轻才子，才露头角就备受明君赏识，一切看起来都那样顺风顺水，然而，他的人生是否能够如想象那般顺遂呢？

当然，今天我们知道，作为文人的苏轼无疑是相当成功的，他在文学艺术领域的成就和地位几乎无人可以取代，可是这样的苏轼，作为官员，却跌跌撞撞地走完了极尽坎坷的一生。意外么？其实也并不意外。

四、人生几度秋凉

苏轼十二岁那年，绝了功名之念的苏洵决定精心培养两个儿子，当时他写了一篇寄寓深远的《名二子说》（苏洵《嘉祐集》卷

十五），为两个儿子命名，并解释了如此命名的含意与期望。这篇文章是这么说的：

> 轮辐盖轸，皆有职乎车，而轼，独若无所为者。虽然，去轼，则吾未见其为完车也。轼乎，吾惧汝之不外饰也。天下之车莫不由辙，而言车之功者，辙不与焉。虽然，车仆马毙，而患亦不及辙，是辙者，善处乎祸福之间也。辙乎，吾知免矣。

车辆的各个部件，如轮子、辐条、车盖、轸木，都各有分职和用途，具有不可或缺的重要性，唯独车前供人扶手的横木，也就是车轼，除了装饰之外好像没有实际用处。虽然如此，但去掉轼木，就不成其为一辆完整的车。轼啊，我害怕的是你锋芒过露不会稍加掩饰，所以为你取此名，望你时刻谨记，处事别忘了多加"外饰"以免遭祸。天下的车辆没有不顺着车辙走的，但论到车子的功劳，却没有谁会提到车辙。虽然如此，可一旦发生车倒马毙的意外，祸患也殃及不到车辙，车辙是善处于祸福之间的。辙啊，即便没有福分可享，我却知道你可以免除灾祸。

比起子女的功成名就，天下的父母，首先祈盼的总是孩子一生的平安周全。这位睿智的父亲打一开始就看到，他的这两个儿子个性鲜明而迥然相异。苏轼性情豪放，直率天真，说话行事毫无顾虑不知禁忌，从来不知道掩饰自己的想法，这样耿直的性格，怎不让身边的人为他捏一把汗？而相对的，苏辙就沉稳拘谨多了，这样寡言冲和的性格反而不易惹祸上身。

不管愿不愿意承认，事实上，一个人的性格在很大程度上决定着自身命运的走向。苏洵既已深知二子性格脾性，两个儿子这样的性格会有怎样的未来在等着他们，他也一早看清了。正因为看清

了，所以才对苏轼怀着深深的担忧，取名为"轼"后，犹嫌不足，另取"和仲"、"子瞻"之字警诫苏轼性子要放和缓，凡事多加三思，慎重周密考虑之后再行。他的担心并不是多余的。苏轼一生宦海沉浮，每每因文遭祸，因言获罪，究其根源，皆由性子过直之故，遇到不平之事，总是"如蝇在食，吐之方快"。在官场上，嫉恶如仇，直来直往，就要有被"恶"所忌恨的心理准备。话虽如此，我们却也知道，从年幼时第一次读《范滂传》那时起，他就做好了这个准备。

嘉祐六年，苏轼在制科考试中入第三等，当时律法对于士子的选举任职有明文规定："自今制科入第三等，与进士第一，除大理评事、签书两使幕职官；代还，升通判；再任满，试馆职。"（《宋史·选举一》）一如此条目规定，考试结束后，苏轼被授大理评事、签书凤翔府判官。大理评事是掌管刑狱的京官，签书判官是地方州府的幕职。由京官充任州官辅佐是宋代的特色，这一官职是宋代为加强中央集权，增强对地方官员的监察和控制而衍生的。基于同样的理由，官员时常轮调，任期通常是三年。苏轼在凤翔府（今陕西省凤翔县）做了三年判官，任期满后回京，此时已是英宗之世。

英宗早就听闻苏轼名气，准备破格擢升他入翰林，知制诰，司掌起草诏令，遭到宰相韩琦的反对。他认为："轼之才，远大器也，他日自当为天下用。要在朝廷培养之，使天下之士莫不畏慕降伏，皆欲朝廷进用，然后取而用之，则人人无复异辞矣。今骤用之，则天下之士未必以为然，适足以累之也。"（《宋史·苏轼传》）建议皇帝为苏轼考虑，不宜突然予此高位，这样容易招来士人的质疑与非议，反倒害了他。应该等他更为成熟老练之时再作此打算，以苏轼

之才不久定会被天下所拜服，到那个时候再入翰林就是众望所归了，而现在朝廷该做的则是大力培养这个难得的人才。因此，韩琦推荐苏轼到馆阁任职，不过要参加此等职位所需的考试。对于这个提议，英宗说，在不知一个人的才能时才需要考试，"如轼有不能邪？"（《宋史·苏轼传》）但韩琦却坚持不可不试，希望苏轼能经过考试名正言顺地进入馆阁。

馆阁是宋代掌管图书、编修国史的官署。宋代以史馆、昭文馆、集贤院为三馆，与秘阁总称崇文院，通称馆阁，其官员皆称馆职。关于馆职，洪迈在《容斋随笔》中有记载："国朝馆阁之选，皆天下英俊，然必试而后命。一经此职，遂为名流。"馆阁是国家培养人才最好的地方，用苏轼的话说，"育才之地非一，而册府处其最高"（苏轼《谢馆职启》）。册府即帝王

记录宋代官府藏书情况的崇文总目

藏书之地，崇文院集纳天下书籍，秘阁之内更是收尽历代珍善藏本、帝王手迹、名人墨宝等。对于文人来说，这里无异于梦想中的琅嬛福地。英宗治平二年（1065年），为试馆职，苏轼参加了第二次制科考试，并以最优第三等顺利通过，遂就职史馆。这年苏轼二十九岁，年纪尚轻已身负要职，既深受君王赏识、贤德老臣器重，又逢饱读藏书、修习自进的大好良机，应该说，至此，他前方的道路仍是一片光明。

然而，没有谁的人生是真正一帆风顺的，顺境之中总会有冰霜雨雪，打断风日晴和的美好。当年苏轼、苏辙在京城刚双双进士登第，即闻母亲程氏在家中病故。现如今，就在苏轼任职史馆的这年五月，他的结发妻子王弗离世，遗一子苏迈，年方六岁。次年，父亲苏洵逝世。一连串变故迭生，让人猝不及防。治平三年（1066年），苏轼辞官守孝，丧期两年三个月。

至亲的去世，对于苏轼来说无疑是一个沉重的打击。一个人不管经历过多少事，不管黄发或是垂髫，一旦失去双亲，都不得不面对自己成为孤儿的现实，好似远远高飞的风筝忽然断了线，怎么也逃不开那骤然袭来的寒凉和孤寂。苏轼自言从此"永无所依怙"。

王 弗

而王弗之于苏轼，是敏静聪慧的贤内助，她知书达理，与苏轼情爱甚笃。苏轼性情率直，坦荡天真，对人毫不设防，是"眼前见天下无一个不好人"，以前尚有父亲与弟弟从旁提点，当他只身在凤翔为官时，唯有妻子王弗时常箴劝他"不可以不慎"，要注意与他相交的哪些人是虚情假意，哪些人不值得深交。她那些对人言行品性的总结，事后无不言中，所以苏轼对妻子颇为敬服。可是这位人生良伴仅仅陪伴了苏轼十一年，即因病匆匆离世，死时年仅二十七岁。

大概，很多人对王弗最初的认识，都源于她亡故十年后，苏轼

在密州所写的那首凄绝悱恻的悼亡词——《江城子》（乙卯正月二十日夜记梦）：

> 十年生死两茫茫，不思量，自难忘。千里孤坟，无处话凄凉。纵使相逢应不识，尘满面，鬓如霜。
>
> 夜来幽梦忽还乡，小轩窗，正梳妆。相顾无言，惟有泪千行。料得年年肠断处，明月夜，短松冈。

这首词每一句都看似平淡，没有华丽的辞藻，没有高妙的技巧，就是这样自然平实地娓娓道来，却每一句都真切地流露出对亡妻深挚的情感与生死两隔的无限悲思。王弗去世后的十年间，苏轼走过了他人生里第一段坎坷之路，体味过世事的艰辛与沉重，经历过人世的纷杂与悲欢，也愈加深刻地体会到了王弗的温言箴劝是多么重要，如果有王弗在身边，这些年的遭遇会不会有所不同？然而这一切终究只是空想而已。十年来，除了那份深重的思念未曾一日或忘，改变的事情实在太多太多，想来纵有一天能够彼此相见，也恐怕是难以相识了。白日所思夜入梦，分别了十年的王弗就这样悄然地来到了他的梦中，或者，是今天的自己梦回到了十几年前的过去也未可知。一如他所料想的那样，梦中的妻子依稀还是旧时模样，梦中的景象也清晰得如同昨昔，然而此时的自己却已然两鬓添霜，身心俱疲。两人之间相隔的不仅是十年岁月与千里之途，也不仅是难以相触的阴阳陌路，还有许多年来物是人非的沧桑与悲凉，让人深感无力又满心无奈。此刻两两相顾，唯有无言垂泪而已。

王弗与父亲的相继离世，是苏轼大半生波折磨难的开始。就在他守父丧期间，英宗去世，神宗即位。等到神宗熙宁二年（1069年）他服孝期满返京，续职史馆时，整个朝廷已经变了一副模样，

而苏轼也因此深陷政治旋涡，终其一生都没能脱出泥潭。

熙宁二年，王安石开始推行新法，针对北宋国情，以富国强兵为目的采取了一系列改革措施，史称"王安石变法"。变法遭到朝廷内外大部分大臣反对，在支持与反对的争论浪潮中，北宋朝廷形成两个阵营：以王安石为首的变法集团被后世称为改革派，又称"元丰党人"（神宗元丰年间当权）或"新党"，这一阵营主要人物有曾布、吕惠卿、李定、邓绾、章惇等；以司马光为首的反对集团则被称为保守派，又称"元祐党人"（哲宗元祐年间当权）或"旧党"，这一阵营主要人物为韩琦、富弼、张方平、范镇、欧阳修、韩维、文彦博、苏轼、苏辙等。

就苏轼一贯的政治主张来说，这所谓的"保守"或"守旧"之谓实在有点让人啼笑皆非。苏轼绝非顽固守旧之徒，相反，自初登政治舞台开始，他就是主张革新的。我们还记得在仁宗之世，苏轼应制举考试时，曾直指"天下有治平之名，而无治平之实"（《策略一》）。并针对北宋因循苟且的社会风气，以五十篇策、论详述"丰财"、"强兵"、"择吏"的变革主张，这些政治主张与王安石的变法存在着巨大的分歧。

对于朝政存在的问题，苏轼主张循序渐进地变革，切忌鲁莽行事。他将北宋王朝比喻为病人，"其病之所由起者深，则其所以治之者，固非鲁莽因循苟且之所能去也"（《策略一》）。对于病人的治疗，如果遵循"平居治气养生，宣故而纳新"的方法，"其行之甚易，其过也无大患"（《礼以养人为本论》），然而人们往往因为成效缓慢而不为，为求得速成之效，总是依赖"悍药毒石，以搏去其疾"，"此天下之公患也"。他认为"夫法者，末也。又加以惨毒繁

难，而天下常以为急"，所以对于"变法"本身，他是反对的。这种态度在王安石变法之前，就已经形成了。

具体到变法的措施，单就理财而言，王安石主张"因天下之力，以生天下之财，取天下之财，以供天下之费"（王安石《上皇帝万言书》）。基于这个准则推行的变革，从本质上讲，是对国家财富进行重新分配，以青苗、均输、免役等名目将地主、商人和农民手中的利益集聚起来，归入政府手中，以充裕国库，达到"富国"的目

王安石

的，其结果就是财政收入的增长主要不是依靠发展生产，而是实质上的"加赋"得来的。相对的，苏轼认为，"广取以给用，不如节用以廉取之为易也"（《策别厚货财一》），主张节俭朝廷财政开支，裁减冗官冗兵。在富国与富民的问题上，他倾向于富民，这是他反对王安石最主要的一点。

总而言之，最初改革派与保守派的争论点并不是要不要实行改革，而是怎样改革的问题。如此激进的革新究竟是否可行，是否利于国家的发展，改革的结果与付出的代价相比究竟孰大孰小，是持反对态度的大臣们难以接受变法的症结所在。但不管反对的声音有多么巨大，由于新法得到了励精图治的神宗皇帝支持，自上而下的变法还是如火如荼地开展起来了。

熙宁二年（1069年）二月，朝廷专门设立变法机构"制置三司条例司"，统筹财政，先后实行均输、青苗法。熙宁三年（1070

年），王安石拜相，开始全面实施改革，相继推行农田水利、免役、市易、方田均税、保甲等新法，遭到朝中上下反对。新法势在必行，为扫清道路，王安石开始了排除异己的行动，御史中丞吕诲因为弹劾王安石而遭到罢黜，其后刘述、刘琦、钱顗、孙昌龄、张戬、陈襄、程颢等御史，以及谏官孙觉、李常、胡宗愈等也基于同样的原因被罢免，御史台遭到大规模整肃。由于大部分朝政精英分子都站在反对的立场上，为了保证新法的顺利开展，几乎已被肃清的御史台任用了一批支持变法的新进勇锐之人，其中李定、谢景温等人在当时已是众所周知的劣迹昭著之徒。如此独断专行的行为更引得群情激愤而人心背离，一部分原本支持新法的人也倒向了反对的阵营。与此同时，一些别有居心的投机分子借着新法的东风上位，他们打着变法的旗子，行着争权谋利之事，许多耿直忠厚之臣被贬谪流放，整个朝廷乌烟瘴气。

以王安石变法为导火索，始于北宋神宗年间的这场朋党之争愈演愈烈，到了后期，就完全变了味道：一派当权，另一派即遭打压，两派的争斗终北宋一朝不曾停歇。而身陷党争泥沼的苏轼，其命运也与之紧紧相系，如同置身风口浪尖的一叶扁舟，随着汹涌翻覆的波涛巨浪而跌宕起伏。

熙宁三年（1070 年），反对新法的朝中元老重臣或遭罢黜或纷纷自行请退调往地方。此时的苏轼虽然位卑职小，但他这个人向来性子直，动不动就把心里话掏出来，如果不能说尽，就像有东西卡在喉咙里，必须吐出来才算痛快。他还想据理力争，就算皇上听不进去，就算会因此获罪而罢官，但至少在走之前，他有很多话非说不可。

这年，殿前策进士，苏轼奉旨到集英殿编排举人试卷，因为看不过王安石擅掇神宗独断专任的行为，他出了一道考题："晋武平吴以独断而克，苻坚伐晋以独断而亡，齐桓专任管仲而霸，燕哙专任子之而败，事同而功异。"（《宋史·苏轼传》）要求考生联系当今实际来作论述，此举惹怒了王安石，也为苏轼后来被变法派攻击埋下了祸根。

在这次科举考试中，由于神宗有心改革，应试的士子揣度圣意，不敢指陈政策之失，大多附和王安石，争言旧法不是，而变法派吕惠卿又把阿谀顺旨的人都擢为上等。对此"不胜愤懑"的苏轼，回去后借着这次的御试策问考题，试写了一篇应对文章，即《拟进士对御试策》。在这篇文章中他对变法进行了激烈的抨击，并对皇帝毫不客气地连声发出质问，甚至多有讥刺之辞。

首先，他解释自己为什么要作这篇策对。那是因为在他看来，科场文章是天下风俗所系，一旦中选就是天下的榜样，落选者则为天下所戒，然而似今日这般取才，定然会助长阿谀奉承的风气。久而久之，就算是国家想求得直言之士，也没人敢直言进谏了。风俗一变，就不可复返，因此他就算"干冒天威"，也要把不满说出来，并且已经做好了被治罪的准备，接着就开始对"策问"逐条作答。

对于策问中的"圣王之御天下也，百官得其职，万事得其序"，苏轼直言："臣以为陛下未知此也，是以所为颠倒失序如此。"我认为皇上您不理解这句话，所以行为才如此颠倒失序；如果您真的理解了，为什么不按照这话来做呢？自古以来，百官"因能以任职，因职以任事"，哪里是圣王人必督责，事必整顿的结果！"官有常守谓之职，施有先后谓之序"，而皇上您是怎么做的？专门设立制置

三司条例司掌管财政，"使两府大臣侵三司财利之权，常平使者乱职司守令之治。刑狱旧法，不以付有司，而取决于执政之意；边鄙大虑，不以责帅臣，而听计于小吏之口"，从而使得百官失其职。王者本应先德后刑，先义后利，而皇上却颠而倒之，使得万事失其序。这倒还是小事，重要的是，中书省的职责本来是论道经邦，是辅佐天子掌天下行政的机构，现在您让中书只奉行条例司下达的文书，使得中书失政，这让天下怎么看？所以我恳请陛下首先还中书之政，这样百官得职、万事得序就不远了。

接下来，对于策问中的"有所不为，为之而无不成。有所不革，革之而无不服"，苏轼对道：陛下您能这么说，当真是天下之福！今日之患，恰恰是"未成而为之，未服而革之"，变法太过急于求成，又多行激进之举，明明人心不服却执意改革，这样迟早会酿成祸患。所谓"成事在理不在势，服人以诚不以言"，然而，如今为政却不循理，"欲以人主之势，赏罚之威，胁而成之"，诚意何在？向来"理之所在则成，理所不在则不成可必也"，但是陛下您"使农民举息，与商贾争利"，这样的做法，"岂理也哉"！不在理，又怎么能责怪诸事不成？陛下您究竟是"诚心为民"，还是"诚心为利"？

"未成而为之，未服而革之"，其弊端就是最终不敢继续实行革新。"慎重者始若怯终必勇，轻发者始若勇终必怯"，陛下若出于慎重，最后必定越战越勇，不但天下信服，陛下也能对变革之举更加自信；若出于轻发，最后一定越来越心怯，不但天下不服，陛下也会不自信，导致变法难以为继。近日来，"青苗之政，助役之法，均输之策，并军搜卒之令，卒然轻发"，比以前更甚。虽然陛下您

现在不听群臣谏言，变法的决心越来越坚定，但是"势穷事碍，终亦必变"，等到气势用尽，行事受阻，肯定会发生变数。到那个时候，即使有了"良法美政"，您还能像以前那样自信吗？陛下励精图治这是好事，国家改革是有必要的，但我只劝陛下不要操之过急，等待时机徐徐图之。

最后，对于策问中所提出的国家如何能做到"富"、"和"、"治"的问题，苏轼引孔子的话"百姓足，君孰与不足"反问皇上："臣不知陛下所谓富者，富民欤，抑富国欤？"您所谓的"富"，究竟是"富民"还是"富国"？毫不客气地直击新政的核心。接着又说，如今朝廷不和，问题出在哪里？是陛下您不从根源上求得和谐，反而"欲以力胜"，仅仅维持表面和谐所带来的反效果。天下没有谁的权力能大过皇帝，但是凭借权力是战胜不了民众的。自古以来，即便有"刀锯在前，鼎镬在后"，士人仍然犯颜直谏。陛下您奉行尧舜之德，倒是没杀一人，为了消除反对的声音，不过"斥逐异议之臣"，再换其他人任职罢了。我怕以后被逐退的大臣会越来越多，争议也会随之越来越多，届时"烦言交攻"，您想求得和谐，结果岂非与"和"背道而驰？

此番分析满含讥讽，言语中流露出他对改革派肃清御史台，任用劣臣行为的强烈不满。至于"治"的问题，苏轼指出，策问中所谓"其治足以致刑"，完全是个错误的命题，这又是某些大臣误导陛下了，古来求治者都是以废弃刑法为善，您怎么想"致刑"呢？紧接着又说，立事之本，在于知人善任，但某些当权者"无知人之明，而欲立非常之功"，连识人用人尚且不能做到，却妄想破除陈规，效法古人，这就像连把脉都不会的医生，却想试行华佗的治病

之法，这跟操刀杀人有什么分别？陛下您一定想"立非常之功"的话，还是选能知人善任的大臣来辅佐您吧。

苏轼所写的这篇《拟进士对御试策》，针对时弊，逐一分析原委，进而预测可能会导致的后果，其论无不切中要害，而对于新法的弊病则毫不留情地予以指明，并进行了激烈的驳斥。论述时引经据典，列举大量史实，使得他的观点句句在理，令人信服。而结果也正如他所分析的那样，由于变法不合北宋实际，推行时又太过急于求成，多有激进之举，加上王安石刚愎自用，任人不力，造成官员腐败横生，使得新法在实施上大打折扣。随着改革的深入，开始出现各种问题和阻碍，神宗对于变法的态度也发生重大动摇，变法集团内部分裂，种种因素最终导致了变法的失败。

宋神宗赵顼

此为后话，暂且不表。如今只说这篇策对，苏轼的论述固然是深中时政之病，且旁征博引，不仅文采斐然，论理也极具说服力。然而，就像多年前父亲苏洵所担忧的那样，他实在太不会"外饰"了。文章的字里行间，满腔的怒火与愤懑几乎展露无遗，心里怎么想就怎么说，才不管对方是谁。总是这样口无遮拦，直言不讳，这种风格，几乎是他所有文章诗词的一贯作风，说起来也是他的本性，改不掉的。要说宋代的皇帝也当真是气量宏大，苏轼所侍奉的这几位君主，仁宗也好，英宗也罢，对于臣子的直言讽谏都能够容得下去，真的做到了虚怀若谷，想是朝政风

气使然，这也算宋代的特色了。

当时神宗对于苏轼露骨的严厉批评和隐含的辛辣讽刺也没有龙威震怒，次年还准了苏轼《谏买浙灯状》的奏议。在商议科举改革的时候，他看过苏轼的《议学校贡举状》，尚且大悟道："吾固疑此，得轼议，意释然矣。"（《宋史·苏轼传》）第二天还召见苏轼，让他直陈政令得失，不必讳言。然而，对于苏轼的连番抨击，神宗能容得下，变法集团却未必能忍得下。史书记载，安石之党对苏轼皆感不悦，即命苏轼摄开封府推官，掌管刑狱，意图以繁杂的事务困住他，无暇反对新法，哪知苏轼"决断精敏，声闻益远"（《宋史·苏轼传》），同时对执意新法的神宗，仍然不遗余力地予以劝阻。

熙宁四年（1071 年），因为《谏买浙灯状》获准，苏轼惊喜过望，认为神宗能够接纳进言，遂连上两封万言书，即《上皇帝书》、《再上皇帝书》，再度犯颜直谏，对新法进行了全面批判。希望神宗能够"结人心，厚风俗，存纪纲"（《上皇帝书》），多听听不同的意见。对此，他举例说："唯商鞅变法，不顾人言，虽能骤至富强，亦以召怨天下，使其民知利而不知义，见刑而不见德，虽得天下，旋踵而失也。"对于急进的变法即将带来的后果抱着深深的忧虑。他担心，新法推行后，"人知陛下方欲力行，必谓此法有利无害"，从而使得皇上被蒙蔽了视听。对于朝廷内排除异己的不正之风，他指出："自兹以往，习惯成风，尽为执政私人，以致人主孤立，纪纲一废，何事不生？"

在《再上皇帝书》中，他将新政的弊端和危害说得更直白，晓之以理，动之以情，劝说皇上不要推行新政：

> 臣又闻陛下以为此法且可试之三路。臣以为此法，譬之医

者之用毒药，以人之死生，试其未效之方，三路之民，岂非陛下赤子，而可试以毒药乎！今日之政，小用则小败，大用则大败，若力行而不已，则乱亡随之。臣非敢过为危论，以耸动陛下也。

自古存亡之所寄者，四人而已，一曰民，二曰军，三曰吏，四曰士，此四人者一失其心，则足以生变。今陛下一举而兼犯之。青苗、助役之法行，则农不安，均输之令出，则商贾不行，而民始忧矣。并省诸军，迫逐老病，至使戍兵之妻，与士卒杂处其间，贬杀军分，有同降配，迁徙淮甸，仅若流放，年近五十，人人怀忧，而军始怨矣。内则不取谋于元臣侍从，而专用新进小生，外则不责成于守令监司，而专用青苗使者，多置闲局，以摈老成，而吏始解体矣。陛下临轩选士，天下谓之龙飞榜，而进士一人首削旧恩，示不复用，所削者一人而已，然士莫不怅恨者，以陛下有厌薄其徒之意也。今用事者，又欲渐消进士，纯取明经，虽未有成法，而小人招权，自以为功，更相扇摇，以谓必行，而士始失望矣。

……

民忧而军怨，吏解体而士失望，祸乱之源，有大于此者乎？今未见也，一旦有急，则致命之士必寡矣。方是之时，不知希合苟容之徒，能为陛下收板荡止土崩乎？

两封万言书上奏后犹如石沉大海，苏轼深知神宗变法之心坚定，其势已难挽回，他渐渐萌生了退官外任之意。朝堂之上，该做的他都做了，却到底无济于事；在地方，兴许还有他能够做到的事。然而，他没料到的是，他的多封奏议没有得到神宗的重视，却惹得

王安石一党大怒，素日积怨一朝爆发。御史知杂事谢景温诬奏称，苏轼在父丧回眉山途中，曾经滥用官兵，并偷运私盐从中牟利。朝廷因此下诏湖北运司查核，结果一无所得。

面对这样的诬陷，苏轼"未尝以一言自辩，乞外任避之"（苏辙《东坡先生墓志铭》）。他可以直言朝政之失，引经据典雄辩滔滔，可以指陈当世之弊，犯颜极谏上书万言，然而对于污及自身的恶意毁谤，却没有为自己辩解一句，只是上奏自请调往地方，就此开始了四海漂泊的生涯。

新政的功过得失，乃至其历史意义，千百年来争辩无数，在此并无意多加置喙。在事过境迁之时，去评论一件历史事件是好是坏，诸多历史人物谁对谁错，没有任何意义。只想说，理想与现实总是存在着差异。不可否认，改革的出发点是好的，而事实上，也没有哪一项改革运动不伴随着剧烈的钝痛，那是脱胎换骨所必须经历的。古往今来，战争也好，改革也罢，若说到必须付出牺牲与代价，那么伤害最重的往往是最弱势的底层百姓。为着富国强兵的宏伟蓝图，神宗和王安石以为新法是国家的希望、百姓的福音。可在地方上，苏轼却亲眼目睹着新政所带来的祸害与灾难，百姓是怎样挣扎在水深火热中，他看到了，就不能不说，不能不反对。

王安石变法中最为著名的"青苗法"，是遭到保守派抨击最激烈的一项，在他们退居的辖区内均拒绝推行。"青苗法"是在青黄不接的时节借贷钱粮与民度荒，本意是缓解贫农的燃眉之急，但在执行中却极容易变质为强迫贷款。为了完成放贷取息的任务，以显出新法成效，地方官员在执行中多实行硬性摊派，使得百姓苦不堪言。同样，"免役法"以雇役制代替差役制，虽然是一种进步，然

而执行的结果却是"纵富强应役之人，征贫弱不役之户，利于富不利于贫"。"保甲法"目的是强兵，但执行中却"困其财力，夺其农时"，严重影响了农业生产，官员欺凌保丁之事更是层出不穷，引得百姓群起反抗，诸路盗贼蜂起，结果"徒足以困百姓，而实无益于军实"。新法的种种举措在实施过程中完全背离了初衷，变成了实际意义上的扰民之举，由于其带来的负面影响，国家上下怨声载道。

这样的景象，是被蒙蔽了视听的神宗所难以想象的。从朝廷离开后的八年间，苏轼辗转杭州、密州、徐州、湖州数地，在地方任职期间，屡次上书为民请命，更"每因法以便民，民赖以安"（《宋史·苏轼传》）。他在所管辖的地区，为百姓做了许多实事，诸如兴修水利，救灾济困，成立慈善机构救儿会，建立民助医院安乐坊，平息强盗，医治病囚等等，力挽新政给民众带来的灾难与损失。

熙宁六年（1073 年）大旱，安上门监郑侠冒死所画的《流民图》被送到了神宗手中。图中流民或身被枷锁，或口食草根，还有的背着砖瓦薪柴卖了以缴付青苗贷款。神宗看过此图大受刺激，从而对变法产生重大怀疑，导致王安石首次罢相，变法集团内部出现分裂。熙宁九年（1076 年），由于爱子王雱病逝，王安石万念俱灰，二度罢相，自此闲居金陵，不问世事，变法趋向于不了了之。

早在多年前，保守派的元老重臣已纷纷离开朝廷去往地方，此时王安石离朝，朝政落得被改革派的一群宵小之徒把持，这些人开始大行争权谋私、打压异己之能事。

苏轼多年来一直反对新法，在地方上看到新政下民众的悲惨遭遇更是愤懑沉痛，时不时地就会借着诗文发泄心中的不满。去往湖

州任太守时，苏轼在谢表中忍不住又发了几句牢骚，说神宗"知其愚不适时，难以追陪新进；察其老不生事，或能牧养小民"（《湖州谢上表》）。这话中带刺的两句"卑辞"，踩中了因变法上位而多番生事的新进之人的痛脚，引来变法派的群起攻击。

所谓"道大难容，才高为累"，朝中李定、舒亶等人在苏轼的政绩上挑不出毛病，但欲加之罪又何患无辞，他们转而从诗文下手。苏轼本就是个性情外露之人，生性"不慎言语，与人无亲疏，辄输写腑脏"（苏轼《密州通判厅题名记》），对于时政与新法的怨言，从来不会闷在心里，总是无所避讳，不是上书奏议，就是写诗讽喻，为发泄不满而写下的诗文自然是不计其数。有心要抓他的把柄实在太容易了。

元丰二年（1079 年），苏轼在湖州任上被人诬陷，说他所作诗文有毁谤朝廷的意图。御史台遂奉旨查办，这就是著名的"乌台诗案"。苏轼因此一度身陷囹圄，几至丧命。后经朝廷内外包括王安石在内的众多官员进言营救和曹太后（仁宗皇后）的出面干预，才被赦免，出狱后被贬黄州。苏轼在黄州度过了四年穷愁潦倒却不失逍遥自得的日子。经此一役，他对官场已颇感心灰意冷。

哲宗元祐年间，高太后（英宗皇后）摄政，司马光为相，苏轼被召回朝廷，任翰林学士。由于旧党当权，朝廷尽废新法，但苏轼却对此持保留意见，认为新法中的"免役法"不必尽除，并极力阻止，甚至不惜与司马光发生争执。对于司马光欲再度实行差役法的举措，他认为"差役、免役各有利害"，两害程度都差不多，"今以彼易此，民未必乐"（苏轼《辩试馆职策问札子》），此议召来了旧党的不满。

他一生都坚持自己的政治主张，从不卑论趋时，一味附和或执行上层的意见，所以总是不容于当世。在仁宗朝，朝廷内因循苟且之风已成弊病，而皇帝虽宽厚温和，但决断力不足，因此在制科考试中他所进的策论和所答的策问，都是劝仁宗"励精庶政，督察百官，果断而力行"；到神宗之世，因激进的变法可能带来的祸患，他数万言的上书皆是劝神宗"忠恕仁厚，含垢纳污，屈己以裕人"；哲宗元祐初年，保守派多行仁宗旧制，他又担心百官有司"矫枉过直，或至于偷"（苏轼《辩试馆职策问札子》）。他虽终生都反对新法，但却认为新法并非一无是处，可以"参用所长"，因为在地方上他亲眼看到，如果执行得好，免役法颇有便民之处，这是他力争保留免役法的根本理由。在他的观念里，治国需要"宽猛相资，可否相济"，所以就算孤身战斗，他也绝对不会俯身从众。这样坚持己见的结果就是，元祐年间，他所奉行的政治主张，既得罪了新党，也得罪了旧党。新旧两党都对他发起攻击，再加上旧党内部蜀洛党争之扰，对于朝中纷争早已厌倦的苏轼，连上四道奏章，请求辞去翰林学士一职，外任地方。

在请求外任的《乞郡札子》中，苏轼说自己"二年之中，四遭口语"，虽然明知道很多话说出来会"触忤权要，得罪不轻"，但是不说的话就是"欺罔君父，诛罚尤大"，所以最终还是选择了直言。为君难，为臣不易。如果"依违苟且，雷同众人，则内愧本心，上负明主"，而"不改其操，知无不言，则怨仇交攻，不死即废"。他不愿苟合于众，也断然不可能憋着心中的话不说，要保持本心，只能请求外任以避开纷扰。

二度从朝廷离开后，五年间苏轼辗转多地，又几度被朝廷召

回，历任杭州太守、吏部尚书、颍州太守、扬州太守、兵部尚书、礼部尚书、定州太守，用他自己的话说，是"一去阙庭，三换符竹。坐席未暖，召节已行，筋力疲于往来，日月逝于道路"（苏轼《定州谢到任表》）。在一地稍作停留即转往另一地，奔波四方未尝一日安稳。数年来不停歇的漂泊让早已年迈的苏轼疲惫不堪，然而他后半生的磨难却远远不止如此。

元祐八年（1093 年），随着高太后的逝世，旧党失势；哲宗亲政后，新党再度当权。哲宗绍圣元年（1094 年），元祐党人尽遭贬谪流放。苏轼首当其冲，被贬至岭南苦地惠州。至于罪名，一点也不新鲜，还是"诋诬先王"，"文足以惑众，辩足以饰非"。这样的罪责，大概苏轼早就习以为常了吧。作为哲宗的老师，苏轼深知自己学生的脾性，这位皇帝可不像他的父亲或先祖那样胸怀宽广，或许他也早就料到会有这么一天，所以很淡定地踏上了南行之路。事实也正是如此，对于前后教过自己八年之久的恩师，哲宗没有顾念师生情分，而是交由章惇随意处置。苏轼被贬谪至惠州三年，堪堪安定下来，又被流放至当时条件最为艰苦的蛮荒瘴恶之地——海南儋州。直到去世前一年，也即徽宗初年，因新皇即位大赦天下，才蒙朝廷召回。然而不幸却并没放过这位受尽苦难的老人，苏轼在北归途中身染重疾，建中靖国元年（1101 年）终逝于常州，享年六十五岁。

世事一场大梦，人生几度秋凉。苏轼一生大起大落，命运多舛，大半生颠沛流离，漂泊四海，历尽磨难。忠直而不合时宜的性情让他吃尽了苦头，然而，却也正是这样终生不移的率真本性，让他赢得了千百年来无数人的喜爱。

"九死南荒吾不恨，兹游奇绝冠平生。"（苏轼《六月二十日夜渡海》）他一生都坚守着自己心中的信仰，所以能够坦然接受坚持本心所带来的一切后果，从来不曾后悔或怨怼。正因如此，面对挫折，他不屈不挠；面对苦难，他乐观豁达。不论沐浴着荣光，还是经受着困苦，他所秉持的人生态度无不闪耀着人性的光辉。得意时不骄不矜，失意时不卑不亢，超然坦荡，始终不改天真质朴的赤子本心。试问：这样的人格魅力怎不叫万千文人为之深深倾倒？

五、林语堂的妙评

林语堂

林语堂在《苏东坡传》的序言里满怀热情地总结："像苏东坡这样的人物，是人间难能有二的。"为什么这么说？且看他细数的理由——

苏东坡是个秉性难改的乐天派，是悲天悯人的道德家，是黎民百姓的朋友，是散文作家，是新派的画家，是伟大的书法家，是酿酒的实验者，是工程师，是假道学的反对派，是瑜伽术的修炼者，是佛教徒，是士大夫，是皇帝的秘书，是饮酒成癖者，是心肠慈悲的法官，是政治上的坚持己见者，是月夜的漫步者，是诗人，是生性诙谐爱开玩笑的人。可是这些也许还不足以勾绘出苏东坡的全貌。我若说，一提到苏东坡，在中国总会引起人亲切敬佩的微

笑，也许这话最能概括苏东坡的一切了。

苏东坡的人品，具有一个多才多艺的天才的深厚、广博、诙谐，有高度的智力，有天真烂漫的赤子之心——正如耶稣所说具有蟒蛇的智慧，兼有鸽子的温柔敦厚，在苏东坡这些方面，其他诗人是不能望其项背的。这些品质之荟萃于一身，是天地间的凤毛麟角，不可能多见的。而苏东坡正是此等人！他保持天真淳朴，终身不渝。政治上的钩心斗角与利害谋算，与他的人品是格格不入的。他的诗词文章，或一时即兴之作，或是有所不满时有感而发，都是自然流露，顺乎天性，刚猛激烈。……他一直卷在政治旋涡之中，但是他却光风霁月，高高超越于狗苟蝇营的政治勾当之上。他不忮不求，随时随地吟诗作赋，批评臧否，纯然表达心之所感，至于会招致何等后果，与自己有何利害，则一概置之度外了。……像他这一等人，总是关心世事，始终抗言直论，不稍隐讳的。他的作品之中流露出他的本性，亦庄亦谐，生动而有力，虽臂视情况之所宜而异其趣，然而莫不真笃而诚恳，完全发乎内心。

……

他身上显然有一股道德的力量，非人力所能扼制，这股力量，由他呱呱落地开始，即强而有力地在他身上运行，直到死亡封闭上他的嘴，打断了他的谈笑才停止。他挥动如椽之笔，如同儿戏一般。他能狂妄怪僻，也能庄重严肃，能轻松玩笑，也能郑重庄严，从他的笔端，我们能听到人类情感之弦的振动，有喜悦，有愉快，有梦幻的觉醒，有顺从的忍受。

……

　　总之，我们所得的印象是，他的一生是载歌载舞，深得其乐，忧患来临，一笑置之。他的这种魔力就是使无数中国的读书人为他所倾倒、所爱慕的原因。

　　这一番点评可谓精妙至极，几乎将苏轼的魅力悉数说尽，一个肝胆煦如春风、气骨清如秋水的高士形象活脱脱地跃然纸上。这样一个本应如同寒星一般远离尘嚣的存在，他身上那种天真纯朴、热情洒脱、诙谐幽默的特性却又偏偏亲切得让人忍不住会心一笑。与苏轼同时代的文人王辟之在《渑水燕谈录》中评论说："子瞻（苏轼，字子瞻）虽才行高世，而遇人温厚，有片善可取者，辄与人倾尽城府，论辩唱酬，间以谈谑，以是尤为士大夫所爱。"性情温厚而心无城府，才行高世却不摆架子，这样的苏轼不独文人士大夫喜爱，更深得普通百姓爱戴。

　　子曰："德不孤，必有邻。"拜坎坷的仕途所赐，苏轼足迹行遍天下，朋友亦遍及天下。他的朋友有文人墨客，有僧人道士，有林下隐者，有山野村夫，就像他自己说的那样："吾上可陪玉皇大帝，下可陪卑田院乞儿，眼前见天下无一个不好人。"真心待人，必得人真心相待。古人常说，一死一生乃知交情，一贫一富乃知交态，一贵一贱交情乃见。这话不假。苏轼曾说，他的朋友跟着他不但难以求得富贵，反而常常因他受累。即便如此，在苏轼处于人生谷底之时，有自告奋勇徒步千里为他送家书的佛教徒，也有不远两千里之遥特意去看望他的同乡，还有数十年如一日始终追随在他身边的知交，以及在困顿之时纷纷向他伸出援手的官吏乡人。或许，正因为有了这些温情的支持，苏轼才能始终乐观超脱地面对人生的磨难，即便濒临死地也不曾绝望。他的身上仿

佛有着天然的亲和力，吸引着人向他靠近。这种魅力，使得他被当世追慕，更为后世所景仰。在时人眼中，他不是冷面的政治家，也不是高不可攀的文学家，而是一个可以与之纵情谈笑的朋友；在他身后，人们并没有将他捧上神坛来供奉，而是视作一个活生生的有着真实性情的人，像谈论乡邻故人那样谈论着他。在中国，还没有哪个人像苏轼那样，有那么多逸闻轶事流传于世，被一代又一代的人乐此不疲地口耳相传。

诚然，苏轼的一生虽然坎坷多难、风波无数，却无疑活得足够精彩，苦乐悲欢，穷达顺逆，人生的滋味大抵尝遍，人生的风景也大都看够。人活一世，不就是这样：在一段又一段风景中体会一种又一种滋味，痛快地哭过，畅快地笑过，然后，能够以平静的心情迎来生命的终结。每一个人来到这个世上，都会走向同一个结果，所不同的就是活着的过程，这才是作为个体的人存在的证明。至于怎么个活法，仁者见仁智者见智，而苏轼就像一个理想的标杆，他将属于他的人生活得痛快淋漓，即便一路荆棘也依然谈笑自若、昂首前行的身姿足以让所有人肃然起敬。孔子说："知者不惑，仁者不忧，勇者不惧。"有智慧的人不会被复杂的世情迷惑而找不到前进的方向，仁德的人不会因自身所处的困境而忧愁烦恼，勇敢的人面对一切艰难险阻都能高谈阔步无所畏惧。苏轼用他历经坎坷却载歌载舞的一生为这句话做了最好的诠释。

人活于世，难免遭遇痛苦与挫折，然而横逆困穷，却正是锻炼豪杰的"炉锤"，能经受住磨炼，则身心获益。逆境就如同人格的试金石，在命运的颠沛中，最容易看出一个人的操守和气节。当一个人不管遭遇什么，都能以积极饱满的心态去面对，镇定地承受着

一个又一个重大不幸时，他灵魂的美就闪耀出来，每一次磨难都宛如一座丰碑，见证着坚强的意志，记录着不屈的精神。

相信喜欢苏轼的人大多是被他坎坷人生中释放出的人格魅力所征服，而他高妙绝世的诗文才情不过是锦上添花而已。即如沈宗元所说："吾人于东坡固膜拜其多能，尤心仪其行识。盖其胸怀高阔，素位而行，穷愁殷忧，举不能役，立朝之挺挺大节，江湖之超超物表，皆属希有。"（沈宗元《东坡逸事》）王国维在《文学小言》中也说道："三代以下之诗人，无过屈子、渊明、子美、子瞻者。此四子者，若无文学之天才，其人格亦自足千古。故无高尚伟大之人格，而有高尚伟大之文章者，殆未之有也。"自夏商周三代以来的诗人，没有谁能比得过屈原、陶渊明、杜甫、苏轼这四个人。这四人即便没有文学上的天才，他们的人格也足以传颂千古。真正的大文学，必须"济之以学问，帅之以德性"，若没有高尚伟大的人格，就不可能写得出高尚伟大的文章。毕竟，能够感动千古历久弥新的，不是文字本身，而是隐藏在文字背后、支撑着作品的思想与情感，那才是寄托了作者灵魂的东西。

对于文人来说，困厄悲苦的人生境遇恰恰是激发创作灵感的源泉，古今如是。司马迁在遭受腐刑后，万般屈辱之下仍以坚韧不屈的精神完成了史学巨著——被鲁迅评价为"史家之绝唱，无韵之离骚"的《史记》。在给友人的信中，他列数古贤故事，叙说自己作《史记》的动力："盖文王拘而演《周易》；仲尼厄而作《春秋》；屈原放逐，乃赋《离骚》；左丘失明，厥有《国语》；孙子膑脚，《兵法》修列；不韦迁蜀，世传《吕览》；韩非囚秦，《说难》、《孤愤》；《诗》三百篇，大底圣贤发愤之所为作也。"

（司马迁《报任安书》）苦难灾厄从来不是一个人失败堕落的理由，更不是懦弱者一蹶不振的借口。很多时候，人生必须得遭受一番痛苦折磨，才能将自身的光辉完全展现出来，才能打造出一个更完美的自己。

人之一生所遭遇的事情，没有哪一件是毫无意义的。如果没有那些坎坷的经历，就构不成一个完整的苏轼。对于苏轼来说，政治上的失意，他所遭遇的磨难，在波折起伏的人生中品味到的百般滋味，成为了他文学和艺术创作最好的养料。他的人生哲学、平实的思想、对于生活的真切感受融进所有诗文书画中，使得他在文学艺术上取得了足以光耀千秋的巨大成就。

65

第二章

兼工诗词，调和鼎鼐

一、以文为诗，别开生面

诗这种文体在唐代时已经达到了顶峰，在唐诗的耀眼光芒下，其他朝代的诗作往往容易被人们忽略。而中国文化发展到宋代，又呈现出罕见的大繁荣景象，文学艺术各领域大有百家争鸣之势。在这怒放的百花之中，宋词异军突起，以其清丽娇媚的婉约风致与唐诗争妍斗奇各擅胜场，成为宋代文学最独特的标志，相较之下，宋诗的光芒显然暗淡多了。然而，所谓"暗淡"云云，也不过是相对而言罢了，在唐诗基础上发展起来的宋诗，与宋代文化土壤相结合，另辟蹊径而自成一家，最终树立起了独属于自己的风格特征，其取得的成就和重要地位也不容小觑。

面对唐诗这座不可逾越的高峰，继其之后的宋代诗作所面临的

选择，最直接的大概就是沿袭唐风，将唐诗的风格继续发扬下去，沿着唐诗的路子直走到底，不过其结果很可能落得东施效颦的下场。因为宋代诗歌并不具备唐诗所根植的文化艺术土壤，师从唐风只能让诗歌走向衰微。事实上，宋代初期的诗歌创作，的确是以学习唐诗为主流，并形成了几个主要流派，即所谓的"宋初三体"：其一是以王禹偁为代表的"白体"，学习白居易的"浅易"，诗风浅切随意，随口吟就，不重学问典故，并多借由诗歌表现乐观旷达的生活态度；再则是以寇准、魏野、林逋、惠崇等为代表的"晚唐体"，模仿贾岛和姚合的"苦吟"，注重在遣词用字上下功夫，诗风偏于清瘦，擅长描绘清幽的山林景色和淡泊的隐逸生活；另则是以杨亿、刘筠、钱惟演为代表的"西昆体"，师法李商隐的"典丽"，讲究辞藻华丽，用典精巧，寓意幽深。

这三个流派当然不乏名作，也都取得了一定的成绩，然而就模仿一道来说，无论风格如何接近，终究难以超越本体；若找不到自己的定位，只会使得自身创作受到限制，更有甚者，会陷入画虎不成反类犬的尴尬境地。宋代初期，诗歌创作的普遍现实是，"白体"流于庸俗化，"晚唐体"意境浅狭，气格卑弱，而在当时影响力最大的"西昆体"，则舍本逐末，过于偏重雕章琢句，忽略了作品的思想内容，造成诗作与现实生活脱节，甚至失去了诗歌用来抒发个人真情实感这一灵魂性的特征。

由此看来，沿袭唐风显然并非长远之计。宋诗要博得发展，只能选择第二条路，那就是另立山头，探索出更适合自己的风格。虽不比唐诗的恢宏气象和绚丽风采，然而别出心裁的创新，却也自有一番引人入胜的独特风貌。

要寻求自己的风格，首先必须明确对文学创作起着决定作用的社会环境。宋代的政治制度，造就了一大批新生的士大夫文人，他们兼具官员与文人的双重身份。由于知识分子强烈的参政意识，以及宋代开放自由的社会风气，宋代文人议论朝政时事无所忌讳，逐渐形成了喜好议论之风。"开口揽时事，论议争煌煌"（欧阳修《镇阳读书》），几乎成为宋代知识分子的共同特征。这一风尚也渐渐融入到了诗歌、散文等文学创作中，并产生了极其重大的影响，可算是宋代文学较为显明的时代特征。苏轼给朋友的信中也曾说自己写诗"妄论利害，搀说得失，此正制科人习气"（《答李端叔书》）。

宋仁宗年间，欧阳修、梅尧臣主盟文坛，针对充斥于北宋文坛的雕章琢句、绮靡晦涩的不良文风，欧、梅等人继承唐代韩愈、柳宗元的"复古"旗帜，重新掀起了一场声势浩大的古文运动。并于倡导古文革新的同时，针对在当时诗坛占主流地位的西昆体的各种弊病，主张摈弃片面追求雕琢字句、严整格律而思想内容贫乏的近体诗，提倡创作反映社会现实和国计民生等内容的古体诗。古体诗格律自由、不拘对仗、不限篇幅，能够为偏重思想内容的诗歌创作留下更大的发挥空间。如此，唐代中期即由韩愈提出而不甚受重视的"以文为诗"，在宋代初现端倪。而北宋的古文运动由于有了苏洵、苏轼、苏辙、王安石、曾巩等新生力量的加入，最终得以圆满完成。宋代散文因此取得了巨大成就，这一成就也给同时代的其他文体带来了不同程度的影响。受其影响最大的即是宋代的诗歌，开始用散文的笔法、字法、句法、章法入诗，存在着一种普遍的散文化倾向。这种散文化倾向与偏重于批评时政、表达个人意志的议论化风气相结合，逐渐形成了宋诗不同于唐诗的风格特征。

宋诗偏向散文化、长于议论的风格，从发端到定型所花费的时间并不长。欧阳修、梅尧臣、苏舜钦等人在诗歌创作方面的探索，到苏轼手中即得到了突破性的发展，对此，后世评论称："以文为诗，自昌黎（韩愈）始，至东坡（苏轼）益大放厥词，别开生面，成一代之大观。"（清·赵翼《瓯北诗话》）苏轼本人即是散文大家，在散文创作方面具有极高的造诣，更以其奔放的才情，在前辈"以文为诗"的基础上，踵其事而增华，为宋诗开辟了一个前所未有的全新境界。宋诗的最大特点因之得以真正确立。

除了散文的影响，宋代理学与禅学的繁荣也为宋诗创作输入了新鲜血液。许多诗人喜将佛理禅机融入诗歌创作中，使得诗歌中寄寓着非凡的人生哲理，如此便形成了宋诗偏重理趣的风格特色。

宋诗的独辟蹊径显然是成功的，它不但突破了中国诗歌创作史上的瓶颈段，更创建了独属于自己的诗歌风格，大有与唐诗分庭抗礼之势。宋以后的诗歌，再没能脱出唐、宋诗风范畴。清人谈起中国诗歌史，曾明言："唐宋皆伟人，各成一代诗。宋人生唐后，开辟真难为。元明不能变，非仅气力衰。能事有止境，极诣难角奇。"（蒋士铨《辩诗》）当然，正如许多学者所指出的，唐诗、宋诗的划分并不仅以朝代而论，实际上是代表了两种不同的诗歌风格。唐诗与宋诗，就如同太极的两仪，是诗歌这个统一体之中，互不相同却又相互渗透的两面，就特质而言，两者各有所长。钱钟书先生在《谈艺录》中总结道："唐诗多以丰神情韵擅长，宋诗多以筋骨思理见胜。""一集之内，一生之中，少年才气发扬，遂为唐体，晚节思虑深沉，乃染宋调。"清代沈德潜也评价道："唐诗蕴蓄，宋诗发露，蕴蓄则韵流言外，发露则意尽言中。"（《清诗别裁集·凡例》）

大略点出了两者的风格特征。

　　大概说来，唐诗尚意，表达方式上多含蓄地抒发情感，言尽而意无穷；而宋诗则尚理，多直露地表达胸臆，言尽而意尽。若从诗歌韵味这一点来看，宋诗比之唐诗，诗味轻淡，此是所短，但它取材广而命意新，善于使事用典，终以其细致透辟的哲理思想和典雅的语言技巧弥补了这一缺点。因此也有人说，唐诗写作需要灵感，宋诗写作则需要才学，此言非虚。但若只讲读诗的感受，唐诗以其袅袅不绝的意韵惹人回味，宋诗则以其深邃绵密的哲理发人深思，两者虽殊路却同归，诗歌之美，也尽在此处了。

　　作为宋诗的代表诗人，苏轼不仅推动了宋诗风格的形成，更以其纵横的笔力和高阔的境界使得宋代诗风"别开生面，成一代之大观"。他的诗作即代表了宋诗的最高成就，宋诗的典型特征也正是苏诗的特征。因此，在谈苏诗之前，我们或许能够从宋诗的特点而大致推想出苏诗的整体概貌。

　　苏轼一生创作难以计数，在文、诗、词、书、画等各领域皆留下了大量篇章，而其中尤以诗作数量最多，内容也最为丰富，留存至今的诗作二千七百余首，是自嘉祐四年（1059年）苏轼第二次离开眉州至其逝世，四十余年间的作品。这四十余年里，苏轼的足迹踏遍九州四海，那些回翔起伏的坎坷经历和真挚丰满的人生感触，以及被贬谪流放期间与底层百姓接近的生活经验，都成为了他诗歌创作的源泉。他的诗题材丰富，有抒发个人情感、写景咏物、唱和赠友的常见题材，也有描写时代风貌、民间风土人情和生活情趣的诗作，更有反映社会现状、民生疾苦的现实主义作品。这些诗作，凝炼出苏诗独有的风格，或清奇俊逸、明澈洒脱、不泥不隔，或雄

健奔放、跌宕开合、曲折自如，从中亦展现出苏轼深沉壮阔的胸怀和深厚渊博的学识。

苏轼诗集（中华书局）

苏轼诗集合注（上海古籍出版社）

在宋代诗坛与苏轼并称"苏黄"的江西诗派开创者黄庭坚曾有此语："我诗如曹郐，浅陋不成邦；公如大国楚，吞五湖三江。"曹国与郐国是西周至春秋战国时期的小诸侯国，而楚国则是春秋五霸、战国七雄之一的大诸侯国，黄庭坚将自己的诗作比为曹郐小邦，将苏诗比作大楚，固然有自谦之意，然而苏诗的气象恢宏、意蕴充实却也正如黄庭坚所说。叶燮在《原诗》中说得更加明白："苏轼之诗，其境界皆开辟古今之所未有。天地万物，嬉笑怒骂，无不鼓舞于笔端，而适如其意之所欲出。"这样开阔的境界正是得益于苏轼"以文为诗"的表现手法，也是这种风格的最终体现。

"以文为诗"，其实是一个较为宽泛的概念。狭义上的"以文为诗"单指诗作的散文化，即以散文的字法、句法、章法来写诗，或可概括为"以文字为诗"；而广义上的"以文为诗"则又包含了"以议论为诗"、"以才学为诗"的特点。虽然南宋诗论家严羽在

《沧浪诗话》中对于宋诗"以文字为诗、以议论为诗、以才学为诗"的三大特点颇有微词，"以文为诗"也历来颇受争议，文学理论家们对此争论不休，莫衷一是，肯定者暂且不论，批判者无非是说它混淆了诗文界限，终究不是诗歌本色，然而这并不意味着这一风格特点本身有问题。诗是抒发情感并能予人以美感的文体，既然如此，所有的艺术技巧或表现手法都只不过是为达到这一最终目的而借助的手段。这些手段不但应该是丰富多样的，而且也是因人而异的，实在没必要划定框架，妄论是非。另则，正如字写不好，不能怨笔差的道理，同一种技巧或招式，有的人使得呆板笨拙，单调乏味，有的人就能使得灵动舒展，摇曳生姿。即便是最简单平常的招数，落入高人手中，也可化腐朽为神奇。毫无疑问，苏轼是当之无愧的个中高手。

1. 以文字为诗

一如前文所说，"以文为诗"是苏轼诗作最显著的特点。苏轼借鉴了散文的创作经验，将其活用于诗歌创作中，对诗歌的艺术形式予以进一步改造，并以气格贯穿其中，使得他的诗作自有一番行云流水、层峦叠嶂的美感。较为典型的例子，如《石鼓歌》：

> 冬十二月岁辛丑，我初从政见鲁叟。
>
> 旧闻石鼓今见之，文字郁律蛟蛇走。
>
> 细观初以指画肚，欲读嗟如箝在口。
>
> 韩公好古生已迟，我今况又百年后！
>
> 强寻偏旁推点画，时得一二遗八九。
>
> 我车既攻马亦同，其鱼维鱮贯之柳。
>
> 古器纵横犹识鼎，众星错落仅名斗。

模糊半已隐瘢胝，诘曲犹能辨跟肘。

娟娟缺月隐云雾，濯濯嘉禾秀稂莠。

漂流百战偶然存，独立千载谁与友？

上追轩颉相唯诺，下揖冰斯同鷇彀。

忆昔周宣歌鸿雁，当时籀史变蝌蚪。

厌乱人方思圣贤，中兴天为生耆耇。

东征徐虏阚虓虎，北伏犬戎随指嗾。

象胥杂沓贡狼鹿，方召联翩赐圭卣。

遂因鼓鼙思将帅，岂为考击烦矇瞍。

何人作颂比嵩高？万古斯文齐岣嵝。

勋劳至大不矜伐，文武未远犹忠厚。

欲寻年岁无甲乙，岂有名字记谁某？

自从周衰更七国，竟使秦人有九有。

扫除诗书诵法律，投弃俎豆陈鞭杻。

当年何人佐祖龙？上蔡公子牵黄狗。

登山刻石颂功烈，后者无继前无偶。

皆云皇帝巡四国，烹灭强暴救黔首。

六经既已委灰尘，此鼓亦当遭击掊。

传闻九鼎沦泗上，欲使万夫沉水取。

暴君纵欲穷人力，神物义不污秦垢。

是时石鼓何处避？无乃天公令鬼守！

兴亡百变物自闲，富贵一朝名不朽。

细思物理坐叹息，人生安得如汝寿！

从首句的交代时间、事由，再由石鼓的现状追及悠远的历史，

石鼓

继而生发兴废存亡、人事变迁的感慨，思绪渐飘渐远，最后忽如梦醒般回到眼前的石鼓与面对石鼓的自己。思维发散却中柱屹立，其间俯拾皆是的史事典故又为之增添了一份典雅厚重的质感。整篇诗作一气呵成，诗作的句法与章法结构乃至表现手法，俨然一篇雄浑晓畅、挥洒自如的赋文，然而却并不背离诗歌韵律的要求，堪称"以文为诗"的典范。石鼓作为一件先秦时期的历史遗存，自唐代被发现以来，诗人即对其咏唱不断。《石鼓歌》佳作迭出，在唐代，韦应物写过，韩愈写过，在宋代，梅尧臣也写过，而苏轼面对前人咏遍的旧题，毫无怯意，以其独具的笔法和才情将此诗写得气象万千、博大壮阔而又典雅庄重，大有压倒前作之势。

与讲究含蕴不露、余韵不吐的唐诗不同，苏轼对于作诗的感想是"好诗冲口谁能择"（《重寄》）。都说"文如其人"，苏轼的性格自由奔放，从来是"言发于心而冲于口"（《录陶渊明诗》），当情感郁勃鼓荡之际，你指望他半吞半吐，话留几分，那实在是强人所难。正如他所描述的那样："作诗火急追亡逋，清景一失后难摹。"（《腊日游孤山访惠勤惠思二僧》）这样的创作理念，让他的诗作冲脱了格律束缚，不琢字句，直抒胸臆而随物赋形。如此随意挥写，固然有些许失之粗率而遭人诟病之处，然而在他的卓绝才情和生花妙笔之下，他的诗高远处气象开阔，浅近处亲切可爱，自有一种常

人难以抵达的境界。他所依仗的，别无其他，只是自身独具的非凡才气。

写诗不拘常理，纵意为之，事实上正体现了苏轼所秉持的文学艺术理念，若用一个词来概括的话，莫过于"自然"二字。但是，他所追求的自然艺术，并非浅陋或粗鄙，而是"气象峥嵘"、"绚烂之极"过后的平淡与素朴。所谓"淡极始知花更艳"，他所引为至贵的是"外枯而中膏，似澹而实美"（《评韩柳诗》），"发纤秾于简古，寄至味于澹泊"（《书黄子思诗集后》）。而散文的最大特点或说美感，就是它的自由性，有着不事雕琢的自然美。散文的艺术表现手法恰恰契合了苏轼的艺术追求，所以对于他来说，"以文为诗"就像是水到渠成般自然。

在苏轼的观念里，诗词创作是"无意不可入，无事不可言"的，而他偏偏能确实地做到这一点。清代赵翼说他"天生健笔一枝，爽如哀梨，快如并剪，有必达之隐，无难显之情"（《瓯北诗话》）。不是谁都有能力将眼前所见、心中所感、瞬间所悟信手拈来，以诗化的语言诉诸笔端，从某种意义上来讲，这实在是一种难以企及的才能。这种才能的一个体现，就是苏轼极善于用字用词，在活用散文的句法与章法之外，也将散文的字法带入诗歌创作中，在他笔下，即便是"鄙俚之言"也能自然而然地入诗。以他的话来说，就是"街谈市语，皆可入诗，但要人熔化耳"（周紫芝《竹坡诗话》）。所以，在散文里常见不鲜却不便于入诗的字词、俚语、方言，在苏诗中比比皆是，即便是诗人们避之唯恐不及的词语，他也能照用不误。比如，清代文学家纪晓岚所谓其字"俚甚"的"牛矢"，苏轼就能用它写出别样的韵味。

被酒独行，遍至子云、威、徽、先觉四黎之舍三首（之一）

半醒半醉问诸黎，竹刺藤梢步步迷。

但寻牛矢觅归路，家在牛栏西复西。

在苏轼笔下，"牛矢"与诗句所勾描的其他意象共同营造出一种诗境的画面，不仅不觉得突兀，反而非此不能展现出那样一种情境：诗人醉后归来，迷醉中不识归路，虽向邻人打听得方向，却仍然迷失在途中杂生的竹刺与藤梢间。幸而最后辨认着路旁的牛粪，才寻找到归家之路，因为家就在牛栏的西边。此时对于诗人来说，牛粪俨然是最可靠的路标，指引着家的方向，是非此不可的重要存在，所以它在诗人所描绘的画面中出现，显得那样贴切而自然。结合此诗的创作背景，正是苏轼以年迈之躯被流放于海南儋州之时，在平实质朴的诗句所营造的意境之外，又有哪些深藏的意味，则需要读诗的人细细体会了。

不但俚语如此，在诗歌创作中，某些极为平常的生活情景或者生理感受，一般是不会被诗人们使用的，再说，也确实不好表达。比如"背痒"，怎么能写入风姿端雅的诗歌中呢？但是苏轼就可以写得气定神闲："头风已倩樗手愈，背痒却得仙爪爬。"（《兴龙节侍宴……》）他不但写了，还煞有介事地用"头风"来对仗，且诗句浑然天成。而且，这看似随意的一句其实是有用典的。前句典出《三国志》，说的是曹操患头风时，卧读陈琳草拟的檄文，喜不自胜，并称读了这样绝妙的文章能治好他的病。"背痒"之典则略冷僻，据《神仙传》记载，仙人王方平和麻姑下凡，到信奉道教的道民蔡经家中，欲度其成仙。麻姑的手像鸟爪，蔡经心中暗暗想着："背痒的时候，用此爪挠痒定然绝佳。"没想到这心思被王方平察觉

了，于是鞭打他说："麻姑是神仙，你怎么能说她的爪子可以用来爬背呢！"

此词有典可考，所以苏轼写得十分从容，而且如此有趣的典故怎么能够轻易放过，写一遍还嫌不够，又写："今来复稍稍，快痒如爬疥。"（《孙莘老寄墨》）说自己因写诗获罪，所以决定不再写诗，但果然还是心痒难耐，像"爬疥"一样痒到了极处。

随后再写："莫从唐举问封侯，但遣麻姑更爬背。"（《寄蔡子华》）此句将"爬背"之典用得尤显巧妙的是，这首诗所寄的刚好是一位蔡姓友人，与典故里的蔡经正好相合，再恰当不过。

而苏轼不仅大写特写，还要借着诗境升华一番："故应好语如爬痒，有味难名只自知。"（《次韵答刘景文左藏》）用"爬痒"来比喻佳文美句所带给人的那种奇妙之极，却只可意会不可言传的感受，何其形象！

即便是最俚俗的语言，如若放对了地方，就能化俗为雅。对于拥有神思妙笔的苏轼来说，化尘泥为美玉，是一件再简单不过的事。只要他心中有意，没有什么不可以用诗的语言描绘出来，而且不事雕琢，不遮不掩，自然随意地流泻于笔端。他作诗的状态就如同打开了闸门的江河，汹涌澎湃，势不可挡，但若因此而判定苏轼不重视诗歌的韵味，那可就错了。苏轼的诗除了雄放超拔、酣畅淋漓、让人顿觉神清气爽之作，除了平实质朴、幽默风趣、使人倍感亲切自然之作，也不乏清婉含蓄、新雅别致、读来余韵绵长之作，这其中尤以七绝和七律见胜。

如《海棠》：

> 东风袅袅泛崇光，香雾空濛月转廊。

只恐夜深花睡去，故烧高烛照红妆。

蒙蒙香雾弥漫，暗淡的夜色多了几分迷离，被软软春风吹拂着的海棠花，宛如温柔妩媚的月下美人，让人不禁心生怜爱，不觉中与花儿久久相对，以至夜深月堕，犹自不舍离去。因怕花儿睡去，痴情的诗人燃起高烛照亮夜色，在灯下继续品赏盛放的花容。东风、香雾、夜月、回廊、红花、灯烛，还有不见于诗句却立于诗境之中的赏花人，这些意象所构筑的情境，生动得犹如一幅在眼前徐徐展开的画卷，美得引人入胜，细细品味更有缠绵不尽之感。而"灯前看花"也因此与"楼上看山，城头看雪，舟中看霞，月下看美人"一并被诗人们推为至情至境的人生雅事。

再如《寿星院寒碧轩》：

清风肃肃摇窗扉，窗前修竹一尺围。

纷纷苍雪落夏簟，冉冉绿雾沾人衣。

日高山蝉抱叶响，人静翠羽穿林飞。

道人绝粒对寒碧，为问鹤骨何缘肥？

南宋周必大在《二老堂诗话》中称苏轼此诗"初若豪迈天成，其实关键甚密"，"句句切题，而未尝拘"。全诗围绕"寒碧"二字展开，却并不点明，只是以各种意象将人带入情境之中，让读诗的人自己来感受：肃风摇窗，清寒立显，修竹扶疏，碧绿尽现；而"苍雪"、"绿雾"两句，"寒碧"各在其中；至于"山蝉抱叶响"，看似无意，却暗合杜甫的诗句"抱叶寒蝉静"，仍然不脱"寒"字，"人静翠羽"自不必说。在如此迂回曲折的一番描绘之后，末句忽出"寒碧"二字点题，将前面略显散漫的诗句全部收入此两字之中，并以"为问鹤骨何缘肥"一句戏谑道人：对此清寒之景绝粒修

道，为何骨相偏还如此健硕？诙谐风趣中满含机智。整首诗无论是语言还是意境都极为清雅，寒碧轩的清静幽谧依依陈展在眼前。更因全诗含蕴不吐，以亦静亦喧的连番意象，引导读者勾勒出诗境与画面，故而感受尤为深刻。

2. 以议论为诗

"以议论为诗"，顾名思义，就是在诗中直接表达对于某些事物或人生情感的认识，这是宋诗较为突出的一个特点，也是"以文为诗"的另一种形式。其表现方式常常是通过对寻常事物或自然现象的描写，给予相应的艺术处理，使其与诗人的情感相结合，从而阐发一定的人生哲理。如《题西林壁》：

> 横看成岭侧成峰，远近高低各不同。
>
> 不识庐山真面目，只缘身在此山中。

这是苏轼的诗作中知名度较高的一首，不管是乍看起来，还是细加分析，这首诗都只有一个词可以形容——简单。结构简单，语言简单，内容简单，表现手法简单，整体思路简单，甚至诗中所阐发的哲理也极其简单。虽然简单，却又说不出的自然，就好像天成的诗句，被畅游庐山的诗人偶然在途中捡拾到一样，但咀嚼回味起来，这简单自然中又隐约透着一份深刻。因为身在庐山之中，所以难以窥见其全貌，这本是极其浅显的道理，谁都能理解，然而却并非人人都曾留意，一经诗人道出，或许很多人都会有似曾相识的恍然。大道至简，却往往被人所忽略，焉知不是身在其中之故！

对于很多人来说，有些感悟发之于心，却不能诉诸于口，或言之以口，却不能应之以手，大概是常有的事。心能知之，口能传之，而手又能应之，将深刻的哲理以简单的语言极其自然地表达出来，

正是诗人的高明之处。如此这般，将对身边常见事物的形象感受与哲理思考结合起来，通过巧妙的艺术手法，融情、景、理为一体，赋予诗作以深厚悠远的内涵，展现出其特有的"理趣"，也正是"以议论为诗"的魅力所在。从古至今，歌咏庐山的诗作不计其数，苏轼这首诗能够从"芸芸众诗"中脱颖而出，历久而传诵不衰，当能说明一些问题。

"以议论为诗"的首要条件，是诗人必须具备敏锐的感受力，善于发现自然中蕴含的哲学思想。而除此之外，苏轼更有着过人的学识修养，以及丰富的经历所给予他的对于人生世事的透彻感悟。有赖于此，他每每能以其才华横溢的笔触，将议论与生动的意象、深挚的情感巧妙地融为一体，使得严肃刻板的议论增添了飘逸隽永的韵味，诗中所传递的感悟与思想无不生动而精辟。比如这首《和子由渑池怀旧》：

> 人生到处知何似？应似飞鸿踏雪泥。
>
> 泥上偶然留指爪，鸿飞那复计东西。
>
> 老僧已死成新塔，坏壁无由见旧题。
>
> 往日崎岖还记否？路长人困蹇驴嘶。

这是苏轼在凤翔为官期间，收到弟弟苏辙（字子由）寄来的《怀渑池寄子瞻兄》，而以同样的用韵，与子由的诗意遥相唱和的作品。子由的原诗是这样的：

怀渑池寄子瞻兄

苏辙

> 相携话别郑原上，共道长途怕雪泥。
>
> 归骑还寻大梁陌，行人已渡古崤西。

曾为县吏民知否？旧宿僧房壁共题。

遥想独游佳味少，无方骓马但鸣嘶。

从诗作来看，子由的诗主基调是怀旧，更深层的含义是借着往日经历来抒发人生无常、身不由己的感慨。苏轼则由这些感慨，更进一步展开了一番对于人生的议论，算是对子由所提及的问题做出回答。他说，人生在世，总是四处漂泊，像什么呢？就像行踪不定的鸿鸟一样，偶尔驻足于雪泥之上，留下些深深浅浅的痕迹，雪化过后，一切印痕都会随之消融，什么也不会留下，然而飞翔的鸿鸟却从不在意来自何处，又将去向何方。人事代谢，也正是如此，曾经在渑池见过的老僧已然故去，而我们在壁上的题句也如同雪泥上的爪痕，早已不复存在，但是至少往日的那些经历和感受还铭刻在记忆中，不会消失。其实，这样就足够了。不必执意于过去，也不必迷茫于未来，该逝去的终究会逝去，能留下的也必然会留下。人生，也不过就是一场经历，如此而已。

苏轼的这首诗意境恣逸，飘逸中暗含气势，且意蕴深远，耐人寻味，成语"雪泥鸿爪"即由此诗而来。而他在韵脚限定的前提下，仍能写出这样浑然天成的诗句，丝毫不见束缚之相，更属难得。不求工而自工，正是苏轼所达到的超然境界。他的诗笔随意挥洒，却触手生春，议论发于笔端，理趣藏于诗后，纵然诗风清逸也决然不显单薄。比如另一首为人所熟知的诗作：

惠崇春江晚景

竹外桃花三两枝，春江水暖鸭先知。

蒌蒿满地芦芽短，正是河豚欲上时。

此诗为题画诗，描写的是画中春景。清雅明快的诗句中流动着

春的气息，看似不经意的一句"春江水暖鸭先知"，不仅化静止的画面为动态的景象，更以其似浅实深的哲理延展了画意与诗情的艺术内涵。一诗之中，兼具画的神韵、唐诗的意境与宋诗的理趣，既轻盈灵动又意蕴绵长，恰如一瓯清茗，色美，香郁，味醇，品之但觉口齿噙香，回味无穷。

3. 以才学为诗

以文字为诗丰富了诗歌的表现形式，使得自由随性的畅意抒情成为可能，而以议论为诗则深化了诗歌的艺术内涵，并使诗歌在表现具象艺术之外，也能表现抽象艺术。这两点都拓展了诗歌创作的可能性，但是也容易使诗歌显得松散枯燥，失去美感。为弥补这种不足，平衡宋诗艺术形式的失重，"以才学为诗"应运而生。诗人在创作时，有意识地将自身的学问、思想以才情融入作品中，赋予铺陈散漫的文字以凝练感，将直白表露的议论内敛化，最终以气骨与质感取胜。而将这种技能运用得最为纯熟自如的，除了苏轼，当不作第二人想。清人赵翼称苏轼"才思横溢，触处生春，胸中书卷繁富，又足以供其左旋右抽，无不如志"（赵翼《瓯北诗话》）。这一点，由前文所举诗例当可窥见一斑。概括起来，苏轼的"以才学为诗"主要有如下几种表现形式：

一则，善于使事用典。用典能够为诗作增添意象美、含蓄美和凝练美，使之富于趣味性和知识性，在理趣之外更添庄雅厚重之感，是"以才学为诗"最重要的表现形式。毋庸置疑，要使事用典，首先必须熟悉典故，其次要能善用典故，使之与诗意、情感交相融合，恰到好处不露痕迹。因此，需要诗人具备深厚的才华、学问和见识，且能收放自如，不致走上生硬艰涩的偏路。《漫叟诗话》

有评价说："东坡最善用事，既显而易读，又切当。"苏轼才学繁富，又极善熔铸，故而其用典广博而灵活，信手拈来俱显天成。前文所提到的《石鼓歌》和"头风"、"背痒"之典，可略见其功力，而将苏轼那炉火纯青的用典技巧体现得最为淋漓尽致、直让人拍案叫绝的，是他的讽喻诗。这个且容后文详述，此处另举一例稍作说明。

雪后书北台壁

城头初日始翻鸦，陌上晴泥已没车。

冻合玉楼寒起粟，光摇银海眩生花。

遗蝗入地应千尺，宿麦连云有几家。

老病自嗟诗力退，空吟冰柱忆刘叉。

世传王安石读到苏轼这首诗时，曾对着颔联（第二联）叹道："苏子瞻使事用典竟能精妙到这个地步！"当时他的女婿蔡卞也在场，于是便说："此句不过咏雪之状，楼台被白雪妆点得如同玉楼，世间万物被白雪笼罩恰似银海，并无出奇之处。"王安石笑了，说："此典出自道书。"诚如王安石所说，道经中将人的项肩骨称为"玉楼"，将人的眼睛称作"银海"。此典较冷僻，想来很多人都不会察觉，如蔡卞一般解释诗意，似乎也说得通。然而，这种解释并没理会"玉楼"为何谓之"冻合"而下接"寒起粟"，银海为何谓之"光摇"而下称"眩生花"。"起粟"一词，指人的皮肤遇冷而起鸡皮疙瘩，典出《飞燕外传》："（赵飞燕）虽寒，体无辁粟。"因此，苏轼这两句诗的意思其实是：雪冷天寒，人被冻得两肩缩起，浑身起鸡皮疙瘩；雪光闪耀，眼睛被晃得昏花，什么都看不清楚。

《宋诗钞·东坡诗钞序》（清·吴之振等）中有这么一句话：

"世之訾宋诗者，独于子瞻不敢轻议，以其胸中有万卷书耳，不知子瞻所重不在此也。"学者不敢轻议苏轼的诗作，只因他才高学富，学问漫溢，诗中用事极多，要点评苏诗，必须具备深厚的学识功底，稍不留意，漏掉隐僻的用典，便会错解诗意。蔡卞的误读便是最好的例子。

二则，善用譬喻。比喻是诗歌创作中应用极为广泛的艺术手法，它可以使抽象的事物具象化，具体的意象生动化，亦可使得诗中情感更为真挚充沛，哲理更为深沉透辟，如《和子由渑池怀旧》。苏轼用喻最为人所称道的是《百步洪》：

> 长洪斗落生跳波，轻舟南下如投梭。
>
> 水师绝叫凫雁起，乱石一线争磋磨。
>
> 有如兔走鹰隼落，骏马下注千丈坡。
>
> 断弦离柱箭脱手，飞电过隙珠翻荷。
>
> 四山眩转风掠耳，但见流沫生千涡。
>
> 崄中得乐虽一快，何意水伯夸秋河。
>
> 我生乘化日夜逝，坐觉一念逾新罗。
>
> 纷纷争夺醉梦里，岂信荆棘埋铜驼。
>
> 觉来俯仰失千劫，回视此水殊委蛇。
>
> 君看岸边苍石上，古来篙眼如蜂窠。
>
> 但应此心无所住，造物虽驶如吾何！
>
> 回船上马各归去，多言譊譊师所呵。

这首诗是元丰元年（1078 年）苏轼在徐州任太守期间，与友人参寥游玩百步洪所作两首诗的其中之一。该诗多处用喻，其中"有如兔走鹰隼落，骏马下注千丈坡。断弦离柱箭脱手，飞电过隙珠翻荷。"一连串七个比喻一气呵成，将湍流之态描摹得入木三分，让人应接不暇，恍然有身临其境之感。查慎行点评道："联用比拟，局阵开拓，古未有此法，自先生创之。"

百步洪广场　　　　　　　刻有苏轼《百步洪》的浪卷石

苏轼对于事物的观察细致入微，想象丰富奇伟，故而比喻恢宏豪纵，贴切精当之余，更显气势逼人。类似的如《有美堂暴雨》：

游人脚底一声雷，满座顽云拨不开。

天外黑风吹海立，浙东飞雨过江来。

十分潋滟金樽凸，千杖敲铿羯鼓催。

唤起谪仙泉洒面，倒倾鲛室泻琼瑰。

而苏诗中除了此类气势磅礴的比喻，也有新颖别致的，如"岭上晴云披絮帽，树头初日挂铜钲"（《新城道中》）；或是清丽灵动的，如"欲把西湖比西子，淡妆浓抹总相宜"（《饮湖上初晴后雨》）；更有风姿卓越，含蓄婉约的比喻，如《红梅》：

怕愁贪睡独开迟，自恐冰容不入时。

故作小红桃杏色，尚余孤瘦雪霜姿。

寒心未肯随春态，酒晕无端上玉肌。

诗老不知梅格在，更看绿叶与青枝。

诗中将迟开的红梅比作怕愁贪睡的美人，懒起醒后，却见世间

春意渐浓，心中唯恐素净的妆容不入时宜，便故意化起了娇艳的红妆。然而，虽自作俗色与群芳共处，其清寒出尘、冰清玉洁的气质却卓然独立。花容可委随众芳，气骨却不容趋时逐流。拟人化的比喻生动而富有情趣，其中尤以"酒晕无端上玉肌"一句最为绝妙，将红梅之色比喻为美人雪肤上无端微露的一抹酒晕，情态流转，神韵毕现，浑不知此诗究竟是以人喻梅，还是以梅喻人。末句更就"诗老"石曼卿的观点引发了一番议论。在苏轼看来，石曼卿《红梅》诗中"认桃无绿叶，辨杏有青枝"其语至陋（《评诗人写物》）：梅花之美不在花色，也不在枝叶，而在于其独具的内在品格，在于其孤傲不群的风姿，即如美人，与众各别的是她的气质、高情与内涵，而非外在的形貌。如此一来，比喻的运用无疑延展了诗意，在状物、抒情之外，又饱含寓意，更或是借物言志，以梅自况。苏轼自己显然对这首诗非常满意，后又据诗意另填了一首小词《定风波·咏红梅》使人咏唱，但词作却不及此诗韵味。

三则，内容丰富，风格多变。王十朋在《百家注东坡先生诗序》中评价道："东坡先生之英才绝识，卓冠一世，平生斟酌经传，贯穿子史，下至小说杂记，佛经道书，古诗方言，莫不毕究。故虽天地之造化，古今之兴替，风俗之消长，与夫山川、草木、禽兽、鳞介、昆虫之属，亦皆洞其机而贯其妙，积而为胸中之文，不啻如长江大河，汪洋闳肆，变化万状。"诚如是言，苏轼学富五车，涉猎极广，既读得万卷书，又行遍万里路，故而其诗作内容包罗万象，江山胜景、风土人情、琴棋书画、柴米油盐、养生保健、种花养鱼、闲情雅趣、说禅论道等无施不可，更兼其才力横绝，纵然随意挥洒，亦能"从心所欲不逾矩"。

苏轼性情豪放不羁，提及他的作品风格，"气象洪阔、超迈雄健"或许是最直观的印象，然而这并不能涵括苏诗之全部。浪漫主义情怀与现实主义精神在他身上融合渗透，难分彼此，所以他的诗风刚健中有清丽，平淡中有飘逸，实难以一语概之。随意翻阅即会发现：

雄壮者有之："蹄间三丈是徐行，不信天山有坑谷。"（《戏书李伯时画御马好头赤》）

豪纵者有之："贪看翠盖拥红妆，不觉湖边一夜霜。卷却天机云锦段，从教匹练写秋光。"（《和文与可洋川园池·横湖》）

清旷者有之："每逢蜀叟谈终日，便觉峨眉翠扫空。"（《秀州报本禅院乡僧文长老方丈》）

格调清新者有之："梦里青春可得追？欲将诗句绊余晖。酒阑病客惟思睡，蜜熟黄蜂亦懒飞。"（《和子由送春》）

情致雅然者有之："多情立马待黄昏，残雪消迟月出早。江头千树春欲暗，竹外一枝斜更好。"（《和秦太虚梅花》）

趣味盎然者有之："仙衣不用翦刀裁，国色初含卯酒来。太守问花花有语，为君零落为君开。"（《述古闻之明日即至，坐上复用前韵同赋》）

简单天成者有之："荷尽已无擎雨盖，菊残犹有傲霜枝。一年好景君须记，正是橙黄橘绿时。"（《赠刘景文》）

余者不能尽数。苏轼以才气为依仗，博采众长，将各种学问思想、艺术表现手法熔炼归一，有如探囊取物般随意抽取胸中书卷，以生花妙笔"出新意于法度之中，寄妙理于豪放之外"（《书吴道子画后》），从而翻新出奇，在铺叙婉转之中，将陈旧的诗题、众人皆

知的事物和感触，写得新鲜别致，独具一格。《石鼓歌》是一例，《续丽人行》是一例，《题西林壁》亦是一例。他具有敏锐细致的观察力与精湛出色的文字表现力，故而纵是平凡事物，一经其手，便给人以巧妙绝伦、触处生春之感。如苏轼晚年被贬儋州时所作的《汲江煎茶》，即以细腻的笔触，将月夜临江煎茶一事写得极其生动雅致：

> 活水还须活火烹，自临钓石取深清。
>
> 大瓢贮月归春瓮，小杓分江入夜瓶。
>
> 雪乳已翻煎处脚，松风忽作泻时声。
>
> 枯肠未易禁三椀，坐听荒城长短更。

在苏轼的诗歌创作中，"以文字为诗、以议论为诗、以才学为诗"这三种艺术表现形式相互杂糅，融会调和，即如舀月分江，汲水煎茶般，最终于一壶之内，达到水乳交融的境界。因之，他的诗歌议论风发而情韵盎然，哲理深邃而妙趣横生。这种博采众长、融会贯通的能力不仅体现在诗歌创作中，更体现在苏轼所有的文学艺术创作中，他的创新可谓无往而不利。推究起来，其实艺术并无界限，而诗词本来同源。"以文为诗"，使他为宋诗开创了一个全新局面，奠定了宋诗的整体风格；而"以诗为词"，则让他攀上了另一座高峰。

二、铁板琵琶，唱大江东去

记得多年前看过一个关于诗词的美丽比喻，很遗憾原出处已不可考，但是那段话以及诗词那令人悠然神往的感受却一直留在了记忆中，至今印象深刻：

吟咏，就得拈一条泪痕红浥的鲛绡。我总是想象着，诗是那条秋风中飞动的薄绡，虽柔韧万变，却吹不乱它内在密实的经纬。而词便是那绯色的流苏，短短长长，风起处，盈盈秀色轻歌曼舞，惹人忍不住眼望之，手抚之，心爱之。

这段关于诗词的想象，虽说并不足以描尽诗词的全貌，但至少点出了它们给人的直观印象，所谓"诗庄词媚"大抵如是。诗的结构工整严密，纵有百种风格，千般气象，终不脱典雅端庄的本质；词的句式长短参差，轻灵变化而富有弹性，或纤柔细巧，或缠绵旖旎，错落的韵脚中流转着万种风情。诗词其态各异，然而它们所能给人的关乎美的感受却并无二致。

词，最早被称为"曲子词"，是与乐曲相配的抒情诗体。诗歌也可以咏唱，所不同的是，诗与乐相配的形式基本上是"以乐从诗"，诗体为主，乐曲为辅；而词则基本上是"以诗从乐"，乐曲为主，诗体为辅。每一首词都有与之相对应的乐谱，即"词牌"，因此词不是"作"的，是倚声而"填"的，它的句式受音乐节奏缓促的影响而参差不齐，所以词又被称为"乐府"或"长短句"。因为音乐的关系，词的格式繁富，变化多端。大致数来，诗的体式只有五古、七古、五律、七律、五绝、七绝、排律、歌行体等有数的几种，上文所谓"虽柔韧万变，却吹不乱它内在密实的经纬"也是此理。相较起来，词的千变万化无异于姿态各异、争相怒放的百花之海。旁的不说，仅从《钦定词谱》看，其中收录词牌共826调，词体达2306体，略微可见一斑。

然而正如缪钺先生所说："词之所以别于诗者，不仅在外形之句调韵律，而尤在内质之情味意境。"（《诗词散论·论词》）若以人

作比，诗使人联想到文人雅士，词则容易让人想到名姝淑女。王蛰堪先生有一段话说得形象："诗若苍颜老者，孤灯独坐，虽葛巾布服，眉宇间使人想见沧桑，谈吐挥洒，不矜自重，不怒自威。词犹美艳少妇，微步花间，风姿绰约，虽钗钿绮服，使人想见玉骨冰肌，顾盼间隐然怨诉，徒有怜惜，可远慕而不可近接焉。"（《半梦庐词话》）这种印象概源于诗、词这两种文体在情感表达上的不同侧重点，更深一步追究起来，这种不同则又源自两者诞生初始即被赋予的功能。

古语有云，诗言志，歌咏言。因之诗的主题和内容多为抒发人生理想、政治抱负、爱国思想、民族情感，或是反映时政民情、社会生活等，境界开阔，所表达的情感或慷慨豪迈，或深沉悲壮。偶有歌咏爱情的篇章，抑或相思悼亡的作品，其辞多含蓄隐约，不显张扬。

词的产生时间比诗晚，最初来自民间，文人词的形成大约可溯至唐代中期。与诗不同，词从一开始就是与乐曲相和用来咏唱的，与之相配合的音乐，既非先秦流行的雅乐，亦非与汉魏乐府诗相配的清乐，而是燕乐。燕乐又作宴乐，即在宴饮欢会场合所演奏的音乐。隋唐时的"燕乐"主要指汉魏六朝以来，一些域外音乐与中原民乐、传统清乐、宗教音乐等相融合而形成的一种新兴音乐。与这种音乐相配的词，多是在舞榭歌台由歌伎舞女轻弹慢唱，或是宴饮场合供人消遣娱乐的，所以词几乎可以说是专主情事。具体到题材和内容，又多以风花雪月、儿女情长、闺怨乡愁、离情别绪为主，音律柔婉，语言精致，格调或清新或绮丽，感情或幽微或缱绻，有着缠绵妩媚、凄清动人的柔美，读着美，听着美，回味起来更美。

正因如此，词被评价为"中国文学体裁中之最精美者，幽约怨悱之思，非此不能达"（缪钺《诗词散论·论词》）就显得理所应当，而词体以婉约为正宗的固有观念也即来源于此。

作为一种文学体裁，词在晚唐五代时已趋于成熟，其风格特征基本已经确定下来。词发展到宋代臻于鼎盛，故而说起词，一般皆称"宋词"。众所周知，宋词与唐诗在中国古代文学中并称双绝，是中国文化史上的两颗明珠，其纷繁的

全宋词

曲调体式，丰富的题材内容，精湛的艺术表现，都是空前绝后的。两宋词坛名家辈出，众彩纷呈，其辉煌成就使得宋词一时蔚为大观，成为宋代最具代表性的文学样式。据统计，《全宋词》及《全宋词补辑》所收词家达一千四百余家，词作逾两万首，可见词在宋代的繁盛程度。而这种繁盛，当然不仅体现在庞大的词作数量上。宋人对词体所作的重大变革和创新，使得词的体制、语言、意境、风格等都得到了完善，最终达到不可逾越的高度。

诚如上文所说，词体文学的最基本特征，是它的音乐性。词是音乐语言和文学语言紧密结合的艺术形式，讲究"音律谐美，情韵兼胜"，女性化的细腻深婉、旖旎香艳、纤柔细巧几乎可以算作词的专属标签。这种风格虽别树一帜，却也使得词这一文体常被士大夫轻贱，怀着"诗尊词卑"的偏见，辟词为"艳科"，以为其难登大雅之堂。不过，这些都因为苏轼的创新而有了根本性的改变。苏

轼对宋词所做出的贡献，拉开了宋词繁荣的序幕，也使得他在词坛占据着不可撼动的重要地位，宋代的绝大部分词人都深受其影响。

苏轼的革新，首先是词体的独立。自词诞生以来，音乐即是词的生命，倚声填词、言合于声的特质都表明，对于词来说，音乐语言远重于文学语言，从某种意义上讲，词基本可算是音乐的附属物。苏轼作词则完全冲破了声律限制，更加重视词的文学生命，以开拓心胸、自由畅意表达思想情感为第一要务。事实上，从苏轼在文学艺术方面一向所秉持的作风来看，他那率性而为、疏狂不羁的性情会渗透进词的创作中，实在不足为奇，甚至可以说是意料中事。

关于苏词中"不合音律"的现象，历来争辩无数。批评者有之，如李清照《词论》称苏词"皆句读不葺之诗尔，又往往不协音律"。辩护者有之，如晁无咎评说："东坡词，人谓多不谐音律，然居士词横放杰出，自是曲中缚不住者。"（《苕溪渔隐丛话》后集卷三十三引）陆游也说："世言东坡不能歌，故所作乐府词多不协。晁以道云：'绍圣初，与东坡别于汴上，东坡酒酣，自歌《古阳关》。'则公非不能歌，但豪放不喜裁剪以就声律耳。"（《老学庵笔记》）这个问题的争论就如同苏轼的"以文为诗"，成败难有定论，然而无论如何，至少有一点是肯定的：在苏轼手中，词始得初步摆脱音律束缚，从"曲子"中解放出来，成为一种独立的文学体裁，从而大大提高了词的文学地位和艺术价值。而词体发展到后来，逐渐与音乐分离，反成诗的别体，词也因此多了"诗余"的别称，这个结果大概是苏轼没想到的。

苏轼在词体上的另一个创新，是风格的变革。王国维曾总结："词之为体，要眇宜修，能言诗之所不能言，而不能尽言诗之所能

言。诗之境阔，词之言长。"（《人间词话》）大略而言，词所能言诗之不能言者，是缠绵婉丽的"情"，不能尽言诗之所能言者，是慷慨豪迈的"志"。苏轼的创新即是打破两者之间的界限，"以诗为词"。他不仅把由诗所担负的"言志"内容引入词体创作中，也将应用于诗中的散文式字法、句法、说理议论，以及使事用典的手法等用在词作中，秉着"无意不可入，无事不可言"的作风，使得词的题材和表现领域有了重大扩展，词的艺术表现手法变得丰富多样，更使词的意境得到深化拓展。

《四库全书总目提要》有这样的评价："词自晚唐五代以来，以清切婉丽为宗，至柳永而一变，如诗家之有白居易；至苏轼而又一变，如诗家之有韩愈，遂开南宋辛弃疾等一派。"

柳永对词的革新，一是致力于慢词的创作，中晚唐、五代及北宋初年，仅有小令，柳永变小令为长调，或自创新调，突破了小令的固有格局；二是将已文人化的词，归于民间，开"向下一路"。柳永因仕途失意，一度沦落为市井浪子，经常出入歌楼舞馆，长期贴近底层民众的生活。为满足市民大众的审美情趣，他在词的创作上，蕴雅于俗，以通俗易懂的语言为市民、歌伎写词。正如"老妪能解"的白居易诗，他的词浅近而平易，因此遍及茶坊酒馆、勾栏瓦肆，流传甚广，以至"凡有饮水处，即能歌柳词"（叶梦得《避暑录话》），在北宋词坛具有极大的影响力。从风格上来看，柳词或旖旎香艳，或凄清悱恻，是婉约词作的代表，也是"词为艳科"的最佳诠释。

而柳永之后的苏轼，在词的创作方向上，则"指出向上一路，新天下耳目"（宋·王灼《碧鸡漫志》）。元好问在《新轩乐府引》

中说："自东坡一出，情性之外，不知有文字，真有'一洗万古凡马空'气象。"确然，他的词"一洗绮罗香泽之态，摆脱绸缪宛转之度，使人登高望远，举首高歌，而逸怀浩气超然乎尘垢之外，于是《花间》为皂隶，而柳氏为舆台矣"（宋·胡寅《酒边词序》）。由于苏轼将文人高雅的品格注入词中，化俗为雅，提高了词品，词体倚红偎翠的固有格调为之一变，素来被视为"艳科"的小词，逐渐可以用来抒发个人理想，描写山川风物，抒写生活情趣和生活感慨。自此于婉约之外，立豪放一派。

明代张綖在《诗余图谱》中提出："词体大略有二：一体婉约，一体豪放。婉约者欲其辞情酝藉，豪放者欲其气象恢弘。"婉约词重于写情，音律谐婉，笔触幽微细腻，语言清新绮丽，柔美是其特质；豪放词在写情之外，大大扩展了题材内容，且不拘音律，直抒胸臆，气势磅礴超拔，刚健不羁是其特征。两者的截然有别，以南宋俞文豹《吹剑续录》中的一段记载最能说明问题。

据传，苏轼任翰林学士期间，有一位幕士善歌。苏轼问他："我的词跟柳永的词比起来怎么样？"幕士对道："柳郎中词，只好十七八女孩儿，执红牙拍板，唱'杨柳岸，晓风残月'。学士词，须关西大汉，执铁板，唱'大江东去'。"苏轼为之绝倒。

柳永和苏轼词作中的千古名句，一则娇婉雅致，一则豪情万丈，正体现了两大词派的风格迥异。其中，"杨柳岸，晓风残月"出自柳永的代表作《雨霖铃》：

> 寒蝉凄切，对长亭晚，骤雨初歇。都门帐饮无绪，留恋处，兰舟催发。执手相看泪眼，竟无语凝噎。念去去、千里烟波，暮霭沉沉楚天阔。

多情自古伤离别，更那堪，冷落清秋节！今宵酒醒何处？杨柳岸，晓风残月。此去经年，应是良辰好景虚设。便纵有、千种风情，更与何人说？

这首词的主旨是"离别"，抒写了作者离开汴京南下时与恋人依依惜别之情。该词以各种凄冷的意象将离愁别恨的心境渲染得真切而深刻，缠绵悲切的情感沁心透骨，凄绝动人。词中寒蝉、长亭、兰舟、楚天、清秋、杨柳岸等意象的修饰语言极尽细美精致，而骤雨初歇、千里烟波、暮霭沉沉、晓风残月等意境又倍显清冷幽怨。此情此境，真真非"十七八女孩儿"莺喉软语不能演绎。

而"大江东去"，说的是苏轼的代表作《念奴娇·赤壁怀古》：

大江东去，浪淘尽、千古风流人物。故垒西边，人道是、三国周郎赤壁。乱石崩云，惊涛裂岸，卷起千堆雪。江山如画，一时多少豪杰。

遥想公瑾当年，小乔初嫁了，雄姿英发。羽扇纶巾，谈笑间、强虏灰飞烟灭。故国神游，多情应笑我，早生华发。人间如梦，一尊还酹江月。

这首词是苏轼贬谪黄州期间，游览黄州附近的"赤鼻矶"时所作，主旨是"怀古"。词中借由赤壁壮景的描绘来咏史抒情，其中，大江、巨浪、故垒、乱石崩云、惊涛裂岸、浪

赤鼻矶

卷千堆雪等意象，一改娇柔婉约之态，笔势雄浑苍劲，所造境界恢宏壮阔，感情充沛激昂而略带悲凉。故而欲唱此词，自非"十七八女孩儿"气力所能及，必得"关西大汉"执铜琵琶、铁绰板，方能传达出此词震人心魄的情感和意境。清代词人徐釚称苏词"自有横槊气概，固是英雄本色"（《词苑丛谈》），而苏轼的这首《念奴娇》则被公认为是最能体现这种"横槊气概"、"英雄本色"的千古绝唱，因此它不仅是苏轼豪放词的代表作，也是整个豪放派词作的杰出代表。

毋庸置疑，苏轼的豪放词在词史上有着开宗立派的重要地位，苏轼也被后人归为豪放一派。然而，这里存在着一个很大的误区，好像一提到苏轼的词作，就能够将"豪放"与苏词完全画上等号。事实上，从现存的三百四十余首苏词看，豪放词并不占主流，大致算起来，仅仅只有约十分之一的分量。他的词作仍然是以清雅闲逸的婉约风格为主，题材上有赠答、送别、咏物、言情、悼亡、唱和等，词风清婉明丽，感情细腻动人。而那些以伤今、吊古、狩猎、羁旅、怀乡、记游为主题的豪放词作，不仅只占少部分，且又刚柔并济，虽豪放而不尽然，称婉约却含而不露。应该说，婉约、豪放这两种风格在苏轼的大部分词作中，并没有一个截然分明的界限。他的婉约词作情致缠绵，又不乏清雅旷达之气，而直抒个人感慨的豪放词作，在雄奇壮丽、狂放不羁之中，又含着空灵动荡、俊逸超脱之象。

在写下《念奴娇》的同一时期，苏轼给友人陈季常的信中曾提道："又惠新词，句句警拔，诗人之雄，非小词也。但豪放太过，恐造物者不容人如此快活，一枕无碍睡，辄亦得之耳。"（《与陈季

常十六首》其十三）这段话在一定程度上，或许能够说明苏轼填词的态度，即便是"以诗为词"，词作"句句警拔"，也注意不会"豪放太过"，而是张弛有度，尽量保持词体"情韵兼胜"的艺术属性，所以才不致如后世豪放派词作那样，陷入粗豪叫嚣的境地。就拿《念奴娇》来说，词中既有"乱石崩云，惊涛裂岸"的恢宏气象，也有"江山如画，一时多少豪杰"的深沉惋叹；既有昔日"小乔初嫁"，公瑾"雄姿英发，羽扇纶巾"的风流倜傥和志得意满，也有今朝"故国神游"，自己"早生华发"的悲凉慨叹和壮志难酬，更有"人生如梦，一尊还酹江月"的襟怀豁达和放逸超脱。豪放气概中深藏谐婉之句，刚亦不吐，柔亦不茹，此种境界自非简单的"豪放"一词所能尽述。

龙榆生在《东坡乐府综论》中说："坡词虽有时清丽舒徐，有时横放杰出，而其全部风格，当以近代词家王鹏运拈出'清雄'二字，最为恰当。"诚然，若以"清雄"二字来概括苏词，当最显妥帖。苏词中既有"清"之风，也有"雄"之气，更有"清"与"雄"相互交融、难以分割的部分，而贯穿其中的，则是"旷达"的精神品性。这一风格其实与苏诗的风格较为贴近。

苏轼开始填词的时间比较晚，从现存词作看，最早的词《华清引·感旧》作于治平元年（1064年）凤翔通判任满返京，途经长安之时，《一斛珠·洛城春晚》作于熙宁二年（1069年）父丧期满返京，途经洛阳之时。除此两首之外，他的词体创作是直到任杭州通判期间（年约三十六岁）才真正开始。这个时候，苏轼诗作的清雄风格已经基本形成，因此在词的创作中，难免会受到诗风的影响。而自创作初期开始，他的婉约词中就隐含着如诗作般清旷出尘的气

质，如《江城子》（湖上与张先同赋，时闻弹筝）：

> 凤凰山下雨初晴。水风清，晚霞明。一朵芙蕖，开过尚盈盈。何处飞来双白鹭，如有意，慕娉婷。
>
> 忽闻江上弄哀筝。苦含情，遣谁听。烟敛云收，依约是湘灵。欲待曲终寻问取，人不见，数峰青。

这首词是苏轼任杭州通判时期，与北宋著名词人张先同游西湖时所作，主要描写了游湖的所遇所感。从湖上风光，写到湖心偶遇的弹筝人以及听闻的动人音乐，再及由此引发的联想与感受，最后是曲终人散后的怅然若失。这种叙事式的写法正是诗赋的作风，只不过，苏轼将这种手法巧妙地隐藏于"清丽舒徐"的写景抒情之后。从这首词也大致能够看出，苏轼的"以诗为词"并非抹杀词体的风格特征，使之与诗等同，而是将诗的写法代入词中，并力求使词如诗一般具有"言尽意永"的韵味。

且看他词中，上阕描写的全为西湖山水美景，然而在这幅似用画笔勾勒的画卷中却暗藏玄机。盈盈的一朵"芙蕖"既明指出水芙蓉，也暗指湖心的弹筝人，而似若有意的"白鹭"既明指倾慕芙蕖的双鹭，也暗指倾心弹筝人的游湖二客。双关的艺术手法，将人、情、事融入写景之中，半遮半掩，不露痕迹，在词境之外，更增添了如诗般绵长的韵味。下阕主要描写音乐，既有"苦含情"的直笔，写音乐的悲切，也有"依约是湘灵"的曲笔，写音乐的高妙，弹筝人却于其中似露未露。末句化用唐代钱起《省试湘灵鼓瑟》中的诗句"曲终人不见，江上数峰青"，一曲终了，伊人远去，独留余音缭绕不绝，也正如此词，言虽尽而意韵无穷。

整首词语言清丽，运笔空灵，与极尽绮罗香泽之态的婉约词风

迥然相异。综观苏轼词作，虽然婉约词占着绝对比重，但其所呈现出的词风却全无浓艳粉腻之感，这也正好吻合苏轼文学艺术的创作理念：摒弃浮华靡丽的矫饰，力求质朴本然。这一风格不论是写文还是作诗，都是一贯而终的，由文而及诗，由诗再及词，因此他的词总带着一股"天然去雕饰"的清新自然之气。

"清"味十足的婉约词，再如《南乡子》（梅花词，和杨元素）：

> 寒雀满疏篱，争抱寒柯看玉蕤。忽见客来花下坐，惊飞，蹋散芳英落酒卮。
>
> 痛饮又能诗，坐客无毡醉不知。花谢酒阑春到也，离离，一点微酸已著枝。

此词虽为梅花词，却无一句正面写梅花，而是以旁敲侧击的手法来歌咏梅花，抒写梅事。寒雀踏梅枝，置身于喧噪中的梅花再不显孤寒清冷，虽未见梅花风姿，然而由雀鸟争看花容自然可以想见梅花的美态。鸟语花香，正是其乐融融，此番美景里不意闯进赏梅的客人，惊飞了满枝寒雀，被雀鸟踏散的花瓣飘落于酒杯之中，为充满了闲情逸致的梅下饮酒增添了几分雅趣，而人与梅的两相和谐，又使得梅花的清雅之姿施施然呈现于眼前。下阕进一步以雅士的诗酒逸兴衬托梅花的高情远致，梅品自在其中，赏心乐事让人流连忘返，不觉已是花谢春来。末句"一点微酸已著枝"，从味觉角度写梅子初结，尤显新雅别致，而就在此处戛然而止的词句，徒留下无限想象，令人回味无穷。

这首《南乡子》全词意境曲折，词风极尽清雅，不带半点杂尘。在如朝露般清新的笔触下，与梅花相关的一系列情境显得情趣

盎然，生动传神。梅花的风姿与神韵，在言语之外已卓然而立。此词与苏轼的《红梅》诗可谓遥相辉映，各自成趣。

"清"中带"雄"的词作，如另一首《南乡子》（和杨元素，时移守密州）：

> 东武望余杭，云海天涯两渺茫。何日功成名遂了，还乡，醉笑陪公三万场。
>
> 不用诉离觞，痛饮从来别有肠。今夜送归灯火冷，河塘，堕泪羊公却姓杨。

这首词是神宗熙宁七年（1074 年），苏轼正要离开杭州赴任密州太守时，与友人杨元素分别的唱和之作。此词不管是用语、造境、选声，还是表现手法、所抒发的情感，既称不上婉约，也算不上豪放，然而整首词却气体高妙，自有一番清旷疏放的气概。即如随意挥洒的诗歌创作，不着意于精致幽微的遣词造句，而是一任洒脱旷达的性情流露笔端，甚而溢出词外，读之顿觉爽利快健。尤其是"何日功成名遂了，还乡，醉笑陪公三万场。不用诉离觞，痛饮从来别有肠"几句，已初露豪纵超拔之端倪。

就像"以文为诗"对于苏轼来说是水到渠成般的自然而然，他在词风上的革新，大约也是率性而为的自然结果。

熙宁八年（1075 年），任密州太守时，苏轼曾给友人鲜于侁（字子骏）写信，称"近却颇作小词，虽无柳七郎风味，亦自是一家。呵呵。数日前，猎于郊外，所获颇多。作得一阕，令东州壮士抵掌顿足而歌之，吹笛击鼓以为节，颇壮观也"（《与鲜于子骏三首》其二）。信中所提到的大异于柳永婉约词风而"自是一家"的词，就是苏轼豪放词的开篇之作——《江城子》（密州出猎）。此作

堪为苏轼"雄"词的代表：

> 老夫聊发少年狂。左牵黄，右擎苍。锦帽貂裘，千骑卷平冈。为报倾城随太守，亲射虎，看孙郎。
>
> 酒酣胸胆尚开张。鬓微霜，又何妨。持节云中，何日遣冯唐。会挽雕弓如满月，西北望，射天狼。

这首词主要叙写了苏轼在密州冬日出猎之事，抒发报国安邦之志，首句"老夫聊发少年狂"统领全篇，更以"狂"字为全词词眼，狂放之态渗入整首词的字里行间。该词所描绘的场面、营造的氛围，声势夺人，雄壮刚健，且词句流畅如行云流水，词中"孙郎"、"冯唐"用典全无雕琢痕迹，不仅恰到好处，更如锦上之花，增添了壮志凌云的豪放气概。这样畅快淋漓而又豪情万丈的词，由"东州壮士抵掌顿足而歌，吹笛击鼓以为节"，那情景，想来确实壮观，也无怪乎苏轼如此得意。

密州时期可以算是苏轼文学艺术生涯中的一个小高峰，仅以词作而论，除了《江城子》（密州出猎），另有几首以"情"制胜的经典名作也是在此时所写。如因思念王弗而谱写的千古绝唱《江城子·十年生死两茫茫》，词风清婉凄切，情感真挚动人，被称为"千古悼亡第一词"；与子由相关的两首：《沁园春·孤馆灯青》、《水调歌头·明月几时有》，词风清俊超拔，抒情曲婉深沉，手足之情溢于言表。

沁园春

（赴密州，早行，马上寄子由。）

> 孤馆灯青，野店鸡号，旅枕梦残。渐月华收练，晨霜耿耿，云山摛锦，朝露团团。世路无穷，劳生有限，似此区区长鲜欢。微吟罢，凭征鞍无语，往事千端。

当时共客长安，似二陆初来俱少年。有笔头千字，胸中万卷，致君尧舜，此事何难。用舍由时，行藏在我，袖手何妨闲处看。身长健，但优游卒岁，且斗尊前。

水调歌头

（丙辰中秋，欢饮达旦，大醉。作此篇，兼怀子由。）

明月几时有？把酒问青天。不知天上宫阙，今夕是何年。我欲乘风归去，又恐琼楼玉宇，高处不胜寒。起舞弄清影，何似在人间。

转朱阁，低绮户，照无眠。不应有恨，何事长向别时圆！人有悲欢离合，月有阴晴圆缺，此事古难全。但愿人长久，千里共婵娟。

这两首词前者将诗的"言志"内容与"议论"手法带入词中，后者以诗人句法写词，是苏轼"以诗为词"较显明的体现。就风格而言，尤以后者最显清逸旷放，其景、其境、其情、其味深刻隽永，故而至今仍传唱不休。有评论家称："中秋词，自东坡《水调歌头》一出，余词尽废。"（宋·胡仔《苕溪渔隐丛话》）此言绝无夸张，这首词的清空蕴藉素来为人称道。清代陈廷焯借以此词评苏轼，称他"落笔高超，飘飘有凌云之气。谪仙而后，定以髯苏为巨擘矣"（《云韶集》）。

说起来，苏轼最好的作品，都是在他处境极为窘困时期写出的。密州如此，黄州更是如此，命运越是磨难多舛，他的人生观、思想观、性情胸怀以及处世哲学就体现得越是显明通彻。在黄州谪居期间，生活穷愁潦倒的苏轼达到了他文学艺术生涯的高峰。在这个阶段，他的诗、词、文、书、画佳作迭出，经典名篇翻手即成，

如堪称千古名作的一词两赋——《念奴娇·赤壁怀古》、《赤壁赋》、《后赤壁赋》，著名书法作品《寒食帖》等，其他经典词作还有《卜算子·缺月挂疏桐》、《定风波·莫听穿林打叶声》、《临江仙·夜饮东坡醒复醉》、《水调歌头·落日绣帘卷》等。清高出尘、超然旷达是这个时期他作品的主要特色，苏轼的绝世才情和高妙文笔在一系列作品中展现得淋漓尽致。这其中，尤以最考较功力的和韵词能说明问题，如下面这首情致妩媚、缱绻缠绵的婉约作品：

水龙吟（次韵章质夫杨花词）

似花还似非花，也无人惜从教坠。抛家傍路，思量却是，无情有思。萦损柔肠，困酣娇眼，欲开还闭。梦随风万里，寻郎去处，又还被，莺呼起。

不恨此花飞尽，恨西园、落红难缀。晓来雨过，遗踪何在，一池萍碎。春色三分，二分尘土，一分流水。细看来，不是杨花，点点是离人泪。

这首词是苏轼婉约词中较具代表性的经典词作之一，作于黄州谪居期间。所谓"次韵"，又称步韵，是古诗词写作中极为常见的唱和方式，即依次用所和原作的原韵、原字按原次序相和。诗作的唱和仅限四韵已是不易，相较起来，词作错落参差的韵脚束缚更大，也更显难度，何况当时章楶（字质夫）的杨花词已是传诵一时的名作：

水龙吟

章　楶

燕忙莺懒芳残，正堤上柳花飘坠。轻飞乱舞，点画青林，全无才思。闲趁游丝，静临深院，日长门闭。傍珠帘散漫，垂

垂欲下，依前被，风扶起。

兰帐玉人睡觉，怪春衣、雪沾琼缀。绣床渐满，香球无数，才圆却碎。时见蜂儿，仰粘轻粉，鱼吞池水。望章台路杳，金鞍游荡，有盈盈泪。

章质夫的这首词对杨花形态的描摹精妙传神，已达到极高的艺术水平。苏轼极爱此词，他在给章质夫的信中说："《柳花》词妙绝，使来者何以措词。本不敢继作，又思公正柳花飞时出巡按，坐想四子，闭门愁断，故写其意，次韵一首寄去，亦告不以示人也。"（《与章质夫三首》之一）章质夫是苏轼的同僚好友，在苏轼因"乌台诗案"被贬黄州之时，曾劝他"慎静以处忧患"。苏轼一直颇为感念，因此在章质夫出为荆湖北路提点刑狱之时，和了章质夫的《柳花》词送给他。文人之间以诗词唱和相赠是寻常事，苏轼本欲"不以示人"的次韵词，却被历代引为"压倒原作"的经典名作。

北宋初期，咏物词一般是以描摹物态、图形写貌为主要表现方式。苏轼则将写物与抒情相结合，使得单薄的咏物词有了深隽的情感韵味。苏轼这首《水龙吟》，全篇采用拟人的艺术手法赋予杨花以情思，并自然而然地过渡到与杨花相关的人，将物性与人情巧妙地融为一体，人赋花姿，花蕴人态，似在写杨花，犹似在写人，"即物即人，两不能别"。这种艺术技巧正是苏轼诗作中常用的手法，前文所介绍的《红梅》诗即是一例。而在这种艺术手法之下，整首词幽怨缠绵，不仅音律谐美，且又情韵兼胜，意境深婉。王国维因此评价道："东坡杨花词，和韵而似原唱；章质夫词原唱而似和韵。"其后更进一步指出："咏物之词，自以东坡《水龙吟》为最工。"（《人间词话》）

总体而言，苏轼的词，不论是广博的内容题材，还是不拘一格的艺术手法，抑或是"清雄"的艺术风格，更或是绵长深永的意韵与高华阔大的境界，其背后都有"诗"的影子存在。宋代王灼曾说："东坡先生以文章余事作诗，溢而作词曲，高处出神入天，平处尚临镜笑春，不顾侪辈。或曰：长短句中诗也。"（《碧鸡漫志》）而隐隐然流出诗词言外、动人心灵的，则是他自身所具的豪纵旷达之"气"。

诚如蔡嵩云所说："东坡词，胸有万卷，笔无点尘。其阔大处，不在能作豪放语，而在其襟怀有涵盖一切气象。若徒袭其外貌，何异东施效颦。东坡小令，清丽纡徐，雅人深致，另辟一境。设非胸襟高旷，焉能有此吐属。"（《柯亭词论》）正是因为有高旷的胸襟做支撑，赋予作品以灵魂，所以他的词能够"清刚隽上，囊括群英"（清·邓廷桢《双砚斋随笔》），深具摄人心魂的强大魔力，历经千年而共鸣不绝。

三、嬉笑怒骂在笔端

缪钺先生的《诗词散论》中有这么一段话：

人有情思，发诸楮墨，是为文章。然情思之精者，其深曲要眇，文章之格调词句不足以尽达之也，于是有诗焉。文显而诗隐，文直而诗婉，文质言而诗多比兴，文敷畅而诗贵蕴藉，因所载内容之精粗不同，而体裁各异也。诗能言文之所不能言，而不能尽言文之所能言，则又因体裁之不同，运用之限度有广狭也。诗之所言，固人生情思之精者矣，然精之中复有更细美幽约者焉，诗体又不足以达，或勉强达之，而不能曲尽其妙，于是不得不别创新体，词遂肇兴。

　　总结起来，大约有两点：一则，文章是人之情思凝结的产物，是以笔墨文字将无形的思想情感有形化的结果；二则，作为文学体裁，文、诗、词自产生以来便各有分职，根据自身特征和局限性而各自承担不同的情感内容，各有不同的表达方式。

　　关于文、诗、词的分野，以及其"能言"与"不能言"的运用限度，基本可算是定论了，然而据前文对于苏轼诗词的分析，我们已经发现这道理放在他身上完全行不通。苏轼性情豪放不羁，是最受不得束缚的，偏又才高学富，有足够的能力冲破条框与局限。"诗能言文之所不能言，而不能尽言文之所能言"，他就"以文为诗"；"词能言诗之所不能言，而不能尽言诗之所能言"，他就"以诗为词"。一切但凭胸中之"意"，笔随"意"走，毫不理会陈规旧俗的约束。

　　稍微再将目光放远一点，我们就能发现，这就是苏轼其人，这就是他一以贯之的作风。不管是为人、为政，还是从事文学艺术创作，他都绝对不会人云亦云，墨守成规，而是勇于驳正前贤的成就，勇于打破固有的观念。他所在意的只是事实与情理是否经得起检验，倘若规矩不能成立，那么他必然会将己见坚持到底。文学艺术领域的破旧立新不过是他这种处事原则的其中一方面体现，而他在文学艺术领域所取得的辉煌成就也正得益于这种"创新"精神。我们回头再看缪钺先生所提到的第一点，就会明白苏轼的"创新"并非毫无根据。

　　文、诗、词虽异体却同质。"人有情思，发诸楮墨，是为文章。"脱去一切外在的形式，从本质上来说，所有文学艺术都发之于"情思"，其内在的灵魂是等同的，既然如此，那么它们之间的

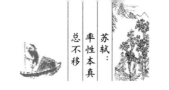
相互融合就显得顺理成章。纵观文学艺术史，艺术手法的借鉴与互用并不鲜见。比如：赋与骈文，是文与诗的交融；"以文为诗"，是诗与文的交融；"以诗为词"，是词与诗乃至于词与文的交融；"诗中有画，画中有诗"，是诗与画的交融；书法则是字与画的交融；等等。只要达到一定的高度、境界，心中之"意"能够以笔墨尽达，那么各种文学艺术形式之间的分隔无疑就是形同虚设了。而突破各种形式之间的限定，对于"天生健笔一枝"，"有必达之隐，无难显之情"（清·赵翼《瓯北诗话》）的苏轼来说，是再简单不过的事。

苏轼曾对友人刘景文说："某平生无快意事，惟作文章，意之所到，则笔力曲折，无不尽意。自谓世间乐事，无逾此者。"（宋·何薳《春渚纪闻》）他所享受的，是将胸中所感尽情挥洒的快意之感。至于选择何种艺术形式，以何种方法表达出来，我们有理由怀疑，他在写之前，根本不会考虑这一点。正因如此，他的文也好，诗也好，词也好，真正做到了"无意不可入，无事不可言"，并常以游戏翰墨为乐。试举一例，就能说明这一点。前面我们曾提到苏轼善用鄙俚之言，在他看来，"街谈市语，皆可入诗"（周紫芝《竹坡诗话》），以诗词而论，方言俚语、生活琐碎入诗尚且不足以为奇，然而将搓澡写进以"风情韵致、细美幽微"著称的词中，还深蕴禅理的，想来除了苏轼不会有第二人。

如梦令（二首）

（元丰七年十二月十八日，浴泗州雍熙塔下，戏作如梦令两阕。此曲本唐庄宗制，名忆仙姿，嫌其名不雅，故改为如梦令。庄宗作此词，卒章云："如梦，如梦，和泪出门相送。"因取以为名云。）

其一：

水垢何曾相受，细看两俱无有。寄语揩背人，尽日劳君挥肘。轻手，轻手，居士本来无垢。

其二：

自净方能净彼，我自汗流呀气。寄语澡浴人，且共肉身游戏。但洗，但洗，俯为人间一切。

他嫌词牌的原名"忆仙姿"不雅，所以将其改为"如梦令"，然而以"雅化"的"如梦令"为词牌所填的内容竟然是搓澡，这不由得让人哑然失笑。苏轼的幽默感似乎是与生俱来的，而这种幽默感一旦与文学艺术灵感相碰撞，就往往能够生成别样的谐趣。再细品两词，就能发现《如梦令》与词的内容并非毫无关系，从某种意义上讲，词牌与词意两者可算互为注解。《金刚经》云："一切有为法，如梦幻泡影。"词牌中即包含着"人生如梦"的佛理，而词中"水垢俱无"是佛家的空无思想，"居士本来无垢"是"本来无一物，何处惹尘埃"的衍伸。"自净"，净的是身体也是心灵，也是佛家"自调、自净、自度"的"三自"之一。自净始能心无杂念，超然于世。身体的洁净与精神的洁净是相通的，有即无，无即有。在人间这场"肉身游戏"中，欲得真修，还得从"人间一切"中来，喝水穿衣吃饭，没有一样不是佛法，洗澡又焉能不是佛法？

如此这般的化俗为雅，堪称苏轼的拿手好戏，无怪《宋史·苏轼传》说他"虽嬉笑怒骂之辞，皆可书而诵之。其体浑涵光芒，雄视百代，有文章以来，盖亦鲜矣"。苏轼虽不择文体与主题，不择文章的艺术表现形式，然而他的作品从来不是无意为之。那些看似嬉笑戏谑之语，往往蕴藏深意，品之总能有所惊喜。他的思想理念、

人生情感，乃至经历、性情都藏于那些嬉笑怒骂的文字背后。因而，读他的诗词，往往会让人忽略格律声韵、优美的文辞或高超的艺术技巧，夺人眼目、引人入胜的总是诗词之中饱含的情感或蕴意。

说到底，诗词本就是抒发个人情感的文体。有人说，苏轼一生所写的诗词，就如同他坎坷颠簸命运的伴奏曲。此言不差，诗词伴随了他一生，也与他的命运息息相关。国学大师钱穆曾说："苏东坡诗之伟大，因他一辈子没有在政治上得意过。他一生奔走潦倒，波澜曲折都在诗里见。"谈论苏轼的诗词，不如说谈论他的人生、他的思想、他的性情，或者说谈论他这个人。苏轼性情天真直率，心中有感，必定毫无隐藏地诉诸笔端，这样的人其实极容易了解，只消通过他的作品，就能轻易看到他是个怎样的人。这种不假外饰的真性情，固然是招人喜爱的，但也无疑会惹来许多麻烦。

让我们将时间回溯至神宗熙宁四年（1071年），因反对王安石变法无果，苏轼自请外调，任杭州通判。在寄给子由的诗中，他说："眼看时事力难胜，贪恋君恩退未能。迟钝终须投劾去，使君何日换聋丞？"（《初到杭州寄子由二绝》）可以说，他是怀着对时政的强烈不满以及退隐与出仕的矛盾心情赴任杭州的。

幸好，杭州是个美丽的地方。一到杭州，苏轼马上就被此地优美的湖山胜景所吸引，杭州的画意与他的诗情似水乳般融合在一起，诗句从他笔下源源不断地

望湖楼

流泻出来。他在望湖楼赏西湖风貌，一写就是五首——《六月二十七日望湖楼醉书五绝》：

> 黑云翻墨未遮山，白雨跳珠乱入船。
>
> 卷地风来忽吹散，望湖楼下水如天。
>
> 放生鱼鳖逐人来，无主荷花到处开。
>
> 水枕能令山俯仰，风船解与月徘徊。
>
> 乌菱白芡不论钱，乱系青菰裹绿盘。
>
> 忽忆尝新会灵观，滞留江海得加餐。
>
> 献花游女木兰桡，细雨斜风湿翠翘。
>
> 无限芳洲生杜若，吴儿不识楚辞招。
>
> 未成小隐聊中隐，可得长闲胜暂闲？
>
> 我本无家更安往？故乡无此好湖山。

在这个时期，他写下许多歌咏西湖的诗词作品，如被称为"西湖定评"（《宋诗精华录》）的《饮湖上初晴后雨》：

> 水光潋滟晴方好，山色空濛雨亦奇。
>
> 欲把西湖比西子，淡妆浓抹总相宜。

写湖上风光的小词《瑞鹧鸪》：

> 城头月落尚啼乌，朱舰红船早满湖。
>
> 鼓吹未容迎五马，水云先已漾双凫。
>
> 映山黄帽蠟头舫，夹岸青烟鹊尾炉。
>
> 老病逢春只思睡，独求僧榻寄须臾。

杭州的名山古刹几乎被他访遍，在这里他结交了许多僧侣朋友，如参寥子道潜、惠勤、惠思、清顺、可久、惟肃、义诠等，并常与这些朋友泛湖游山。与大多数不得志的诗人一样，他纵情山

水，表面上好像暂时忘记了政治上的苦闷与烦恼，然而，郁结于心的烦闷毕竟是存在的，因此总在有意无意间流露出来。

比如，他品味西湖四时不同的美景："夏潦涨湖深更幽，西风落木芙蓉秋。飞雪暗天云拂地，新蒲出水柳映洲。湖上四时看不足，惟有人生飘若浮。解颜一笑岂易得？主人有酒君应留。"结尾忽来一句："君不见钱塘游宦客，朝推囚，暮决狱，不因人唤何时休！"[《和蔡准郎中见邀游西湖三首（其一）》]写新法实施以来，犯法之人无端增多，自己几乎整日都在忙着处理囚犯，暗含对新法扰民之举的不满。他游天竺灵感观音院，描写雨中的景象，"蚕欲老，麦半黄，前山后山雨浪浪"，然又笔锋一转——"农夫辍耒女废筐"，写水涝给百姓带来的灾难，顺手直批"白衣仙人在高堂"（《雨中游天竺灵感观音院》），暗指某些在位高官对百姓灾苦漠不关心。

林语堂在《苏东坡传》中说到苏轼作诗的情景，有过一段颇为精辟的分析：

> 苏东坡此人，是不可以预测的。他诗的开端，习惯上总是出之以轻松自然，随之用一两个历史上的典故，再往后，谁也不知道会有什么出现，诗人他自己更不知道。有时，他笔下写出虽不相连贯的东西，却构成了惊人的妙文，一首毫无用意的歌，记载刹那之间奇特的印象，然后忽然一变而为苛酷、为讽刺、为寓有深意的讥评。……他的风格是属于那全任自然一发不能自己的一类。

比如《戏子由》，诗的开头他以调笑的口吻戏谑子由家贫屋陋："宛丘先生长如丘，宛丘学舍小如舟。常时低头诵经史，忽然欠伸

屋打头。斜风吹帷雨注面，先生不愧旁人羞。"接下来开始讽喻连发："任从饱死笑方朔，肯为雨立求秦优"，暗贬朝廷新进之人；"读书万卷不读律，致君尧舜知无术"，暗含对朝廷新兴律学的不满；"劝农冠盖闹如云，送老齑盐甘似蜜"，讥讽朝廷新开提举官到各地监督新法实施，颐指气使而多方生事；"平生所惭今不耻，坐对疲氓更鞭箠"，讥讽朝廷盐法峻急（当时犯盐法的都是饥贫的普通百姓，而鞭箠贫民本是自己平生所惭之事，今却不得不为之），愤懑之情溢于言表。

再比如他到孤山去寻访惠勤、惠思两位僧人，写诗描绘山水风光和游记所感：

腊日游孤山访惠勤惠思二僧

天欲雪，云满湖，楼台明灭山有无。

水清出石鱼可数，林深无人鸟相呼。

腊日不归对妻孥，名寻道人实自娱。

道人之居在何许？宝云山前路盘纡。

孤山孤绝谁肯庐？道人有道山不孤。

纸窗竹屋深自暖，拥褐坐睡依团蒲。

天寒路远愁仆夫，整驾催归及未晡。

出山回望云木合，但见野鹘盘浮图。

兹游淡薄欢有余，到家恍如梦蘧蘧。

作诗火急追亡逋，清景一失后难摹。

这首诗倒也没什么，问题是他后来以此诗之韵连和三首：

兽在薮，鱼在湖，一入池槛归期无。误随弓旌落尘土，坐使鞭箠环呻呼。（《李杞寺丞见和前篇，复用元韵答之》）

东望海，西望湖，山平水远细欲无。野人疏狂逐渔钓，刺史宽大容歌呼。（《再和》）

君不见，钱塘湖，钱王壮观今已无。屋堆黄金斗量珠，运尽不劳折简呼。（《游灵隐寺得来诗，复用前韵》）

他的思维一旦发散开来就不可收拾，只管随意写去，余者全然不顾。且看第一首和诗，起句本是自然之中兽与鱼的描写，然而下句即从“一入池槛归期无”延伸开去，转而讽刺起新法：

李杞寺丞见和前篇，复用元韵答之

兽在薮，鱼在湖，一入池槛归期无。
误随弓旌落尘土，坐使鞭箠环呻呼。
追胥连保罪及孥，百日愁叹一日娱。
白云旧有终老约，朱绶岂合山人纡！
人生何者非蘧庐？故山鹤怨秋猿孤。
何时自驾鹿车去？扫除白发烦菖蒲。
麻鞵短后随猎夫，射弋狐兔供朝晡。
陶潜自作五柳传，潘阆画入三峰图。
吾年凛凛今几余？知非不去惭卫蘧。
岁荒无术归亡逋，鹄则易画虎难摹。

“误随弓旌落尘土，坐使鞭箠环呻呼”是讥讽朝廷新法实行之后，鞭打囚犯的事层出不穷。“追胥连保罪及孥，百日愁叹一日娱。”讥讽朝廷不仅抓捕犯盐法的人，还连同他们的妻子儿女都一并关进监狱，批评盐法过于峻急。“岁荒无术归亡逋，鹄则易画虎难摹。”引用马援之言“刻鹄不成尚类鹜，画虎不成反类狗”（南朝·宋·范晔《后汉书·马援传》），说岁逢饥荒，我本想以奇谋赈

济灾民，又恐朝廷不从，最终画虎不成反类狗。

苏轼在杭州任职期间，涝灾、旱灾、蝗灾频发，眼见百姓深受巨大苦难，在救灾灭蝗的过程中，他又开始借诗发牢骚：

捕蝗至浮云岭，山行疲苦，有怀子由弟二首（其一）

> 西来烟障塞空虚，洒遍秋田雨不如。
>
> 新法清平那有此，老身穷苦自招渠。
>
> 无人可诉乌衔肉，忆弟难凭犬附书。
>
> 自笑迂疏皆此类，区区犹欲理蝗余。

前两句写蝗虫胜似雨点的密集程度，明明蝗灾惨重，然而某些拥护新法的官员，却称新法实施以来世间清平，否认蝗灾的存在。"新法清平那有此"？所以他只好说蝗灾是自己招来的，这番苦楚又向谁说去？多说终是无益，只得一心尽力捕蝗，尽量减轻百姓灾难罢了。

天灾是没法怨恨的，但若在天灾之外再加以人祸，就不能不使人愤怒了。苏轼对于新法之中的"青苗法"十分不满，他假借农妇之口，尽数宣泄而出：

吴中田妇叹

> 今年粳稻熟苦迟，庶见霜风来几时。
>
> 霜风来时雨如泻，把头出菌镰生衣。
>
> 眼枯泪尽雨不尽，忍见黄穗卧青泥！
>
> 茆苫一月陇上宿，天晴获稻随车归。
>
> 汗流肩赪载入市，价贱乞与如糠粞。
>
> 卖牛纳税拆屋炊，虑浅不及明年饥。
>
> 官今要钱不要米，西北万里招羌儿。

龚黄满朝人更苦，不如却作河伯妇！

因为水灾影响，农田歉收，农民为了能在偶尔天晴的间隙里抢收稻谷，连月来都住在田埂边临时搭起的茅苫之下，好不容易收获了一些稻米，却因为官家"要钱不要米"，只得辛苦载入集市去卖，然而米价却低贱得如同米糠，最后只得卖掉耕牛、拆掉房屋来缴纳税款。今年的赋税是缴清了，明年的饥荒又该如何度过呢？末句用了"河伯娶妻"之典：战国时候邺地因为常发水患，当地人每年都要把一个女子投入河中，算是嫁给河伯，以祈求来年不再被水淹。后来西门豹为邺令，才禁绝了此等风俗。（事见《史记·滑稽列传》）"河伯娶妻"固然愚昧而残忍，然而新法逼得人难以生存，还不如嫁给河伯为妇，总远远好过做农家妇。这样无奈的悲鸣，让人不能不联想到孔子所发"苛政猛于虎也"的感叹。此诗对新法的批判不可谓不严厉，而这类怒骂之辞如针如砭，在变法派听来，那滋味自然是不大好受。

苏轼也深知自己脾性，"余性不慎言语，与人无亲疏，辄输写腑脏。有所不尽，如茹物不下，必吐出乃已"（《密州通判厅题名记》）。不管对谁，他都毫无隐藏地掏尽肺腑，心中有话闷着不说，对于他来说是最难受的事。他也知道，"言发于心而冲于口，吐之则逆人"（《录陶渊明诗》），但是如果含着不吐，自己则受不了，所以就算得罪人，他也会毫不顾忌地把心里想说的话说出来。这样会给自己带来什么灾祸，他是明白的，即使明白，却还是依然故我。在《赠孙莘老七绝》中，他对友人说："嗟予与子久离群，耳冷心灰百不闻。若对青山谈世事，当须举白便浮君。"苏轼曾经跟友人相约不谈时事，谁要是谈起，就罚谁喝酒。因为大家都明白时事不

便说，更不可说，说也说不尽。话虽如此，但当他亲眼目睹民生疾苦之时，果然还是忍不住胸中不平之气，反对时政与新法的诗作接连不断地冲口而出。

在《汤村开运盐河，雨中督役》诗中，他写朝廷差役民夫千余人开运盐河，自己在大雨中监督，亲眼见到百姓苦役的情状：

> 居官不任事，萧散羡长卿。胡不归去来？滞留愧渊明。
>
> 盐事星火急，谁能恤农耕？薨薨晓鼓动，万指罗沟坑。
>
> 天雨助官政，泫然淋衣缨。人如鸭与猪，投泥相溅惊。
>
> 下马荒堤上，四顾但湖泓。线路不容足，又与牛羊争。
>
> 归田虽贱辱，岂失泥中行？寄语故山友，慎毋厌藜羹！

苏轼认为开挖的河渠只为运盐，并非农事却差役农民已不甚合理，而当时农田秋收未完，朝廷在农事未休之时役夫千余人，实在有碍农事，给农民带来极大不便，这是他的不满之处。百姓已劳苦不易，天雨又助官政之劳民，百姓疲于劳役，人在泥中，辛苦之状犹如鸭与猪，而自己也在泥中与牛羊争路而行。他感叹置身泥雨的劳苦，羡慕司马相如"居官而不任事"，想想陶渊明又觉惭愧，愧不能早日弃官归去，若归隐田园，就不会看到这样凄惨的景象。所以寄语故山友，劝他们不要厌倦山中清贫生活，而稍动出任仕宦的念头。

《山村五绝》第二首："烟雨濛濛鸡犬声，有生何处不安生！但令黄犊无人佩，布谷何劳也劝耕？"他讥讽朝廷盐法太峻，非便民之举。诗中以西汉官吏龚遂让人卖剑买牛、卖刀买犊的典故，反衬当时贩卖私盐的人多带刀杖的现状，意指只要盐法宽平，能够让人不携刀剑而买牛犊，那么农民自会努力耕种，不劳使者劝耕。

　　第三首："老翁七十自腰镰，惭愧春山笋蕨甜。岂是闻韶解忘味？迩来三月食无盐。"又讥讽盐法太急。诗中说山中之人饥贫无食，虽老犹自采笋蕨充饥。当时盐法过于峻急，僻远之人往往数月无盐可食，若是古之圣人尚且能够闻《韶》乐而忘肉味（《论语》："子在齐闻《韶》，三月不知肉味。"），山中小民岂能食淡而乐？

　　第四首："杖藜裹饭去匆匆，过眼青钱转手空。赢得儿童语音好，一年强半在城中。"讥讽朝廷新法中青苗、助役法的不便。诗中说百姓借得的青苗钱，只消在城中走走转转便花费殆尽。乡村之人一年两度夏秋税，又有请纳和预买钱，如今更添青苗、助役钱，因此庄家子弟一年之内多在城中，结果只学得城里的语音而已。

　　苏轼任杭州通判期间，是他心中愤懑与怒火最盛的时期。他将对时政的不满全部发泄在诗文中，讥讽批判新法的抗暴诗俯拾皆是。从这一时期的诗作看，苏轼与新法几乎势同水火。这样强硬的反对态度，在某些方面或许略显偏激，然而不论他坚持到底的政治主张是对也好，错也罢，至少有一点是肯定的，那就是他始终是站在百姓一边的。苏轼曾自言："政虽无术，心则在民。"（《谢晴祝文》）无论身居高位，还是遭逢贬谪居于下位，作为一名官员，他始终是从百姓的立场出发。眼见百姓挣扎在水深火热之中，他在努力救灾济民之余，心中的怒气不可能憋得住，那些直指新法弊端与问题的诗作，没有一首不是反映民生疾苦的。正因如此，不论他在哪个地方担任父母官，都毫无例外地深受百姓爱戴。

　　转任密州太守之后，苏轼诗中暴躁的火气慢慢平息下来，心气也显得平和多了。密州是个极为穷困的地方，但因为离子由任职的齐州很近，为了兄弟能够相聚，他毅然请调密州。以密州太守为起

始，由于不再做辅佐官，很多事能够自己做主，因此对于新法中那些有害无益的举措，他都坚拒执行，而像"免役法"这种可行的举措，则按照自己的办法来施行，趋利避害，"因法以便民"。除此之外，密州乃至其后的徐州时期，对于新政每感郁愤难消之时，他还是会"托事以讽"，只是少了杭州时期的暴怒。

苏轼有一句词用在他自己身上正好合适："雪似故人人似雪，虽可爱，有人嫌。"（《江城子·黄昏犹是雨纤纤》）就像容不得污垢的冰雪，苏轼疾恶如仇又勇于争斗，他那直率的真性情都展现于嬉笑怒骂、直言不讳的诗文中。这样的苏轼百姓喜欢，朋友喜欢，然而他的政敌却未必喜欢。当他离开徐州，转任湖州太守之时，隐藏多年的祸患终于还是发生了。

四、月明多被云妨

苏轼任杭州通判时，曾经在馆阁的同僚沈括（北宋科学家，著有《梦溪笔谈》）察访两浙一带，到杭州与他叙旧。沈括临走时向苏轼"求手录近诗一通"，回去之后就做了笺注呈给皇上，称苏轼"词皆讪怼"（李焘《续资治通鉴长编》），不过并未引起太大反响。苏轼听说这件事，不恼不怒，特地又给沈括寄了一些新作过去。他的朋友刘恕还笑问他："不忧进了也？"这件事在当时虽没受到重视，但据史料记载，其后李定、舒亶等人都是以沈括所呈诗本为基础，来搜寻苏轼"讪谤"朝廷的证据。

关于沈括首先告发苏轼之事，以及《续资治通鉴长编》的这段记载，也有人指出在时间先后上可能存在差池，此事真实与否现已说不清楚，姑且聊备一说。不过有一点可以确定，那就是苏轼讥讽

新法的诗作，对于变法派来说虽感刺耳，最初却并未引起过分关注。事件爆发的导火索，是苏轼在《湖州谢上表》中的几句牢骚。

元丰二年（1079 年）三月，苏轼在出任湖州太守的例行谢表中，发牢骚说皇上，"知其愚不适时，难以追陪新进；察其老不生事，或能牧养小民"。"新进"指的是王安石在变法初期为确保新法实施，提升的一批支持新法的后辈官吏。苏轼曾在熙宁四年（1071 年）的《上皇帝书》中抨击变法"招来新进勇锐之人，以图一切速成之效"，他对这些人一直都是持否定态度的。在新法实施后期，变法派内部出现分裂，王安石罢相后，由这批人把持朝政，争权夺利的现象愈演愈烈。苏轼称自己"老不生事"，言下之意即是说这些"新进"们好惹是生非。这两句话戳中了变法派的痛处，多年积怨终于一朝爆发，他们开始对苏轼群起攻击，连章弹劾。

监察御史里行何大正（有文献作"何正臣"）首先发难。他上书奏称苏轼《湖州谢上表》中"愚不适时，难以追陪新进；老不生事，或能牧养小民"是愚弄朝廷，妄自尊大，继而称苏轼"为恶不悛，怙终自若，谤讪讥骂，无所不为"，遇有水旱之灾、盗贼之变，必归咎新法，如今更是"明上章疏，肆为诋诮，无所忌惮"，建议皇上对苏轼"大明诛赏，以示天下"（宋·朋九万《东坡乌台诗案》）。何大正的弹劾并没获准。想想就能明白，苏轼的脾气从踏入政坛就没变过，他对神宗的直言极谏，更刺耳的话都有，如今不过只是两句牢骚，当然不够弹劾的分量。

事有凑巧，当时苏轼的朋友王诜为他刻印的诗集《元丰续添苏子瞻学士钱塘集》刚好出版，这为苦无攻击证据的变法派提供了大好素材。四个月后，将苏轼的诗稿仔细研究了一番的监察御史里行

舒亶，再次上表弹劾苏轼。他的奏章也是以苏轼的谢上表为引子，说新法实施以来，异论谗说不少，但"包藏祸心，怨望其上，讪讟慢骂，而无复人臣之节者，未有如轼也"，接着就将他对苏轼诗稿的研究成果分条细述，指陈苏轼是如何"包藏祸心"、"讪讟慢骂"的：比如，皇上发行青苗钱，他说"赢得儿童语音好，一年强半在城中"；皇上明法度，他又说"读书万卷不读律，致君尧舜知无术"；皇上兴水利，他说"东海若知明主意，应教斥卤变桑田"；皇上谨盐禁，他又说"岂是闻韶解忘味，迩来三月食无盐"。其他触物即事，应口所言，无一不以讥谤为主，还"小则镂板，大则刻石，传播中外，自以为能"（《东坡乌台诗案》）。因此，他义愤填膺地说，苏轼这等不知君臣之义之徒，必须付有司查办，以戒天下。最后附随奏章呈上的是苏轼的四册诗稿，是为证据。

舒亶之后是御史中丞李定，李定的弹劾奏章显得高明多了，他先说苏轼此人"初无学术，滥得时名，偶中异科，遂叨儒馆"，因为不被朝廷重用，就"衔怨怀怒，恣行丑诋"，还"见于文字，众所共知"，其讥讽意寓，讪上骂下，实在是不可饶恕。接着他列出了苏轼的四条"可废之罪"：一是屡教不改，"怙终不悔，其恶已著"；二是教而不从，"傲悖之语，日闻中外"；三是"言伪而辨"、"行伪而坚"；四是"肆其愤心，公为诋訾"，"怨不用己，遂一切毁之"。（《东坡乌台诗案》）其中第三条更明言"言伪而辨，行伪而坚，先王之法当诛"，无疑是将苏轼定为死罪了。

最初，神宗对于那些弹劾苏轼的奏章本是不予受理的，但禁不起众多御史连番围攻，只好命御史台将苏轼拘捕进京审问，历史上著名的"乌台诗案"就此正式拉开帷幕。"乌台"，指的即是"御史

台"。汉代时御史台官署内种满了柏树，常有乌鸦栖息筑巢，所以人们将御史台称为"柏台"或"乌台"。由御史台发起并审理的这桩案件，因此被称作"乌台诗案"。

据孔平仲《孔氏谈苑》记载，当朝廷命御史台差官拘捕苏轼时，身为中书丞的李定对人一再叹息说"人才难得"，想找一个能逮捕苏轼的人都难有如意的，最后是太常博士皇甫遵被遣前往。皇甫遵请旨，要求归京途中，在夜晚将苏轼随地寄监，神宗不答应，说"只是根究吟诗事，不消如此"，皇甫遵遂领旨离京。驸马王诜得到朝廷拘捕苏轼的消息，马上派人给在南京（今河南商丘）任职的苏辙送信，苏辙也火速派人告知苏轼，但皇甫遵疾行如飞，苏辙派去送信的人赶不上。幸运的是，皇甫遵到润州的时候，与他随行的儿子生病求医，拖延了半天，等他到达湖州之时，苏轼已经先一步得到了消息。当官差到时，苏轼就正式告假，暂由通判祖无颇代知州事。

皇甫遵到湖州之后直入公堂，他所带来的两名官吏随侍两旁，一行人"顾盼狞恶"，直搅得人心惶惶。苏轼在后堂与祖无颇商议。祖无颇说，事已至此，无可奈何，只能出去迎见。又说到既已获罪，是否应该穿朝服出迎的问题。祖无颇说，此时还不知道罪名，还是应该穿朝服相见。苏轼这才身具朝服出来，到庭下，见两名官差手执台牒，衣下似藏有匕首，皇甫遵又久久不语，气氛沉重，让人愈是疑惧。苏轼只得先发话，说："我自知多番激怒朝廷，今天必是赐死，死固不辞，希望能让我回家与家人诀别。"皇甫遵这才肯开口，慢吞吞吐出一句"不至如此"。祖无颇上前说："太博想必定有文书。"皇甫遵问："你是谁？"待祖无颇禀明身份后，皇甫遵才将

公文给他。打开看后，发现只是普通的拘捕公文，免除苏轼的太守职位，传唤进京而已。皇甫遵遂催促苏轼起程，手下两名狱卒将苏轼捆绑起来，出城登舟，湖州百姓"送者雨泣"，"顷刻之间，拉一太守如驱犬鸡"。

从这段记载可以看到，最初得知获罪消息时，苏轼其实是非常心神不宁的，然而不多久就镇定下来了。在起程进京之前，他回家与家人告别，妻子儿子送他出门的时候，因为吉凶未卜，都忍不住哭了起来。苏轼不知怎么安慰他们，于是给妻儿讲了一个故事。

他说当年我在洛阳遇到李公简，李公简给我讲了一则轶事，说的是真宗皇帝在泰山封禅回来后，求访天下隐士，有人向他推荐杞人杨朴，说他能作诗。于是真宗皇帝召见了杨朴，问对的时候，杨朴说自己不会作诗。皇上问："那你临行之前，有人作诗送你吗？"杨朴说："只有我的小妾作了一首诗。"说着就给皇帝念了起来：

> 更休落魄耽杯酒，且莫猖狂爱咏诗。
>
> 今日捉将官里去，这回断送老头皮。

皇上听了大笑，这才放他归隐山林。

讲到这里，苏轼转头一本正经地对妻子说："你何不像杨朴隐士的小妾一样作首诗送给我？"本来正伤心害怕的苏夫人，听到此话不禁破涕为笑，这才放他出门。杨朴的故事不知道是不是苏轼信口瞎编的，不过这件事后来被他写在了笔记《书杨朴事》中，大概他自己回想起来也觉得好笑。

苏轼在元丰二年（1079 年）七月二十八日被拘捕，由长子苏迈陪同照顾，八月十八日苏轼被送进御史台监狱。审问时间拖得很长，最初苏轼为了不连累他人，除承认在《山村》诗中讥讽时政

外，其他诗作均不干涉时事，也不曾有与人往复讥讽、嘲咏诗赋等文字。关押审问期间，御史台先后搜集了苏轼与朋友寄答的一百多首诗送上呈阅，王巩、王诜、苏辙、李清臣、张方平、黄庭坚、范镇、司马光、曾巩等数十人因此受到牵连。此时，苏轼决定服罪，于是开始详细讲解自己诗作的用典和深意，他是有过讥讽，却并不等同于御史台所以为的"恶意诽谤"，那些被指控的诗作也并不全部

朋九万《东坡乌台诗案》
（商务印书馆）

都是攻击新法的。宋人朋九万的《东坡乌台诗案》记录了苏轼的全部"供状"。

之前我们提到，苏轼博览群书，学问漫溢，因此他诗中的用典与譬喻极多，或深广或隐僻，且又化用无形，以致学者不敢轻议苏轼的诗作。而这份记录详尽的"供状"，则让我们有幸看到苏轼对自己诗作的详细阐述。

在谈苏轼的"供状"之前，有一点必须说明，讽喻诗作为诗的一种分类由来已久。诗人将对时政的坦诚批评与社会现状的不满，以隐喻的形式表达出来，本是极为常见的事，如果追溯起来，《诗经》时代就已经大量存在。张方平上书为苏轼辩解时也曾指出，孔子删定《诗经》，就保留了许多讽刺当政者的诗歌，因为这是社会现状的真实反映，且邦有道，坦诚的批评完全合法。苏轼的诗作多含讥讽，但那是坦诚苛酷的批评，与"恶意中伤"朝政截然有别，

更何况被指控的诗中还有许多是捕风捉影、牵强附会的诬告。

比如《王复秀才所居双桧二首》中的第二首诗："凛然相对敢相欺？直干凌空未要奇。根到九泉无曲处，世间惟有蛰龙知。"就被王珪上奏说有不臣之意，当时神宗听闻后，正色道："苏轼是有罪，但对于朕尚不至如此，你从哪儿得来的结论？"王珪对道："陛下飞龙在天，轼以为不知己，而求之地下之蛰龙，非不臣而何？"神宗回说："诗人之词，安可如此论，彼自咏桧，何预朕事！"（叶梦得《石林诗话》）王珪一时语塞。后来苏轼在狱中被问起这首诗，他很巧妙地回答说，王安石有诗"天下苍生待霖雨，不知龙向此中蟠"（《龙泉寺石井二首》），我所说的龙就是指的这条龙。

当时御史台对苏轼是如何进行审问的，今天我们已无从知晓，而那些被定为讽刺朝廷的诗作又有多少含有"屈打成招"的成分，如今也是真假难辨。单单从供状看，苏轼承认，他的诗中确实有讥刺新法，比如《寄刘孝叔》："联翩三十七将军，走马西来各开府。南山伐木作车轴，东海取鼍漫战鼓。"是讥讽朝廷、诸路遣使及置将官，张皇扰民。因为他虽赞成"诛骄虏"，却看不惯朝廷遣使到各地开矿、伐木、取鳄皮做鼓，惊扰百姓，加重百姓负担。"保甲连村团未遍，方田讼牒纷如雨。尔来手实降新书，抉剔根株穷脉缕。"是讥讽朝廷法度屡更，新颁保甲法、方田均税法、手实法等事目繁多。其他还有寄给刘邠的诗中，"白发相望两故人，眼看时事几番新"（《次韵刘贡父李公择见寄二首》）是讥讽朝廷近日立新法，事尤多也。寄给刘挚的诗中，"暮落江湖上，遂与屈子邻"（《刘莘老》）是讥讽朝廷新法不便，他以无罪而放逐潭湘之间的屈原来比如今谪官湖南的刘挚，是因为听闻刘挚由于批评新法获罪，

所以拿屈原非罪比刘挚，即是说刘挚所为是正确的，他所抨击的"新法不便"自然也是正确的。

但大部分被指控为讥讽新法的诗作，其实都另有所指。经他逐首分析，那些诗中，有一部分是讥评时政的，比如《山村》是批评盐法，而食盐官营自宋初开始就已施行，与新法无干。一部分是反映水旱灾害、民生疾苦的，比如《祭常山作放鹰一首》中"堂堂在位，有号不闻"是当时京东连年蝗旱诉闻，邻郡百姓诉旱，官吏多不接状依法检收灾伤，致使上下一片怨叹之声。而当时在位之人，却对此充耳不闻，所以他才发此愤懑之诗。还有一部分是抨击"生事"的，除了御史台所指控的《汤村开运盐河，雨中督役》之外，其他如《和陈述古冬日牡丹四首》也属此类。第一首："一朵妖红翠欲流，春光回照雪霜羞。化工只欲呈新巧，不放闲花得少休。"是将当时执政大臣比作"化工"，将百姓比作"闲花"，讽刺执政大臣欲出新意擘划，花样百出，令小民不得暂闲。而这些被指控的诗作中，最多的则是讽刺"新进"与朝中小人的，不过往往隐喻甚深。

比如《戏子由》："任从饱死笑方朔，肯为雨立求秦优。"典取《汉书·东方朔传》中"侏儒饱欲死"，以及《史记·滑稽列传》中优旃对陛楯郎所说，"汝虽长，何益，幸雨立。我虽短也，幸休居"，意思是弟弟苏辙家贫官卑，而身材长大，所以将弟弟比作东方朔与陛楯郎，而以当今进用之人比作侏儒优旃。

又如，《次韵黄鲁直见赠古风二首》："嘉谷卧风雨，稂莠登我场。陈前漫方丈，玉食惨无光。"是讥讽今之小人胜君子，如稂莠夺嘉谷之场。"顾我如苦李，全生依路旁。纷纷不足道，悄悄徒自

伤。"引用《诗经》"忧心悄悄，愠于群小"，以讥讽当今进用之人，皆小人也。

又如，《和钱安道寄惠建茶》是写茶的，不过其中描写茶品的"草茶无赖空有名，高者妖邪次顽懭"，是讥讽世间小人，乍得权用，不知上下之分，不是谄媚妖邪，就是顽犷狠劣。描写茶态的"体轻虽复强浮沉，性滞偏工呕酸冷"，讥讽小人体轻浮而性滞泥。评茶的"其间绝品岂不佳？张禹纵贤非骨鲠"，是讽刺世间小人如西汉大臣张禹，虽有学问，细行谨饬，终非骨鲠之臣。最后"收藏爱惜待佳客，不敢包裹钻权幸。此诗有味君勿传，空使时人怒生瘿"，是讽刺世间小人，有以好茶钻求富贵权要者，闻此诗当大怒也。

再如《和刘道原寄张师民》："仁义大捷径，诗书一旅亭。相夸绶若若，犹诵麦青青。腐鼠何劳吓，高鸿本自冥。颠狂不用唤，酒尽渐须醒。"其中"麦青青"，典借《庄子·外物》："儒以诗礼发冢，小儒曰，《诗》固有之，曰：'青青之麦，生于陵陂；生不布施，死何含珠？'"此诗讥讽朝廷新进之人，以官爵为荣耀，妄谈诗礼仁义，其实是被印绶爵禄所诱，而以六经仁义当作进升的阶梯。"腐鼠何劳吓，高鸿本自冥"，典出《庄子·秋水》中鸱鸟与鹓雏的故事。鸱鸟在树枝上吃腐鼠，刚好有一只鹓雏从旁飞过，鸱鸟怕被夺食，就发出尖叫声想吓走它，却不知道鹓雏是"非练实不食，非醴泉不饮"的。以此讥讽小人看重爵禄，生怕别人与他相争，然而就像鸱鸟以腐鼠吓鹓雏，自以为保住了口中之食，却不知鹓雏本不屑于此。

不知御史台众人在听闻苏轼口若悬河般解释诗意与典故时是何

感受。倒是林语堂在《苏东坡传》中讲到"乌台诗案"时，有一句话说得好："我总觉得苏东坡会以为因写诗而被捕、受审为有趣，他一定以在法庭上讲解文学上的典故为乐事。"虽说苏轼未必会认为被捕、受审有趣，但逐篇讲解自己作诗的用典与深意或许倒真是一桩乐事。我以为，依照苏轼的性格，对于他来说，可能最大的乐趣还不止如此。最畅快的当是虽身陷囹圄，却有了一个名正言顺地当面唾骂他诗中所讥小人的机会。因为痛斥"新进"和讥讽朝中小人的诗句他分析得最为详细，唯恐别人听不懂似的。而且即便被骂，相信没有谁会傻到去对号入座，更有甚者，被他攻击谩骂的人还得洗耳恭听，认真做好记录，如此岂非人间罕有之乐事？

　　苏轼心态究竟如何，我们不敢断言，但是，李定在审问完苏轼之后的感受倒是有迹可考。据"乌台诗案"的受害者之一王巩在《甲申杂记》中记载，这位在弹劾奏章中口口声声称苏轼"初无学术，滥得时名"的御史中丞，在审问完毕后，忽然对人说："苏轼，诚奇才也。"当时一众人没有谁搭话，过了一会儿，李定又说："虽二三十年所作文字、诗句，引证经传，随问即答，无一字差舛，诚天下之奇才也。"王巩对此有一句评论："天下之公论，虽仇怨不能夺也。"此言可谓尽矣！

　　话虽如此，事实上苏轼在监狱中的日子并不好过。苏轼下狱后，有段时间受辱至极，李定、舒亶、何大正等人交替审问，"侵之甚急，欲加以指斥之罪"（孔平仲《孔氏谈苑》）。当时另一名官员苏颂，因为陈世儒案下狱，与苏轼的牢房只有一墙之隔，对苏轼被审情形有所耳闻，他曾有一首诗写道："遥怜北户吴兴守，诟辱通宵不忍闻。"并说苏轼被指控的诗作"有非所宜言，颇闻镌诘之

语"（周必大《二老堂诗话》）。苏轼在狱中所承受的压力可想而知，他也曾多次动过轻生的念头。自打被捕入狱，苏轼料定必死无疑，就将平日服用的青金丹藏了一些在狱中，预备一旦死罪既定，就超量服用以自杀。

苏迈每天都去监狱给父亲送饭，但由于没法见面，苏轼也很难获知外面的消息。之前父子俩约好，平日送饭只送蔬菜和肉食，若打听到不测消息就送鱼。有一天，苏迈出京借钱，就托亲戚代为送饭，却忘记交代关于送菜的约定。刚好那天亲戚给苏轼送去了一条鱼，苏轼见到鱼大惊，以为凶多吉少，万念俱灰之下，写了两首诀别诗，托狱卒转交给弟弟苏辙。（事载叶梦得《避暑录话》）苏轼后来回忆那段狱中时光，曾有诗云："去年御史府，举动触四壁。幽幽百尺井，仰天无一席。隔墙闻歌呼，自恨计之失。留诗不忍写，苦泪渍纸笔。"（《晓至巴河口迎子由》）他含泪不忍下笔的诀别诗，即《狱中寄子由》（又作《予以事系御史台狱，狱吏稍见侵，自度不能堪，死狱中，不得一别子由，故作二诗授狱卒梁成，以遗子由》）：

其一：

> 圣主如天万物春，小臣愚暗自亡身。
>
> 百年未满先偿债，十口无归更累人。
>
> 是处青山可埋骨，他年夜雨独伤神。
>
> 与君世世为兄弟，又结来生未了因。

其二：

> 柏台霜气夜凄凄，风动琅珰月向低。
>
> 梦绕云山心似鹿，魂惊汤火命如鸡。

眼中犀角真吾子，身后牛衣愧老妻。

百岁神游定何处，桐乡知葬浙江西。

　　这两首诗写得悲痛感人，苏轼早年曾与苏辙有"寒灯相对记畴昔，夜雨何时听萧瑟"（《郑州别后马上寄子由》）之约，此番命丧于此，这个约定今生是难以达成了，自己倒是一了百了，却怜弟弟"他年夜雨独伤神"，哀痛之下，发愿"与君世世为兄弟"，来生再了这桩心愿。如苏轼所言，此诗真是字字皆泪。第二首则是对妻儿的牵念，并将后事委托于弟弟苏辙。

　　苏轼兄弟之间的感情非常深厚，苏轼下狱后，苏辙随即上书神宗，自愿降官以赎兄罪，但求免兄长一死。他的《为兄轼下狱上书》写得极为感人，一开始他诉说手足之情："臣早失怙恃，惟兄轼一人，相须为命。今者窃闻其得罪逮捕赴狱，举家惊号，忧在不测。"其后努力为兄长辩护，"轼居家在官，无大过恶，惟是赋性愚直，好谈古今得失"，"每遇物托兴，作为歌诗，语或轻发，向者曾经臣寮缴进，陛下置而不问。轼感荷恩贷，自此深自悔咎，不敢复有所为"。又言兄长虽已悔过，"但其旧诗已自传播"，别无奈何。"臣诚哀轼愚于自信，不知文字轻易，迹涉不逊，虽改过自新，而已陷于刑辟，不可救止。"既哀兄长之志，又不胜手足之情，"故为冒死一言"，希望皇上能如汉文帝那般体恤"缇萦救父"的至亲之情，准许自己纳官赎兄。

　　当时营救苏轼的，除了苏辙，还有老臣张方平、范镇、宰相吴充、王安石的弟弟王安礼、章惇等诸多大臣。因为宋太祖赵匡胤曾立下"不杀士大夫"的祖宗家法，大臣们皆劝神宗，若杀苏轼，那么陛下即会成为本朝第一位"杀士大夫"的皇帝，这让好名的神宗

颇为举棋不定。之前已罢相的王安石也上书说："安有圣世而杀才士乎？"就连重病的曹太后也极力为苏轼说情。

由于朝中上下内外多人劝谏，本就赏识苏轼才华的神宗，于元丰二年（1079 年）十二月二十九日下旨结案：苏轼责授检校水部员外郎，充黄州团练副使，本州安置，不得签书公事。因此案受到牵连的王巩获罪最重，先已被贬往岭南宾州（今广西宾阳）；驸马王诜因出版苏轼诗集，与苏轼交往甚密，被削夺官爵；苏辙被贬往高安，任筠州酒监；其他与此案相关的大臣如张方平、范镇、司马光等各罚红铜二十斤、三十斤不等。轰动朝野的"乌台诗案"至此终于落下帷幕。

《东坡乌台诗案》书影

重获自由的苏轼，在出狱当天照着狱中所写的两首绝命诗，依韵又和了两首，即《出狱次前韵》（又作《十二月二十八日，蒙恩

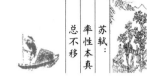
责授检校水部员外郎，黄州团练副使，复用前韵二首》）：

其一：

> 百日归期恰及春，余年乐事最关身。
>
> 出门便旋风吹面，走马联翩鹊啅人。
>
> 却对酒杯浑似梦，试拈诗笔已如神。
>
> 此灾何必深追咎，窃禄从来岂有因。

其二：

> 平生文字为吾累，此去声名不厌低。
>
> 塞上纵归他日马，城东不斗少年鸡。
>
> 休官彭泽贫无酒，隐几维摩病有妻。
>
> 堪笑睢阳老从事，为余投檄向江西。

可以肯定，苏轼写这两首诗必然是想也没想就一挥而就的，正如他的一贯风格，诗句只随意而行，再不考虑其他。即便是刚从鬼门关走了一趟出来，也没能吸取到一点教训。第二首中的"塞上纵归他日马，城东不斗少年鸡"，前句引"塞翁失马，焉知非福"的典故，说福祸难定，好事可能会变坏事，坏事也可能会带来好事，而自己获罪入狱，复又出狱，其中有何福有何祸，却是难以明了。或许刚好为了对仗，也或许正好为了和前诗之韵，"城东不斗少年鸡"就这么顺手写出来了。此句用典出自唐人传奇小说《东城父老传》，说的是"斗鸡小儿"贾昌的故事。贾昌在九十八岁的时候，自言少年时曾以斗鸡媚上，而担任宫廷内的倡优，这若让朝中某些在位之臣对号入座起来，岂不又是一条"毁谤"的罪名？

真真是禀性难移！

五、拣尽寒枝不肯栖

"乌台诗案"对于苏轼来说，是人生的一个重要转折点，在遭逢生死大难之后，倘若就此一蹶不振，那么我们就只能看到一个苍凉凄惶的失败者以落魄的背影惨淡收场。一个人之所以能够伟大，就在于他能正确对待生命的低谷，而苏轼的人格魅力，恰恰是在黄州之后才完全散发出来的。政治的失意，生活的窘困，并没有摧垮他不屈的意志，反而让他获得精神上的解脱与自由。苏轼用他超然洒脱的处世哲学告诉世人，命运是不可能逃避的，与其自怨自艾，不如扬起头坦然面对，是活得狼狈还是活得高贵，全靠自己决定。因为生活最多只会给人带来磨难，却左右不了一个人对待人生的态度。

初到黄州时，苏轼住在城东南的定慧院。受"乌台诗案"的影响，许多亲友怕惹上干系不敢相问，而苏轼也避开所有人，因为他深知自己"言发于心而冲于口"的脾性。他深居简出，不与人来往，"黄当江路，过往不绝，语言之间，人情难测，不若称病不见为良计"（《与滕达道六十八首》其二十），甚至尽量不作诗文。"乌台诗案"让他深刻明白，他的诗文"其中虽无所云，而好事者巧以酝酿，便生出无穷事也"（《与陈朝请二首》其二）。他更了解的是自己，一旦开始写诗，定然刹不住笔，那就想停也停不下来了。他在给秦观的信中说："得罪以来，不复作文字，自持颇严。若复一作，则决坏藩墙，今后仍复衮衮多言矣。"（《答秦太虚七首》其四）所以他尽可能地克制自己写诗的欲望。不与人往来，无诗书以相娱，似这般处于孤独苦闷中的苏轼，却并没显露出愁怨与凄苦，

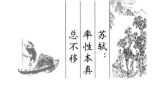

他总是以自嘲的心理来看待自己的遭遇，以乐观的心态为自己开解。

在写给友人李端叔的信中，他说："得罪以来，深自闭塞，扁舟草履，放浪山水间，与樵渔杂处，往往为醉人所推骂，辄自喜渐不为人识。平生亲友，无一字见及，有书与之亦不答，自幸庶几免矣。"（《答李端叔书》）他以农夫的装束混杂于渔人樵夫间，"往往为醉人所推骂"，这样的落魄情景，他感到的不是难堪，而是"自喜"渐渐不为人所识。多少人被声名所累，连他自己也是因为锋芒太露而遭逢大祸，在这里没有人识得自己，可以将一切放下，这让他觉得无比轻松。亲友们没有谁写信来慰问，他寄去的书信也不见回复，对于这样的世情冷漠，他不是郁愤难平，而是"自幸"免了人情往还。与朋友交往唱和的诗作都惹了大麻烦，如今音书断绝，既不用担心自己偶尔的言语不慎，也不必担心旁人因为自己而受到牵连，虽然苦涩，却不会再有负担，未尝不是一件好事。

精神上的寂寞可以自我消解，生活上的窘困倒成为摆在眼前的大问题。

苏轼是在元丰三年（1080年）二月到达黄州的，当时陪同他的是长子苏迈，他的家眷直到五月份才由弟弟苏辙护送到了黄州。家人的到来，给了苏轼不少安慰，他渐渐在黄州安定下来。黄州是个穷苦的地方，苏轼给秦观的信中曾描述了当时的生活情景："初到黄，廪入既绝。人口不少，私甚忧之。但痛自节俭，日用不得过百五十。"（《答秦太虚七首》其四）苏轼是以"罪人"的身份被安置在黄州的，当时除了微薄的实物补给外，没有俸禄，可一家老小人口却不少，因此不得不为生计发愁。既没有收入来源，积蓄又不多，只能一味地节俭用度，每天花费不超过一百五十文钱。在信中他颇

为得意地详述自己的理财方法，即在每个月的月初取四千五百钱，分成三十份，挂在屋梁上，每天早上用画叉挑取一串来用，没有用完的就用大竹筒储起来，以它来招待宾客。然而即便是这样的省俭办法，算算手头的积蓄也只可支撑一年多。苏轼却乐观得很，"至时，别作经画，水到渠成，不须预虑。以此，胸中都无一事"。明年的愁，就留到明年再去计较，没必要现在就开始忧虑，车到山前必有路，总会有办法的。就算生活拮据，也改变不了他洒脱的本性，烦恼一点不挂心。事实倒也果然如他所说，来年还真的有了出路。

苏轼的故友马正卿，眼见他生活几乎难以为继，遂从州府申请了数十亩荒芜已久的营房废地，让他开垦出来作为田地耕种，土地虽贫瘠，然而播种点稻麦，至少能够糊口。这块地在黄州城东一座小山坡上，就是之后闻名千古的"东坡"，正是在这里，苏轼开始了躬耕自种的农夫生活，并自号"东坡居士"。

东坡垦荒殊为不易，"地既久荒，为茨棘瓦砾之场，而岁又大旱，垦辟之劳，筋力殆尽"（《东坡八首》叙）。万分艰辛中，他得到乡邻们的热心相助，"四邻相率助举杵，人人知我囊无钱"（《次韵孔毅父久旱已而甚雨三首》）。在众人的辛苦努力下，终于将这块地开垦出来，除了播种稻麦粮食，苏轼还在空地处栽满了竹子和桑树，并向人要来茶树种子："嗟我五亩园，桑麦苦蒙翳。不令寸地闲，更乞茶子蓺。饥寒未知免，已作太饱计。"（《问大冶长老乞桃花茶栽东坡》）东坡开垦后的第二年，他又在坡边盖了几间农舍，房屋落成之时，正好下大雪，他索性在四壁绘上雪景，为此堂取名"雪堂"。自家眷来黄州后，苏家十几口人都住在江边拥挤不堪的临皋亭内，遇有朋友来访，连待客的地方都没有，甚为不便。雪堂建

成后，便成了苏轼读书、会客的地方，而苏轼的生活也开始变得快乐而满足。

"去年东坡拾瓦砾，自种黄桑三百尺。今年刈草盖雪堂，日炙风吹面如墨。平生懒惰今始悔，老大劝农天所直。"凭自己的劳动来维持生活，让他觉得非常自豪："我虽穷苦不如人，要亦自是民之一。形容虽是丧家狗，未肯弭耳争投骨。""腐儒粗粝支百年，力耕不受众目怜。"（《次韵孔毅父久旱已而甚雨三首》）不接受施舍，也不接受怜悯，生活虽清贫，精神却无比富足。子曰："饭疏食饮水，曲肱而枕之，乐亦在其中矣。"苏轼现在的生活就是这种状态，在劳作之余，他悠然享受起黄州的山水美景。

他喜欢在临皋亭观望江面，"风涛烟雨，晓夕百变，江南诸山，在几席上，此幸未始有也"（《与司马温公五首》其三）。也常于酒醉饭饱之际，倚于几上，看"白云左绕，清江右洄，重门洞开，林峦坌入。当是时，若有思而无所思，以受万物之备"（《书临皋亭》）。每逢风晨月夕，他就拖着竹杖到处散步，在他看来，这里的美景与杭州不相上下："此间但有荒山大江，修竹古木，每饮村酒，醉后曳杖放脚，不知远近，亦旷然天真，与武林旧游，未易议优劣也。"（《与言上人一首》）在他眼中，就连贫瘠的东坡也满是清雅的诗意："雨洗东坡月色清，市人行尽野人行。莫嫌荦确坡头路，自爱铿然曳杖声。"（《东坡》）

这里的生活简朴而自在，初来黄州时，他确实孤独过一段时间，然而"德不孤，必有邻"，不久后，他身边又开始聚集起形形色色的朋友。虽然自获罪后，很多故友已经不再与他来往，却也有许多友人不曾弃他于不顾，比如王子立、王子敏兄弟，李端叔，鲜

于优，陈师中等，还有追随他二十年，与他一同在东坡垦荒的马正卿。苏轼在《东坡八首》（其八）中不无感叹地写道：

> 马生本穷士，从我二十年。
>
> 日夜望我贵，求分买山钱。
>
> 我今反累君，借耕辍兹田。
>
> 刮毛龟背上，何时得成毡？
>
> 可怜马生痴，至今夸我贤。
>
> 众笑终不悔，施一当获千。

在黄州谪居期间，苏轼无意中碰见隐居于此地的故友陈季常，后来又认识了画家米芾，参寥子道潜也专程来黄州与他同住，还有眉州同乡巢谷，特地到这里来给他孩子当塾师。著名的"苏门四学士"（黄庭坚、秦观、晁补之、张耒）也正是在这个时期开始形成的。生活虽清贫却已能自给自足，谪居无事，有充裕的时间可与友人纵情山水，恣意诗酒，这种几乎已等同于归隐的生活让苏轼心满意足。

黄州是苏轼人生的转折点，也是他思想与文学艺术创作的转折点。从"乌台诗案"死里逃生，又备尝生存的艰辛不易，在对人生本质有过彻底的了悟之后，他不再追求"功成名遂"，因此放下虚苦劳神的"浮名浮利"，转而注重寻获心境的安宁，从佛家思想与道家思想中参悟人生的意义。解脱而自在的生活，促使他的文学思想发生了重要变化。从这一时期开始，他将对于时政无情的批判、对于朝臣尖锐的讽刺，以及胸中愤怒的气焰、逼人的锋芒全部收敛起来。锐气消减后，他的作品更多地转向对人生的体悟与思考，风格亦渐趋空灵俊秀、质朴清淡，越往后期，越是呈现出一种沉稳平

和、淡泊致远的气质。纵然是超拔豪纵、气吞山河的诗词中，也自有一番沉淀过后的旷达豁然和飘然出尘的清逸恬淡。

比如下面这几首词：

鹧鸪天

林断山明竹隐墙，乱蝉衰草小池塘。翻空白鸟时时见，照水红蕖细细香。

村舍外，古城旁，杖藜徐步转斜阳。殷勤昨夜三更雨，又得浮生一日凉。

这首词以一连串清新喜人的自然意象相叠加，勾勒出一幅动静相宜而又安宁惬意的美丽画面。作者于夏日雨后拄杖漫步于乡村间，对此美景且行且喜，从中亦传达出隐逸生活的轻松闲适。

定风波

（三月七日，沙湖道中遇雨，雨具先去，同行皆狼狈，余独不觉。已而遂晴，故作此。）

莫听穿林打叶声，何妨吟啸且徐行。竹杖芒鞋轻胜马，谁怕？一蓑烟雨任平生。

料峭春风吹酒醒，微冷，山头斜照却相迎。回首向来萧瑟处，归去，也无风雨也无晴。

去往沙湖的路上偶遇阵雨，本是再微小不过的寻常事，苏轼却从中升华出一种旷达超脱的人生哲学。面对"穿林打叶"的风雨，他做出的反应不是狼狈奔逃，而是从容不迫地"吟啸徐行"。正如在人生路上遭遇到坎坷风雨，他选择的态度不是忧愁终日，而是随遇而安，处之泰然。身披蓑衣脚踏芒鞋，即便一生受尽风吹雨打，却又何妨？"回首向来萧瑟处，归去，也无风雨也无晴。"自然界的

风晴雨雪皆不会长久，晴也好，雨也罢，认真想来其实本无太大差别，回头再看看人生道路上的坎坷磨难、荣辱得失，又何尝不是如此？其实万事皆不用挂在心上，以一颗坦然的心去面对，就没有什么可以畏惧的。

卜算子（黄州定慧院寓居作）

缺月挂疏桐，漏断人初静。谁见幽人独往来，缥缈孤鸿影。

惊起却回头，有恨无人省。拣尽寒枝不肯栖，寂寞沙洲冷。

这首词是苏轼刚到黄州不久时写的，黄庭坚评此词："语意高妙，似非吃烟火食人语。非胸中有万卷书，笔下无一点尘俗气，孰能至此？"（《跋东坡乐府》）诚然，这首词意境清冷高旷，不论是意象、画面，还是传递出的情感，皆不染一点尘俗。词中借孤鸿自比，描写的既是绝尘去俗的月夜孤鸿，也是飘然独立自往来的诗人自己，孤鸿的"拣尽寒枝不肯栖"，恰恰是他孤高自许、不与世俗同流的心境写照。这份执着，他坚持了一生。

在给友人李常的信中，他曾说："吾侪虽老且穷，而道理贯心肝，忠义填骨髓，直须谈笑于死生之际。"（《与李公择书》其十一）因为有坚定的原则与信仰，所以他无所畏惧，即便是孤身战斗，也未尝屈身委随众人。离开黄州后，苏轼曾一度官至翰林，哲宗元祐年间，他所身属的"旧党"当权，在朝政局势如此有利的情况下，他依然没有学会圆滑。黄州的谪居生活，让他深刻体会了作为一名普通百姓生存的艰难，因此比起以前更加为百姓着想。虽然对于官场早已心灰意冷，但既然"在其位"，就得"谋其政"。归朝后，他对"旧党"废除"免役法"这一便民之策的举措，极力反对。由于在政治上的坚持己见，他在朝廷受尽排挤，"新党"、"旧党"、"洛

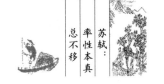

党"等人对他不间断地发起攻击，可他宁愿自请辞去翰林之职，调往地方，也不愿松口稍加妥协。

从元祐四年（1089 年）到元祐八年（1093 年），短短四年间他如同无枝可栖的孤鸿一般，频繁来往于朝廷与地方。先是辞去翰林学士之职，在杭州做了两年太守（1089～1091 年），接着被朝廷召回任吏部尚书（1091 年 1 月～8 月），又被朝臣攻击，几个月后他再次离开朝廷，任颍州太守（1091 年 8 月～1092 年 3 月），然后调任扬州太守（1092 年 3 月～8 月），不到半年又被朝廷召回，先后任兵部尚书（1092 年 9 月～10 月）、礼部尚书（1092 年 11 月～1093 年 8 月），不久后又一次离开朝廷，任定州太守（1093 年 9 月）。直到绍圣元年（1094 年）政治迫害的再次到来，他坦然踏上去往岭外的南行之路。

四年黄州经历，在与生活几番痛苦磨合之后获得的超脱，使得他早已能够泰然面对余生所遇到的任何坎坷流放，只是，略显凄凉的是，在此之前，也即元祐八年（1093 年），他失去了生命中又一个重要的人——他的继室，王闰之。与王弗、朝云比较起来，王闰之或许较不为人所知，但她却是苏轼生命中不能不提起的人。

当年王弗过世，作为有名的年轻才子，新近丧偶，想来定有许多权贵说亲，然而三年后父丧期满，苏轼却娶了妻子的堂妹。这么做的理由，很有可能是为了王弗留下的幼子苏迈能够得到最好的照顾。事实上也确实如此，王闰之温柔贤惠，待苏迈一如己出，是典型的贤妻良母，苏轼称她"妇职既修，母仪甚敦。三子如一，爱出于天"（《祭亡妻同安郡君文》）。王闰之故去几年后，在她生日那天，苏轼为她放鱼资福，并在儿子苏过为母亲写的《金光明经》前

写了一首小词作跋，这首词是《蝶恋花》：

> 泛泛东风初破五。江柳微黄，万万千千缕。佳气郁葱来绣户，当年江上生奇女。

> 一盏寿觞谁与举。三个明珠，膝上王文度。放尽穷鳞看圉圉，天公为下曼陀雨。

词中提到的王文度即东晋王坦之，《世说新语》记载，他的父亲王述极其溺爱他，即便年岁已长，仍会抱着他坐在膝上论事，所以有"膝上王文度"之称，后世将其指代为"爱子"。苏轼此词中"三个明珠，膝上王文度"，说的正是闰之对三个儿子苏迈、苏迨、苏过不分彼此，极尽疼爱。

关于闰之的事，相关记载并不多，较有知名度的大概是"乌台诗案"期间，她一气之下烧了苏轼诗稿之事。那是当苏轼被朝廷派遣的官差押往宿州时，御史台传令，遣人到苏轼家中取他所写的诗文书稿作为证供审阅。当时闰之正携家启程入京，官吏围船搜取，一家老幼受尽惊吓。在闰之看来，苏轼被诬陷获罪至此，都是平时爱写诗作文的缘故。"书成何所得？"非但没有得到一点好处，反而遭此大祸。她害怕朝廷里的那帮小人查检诗文，从中寻找罪状和把柄，既惧且气，遂焚毁了苏轼大量诗书文稿。据苏轼说，事后整理手稿，"十亡其七八"（《黄州上文潞公书》）。此举让历来喜欢苏轼的人遗憾不已，甚至对闰之多有怪责，然而苏轼却对妻子表示理解。

站在闰之的角度，实在不忍怪她。她本是个温良柔顺的妇人，突然遭逢大祸时，必须担起一家之主的责任。她想不出任何可以帮到丈夫的办法，只知道丈夫和全家人的性命比什么都重要，是她必须守护住的。无计可施之下只有烧掉祸源，让朝廷小人找不出纰漏。

王闰之的确比不上王弗的精明能干，也比不上朝云的聪灵才气。她性格温婉柔和，不会像王弗一样为夫君出谋划策，也不会像朝云一样巧笑倩兮地与夫君互道衷肠，只会体贴地行着妻子的本分，在他背后打理好家中上下。一家上下十几口人被她照料得妥妥帖帖，所以生性狂放的苏轼能够洒脱地纵情山水，远离尘嚣，活得自由逍遥，正是闰之给了丈夫在广阔天空翱翔的最温暖依靠。

苏轼一生历尽磨难，穷达多变。在他宦海沉浮中，四海漂泊、颠沛流离都是寻常事，王闰之始终与他同甘共苦，二十五年相濡以沫，毫无怨言。在黄州生活最困苦的时候，闰之与苏轼一起采摘野菜，赤脚踏水耕田，即便这样的生活，也欣然以对（"从我南行，菽水欣然"《祭亡妻同安郡君文》），甚至变着法地为不善理家的丈夫改良生活。苏轼想夜游赤壁，发愁没有好酒的时候，她说："我有斗酒，藏之久矣，以待子不时之须。"（《后赤壁赋》）在黄州那样贫困的处境下，苏轼能够后顾无忧地纵情山水诗酒，闰之功不可没，所以苏轼总说她是个贤德的好妻子。

苏轼在密州任太守时，正逢大旱，又遭蝗灾，哀鸿遍野，民不聊生，一到任上，他就整日忙着捕蝗救灾。天灾之下，盗贼横行，而百姓生计难续，不得不忍痛把婴孩弃置路旁。因此在济困之余，苏轼还要"磨刀入谷追穷寇，洒涕循城拾弃孩"（《次韵刘贡父李公择见寄二首》），心情的沉重烦闷可想而知。他时时感叹"民病何时休？吏职不可越"（《和赵郎中捕蝗见寄次韵》），"平生五千卷，一字不救饥"（《和孔郎中荆林马上见寄》）。回到家后，仍然愁眉不展。一天，四岁的苏过见到父亲回来，跑过来牵着父亲的衣角吵嚷不休，惹得苏轼想发脾气。闰之见了嗔怪道："孩子不懂事，你怎

么比他还傻！回到家里还发什么愁呢？何不让自己开心点！"说着就洗好了酒盏摆在他面前。不难想象，在烦躁忧愁之时，妻子这样恰到好处的言行和关怀是多么熨帖人心。苏轼在感受到温暖之余，惭愧不已，遂作《小儿》一诗记下了这件事：

> 小儿不识愁，起坐牵我衣。
>
> 我欲嗔小儿，老妻劝儿痴。
>
> 儿痴君更甚，不乐愁何为？
>
> 还坐愧此言，洗盏当我前。
>
> 大胜刘伶妇，区区为酒钱。

"大胜刘伶妇，区区为酒钱"，说的是魏晋时候的名士刘伶，因为嗜酒成癖，妻子为了不让丈夫喝酒，把家里的酒都倒掉，还砸毁酒具。苏轼觉得闰之比刘伶的妻子贤德多了。

在写给朋友王巩的诗中，他得意地夸耀说："子还可责同元亮，妻却差贤胜敬通。"（《次韵和王巩六首》）"元亮"是陶渊明的字，曾经作过《责子诗》；"敬通"是东汉辞赋家冯衍的字。苏轼在诗后面还自己作注道："仆文章虽不逮冯衍，而慷慨大节，乃不愧此翁。衍逢世祖英睿好士而独不遇，流离摈逐，与仆相似。而衍妻妒悍甚，仆少此一事，故有'胜敬通'之句。"意思是：我的文章虽然比不上冯衍，但是性情和境遇却大为相似，不过冯衍的妻子特别悍妒，这一点我就比他强多了。在苏轼看来，他对三个儿子或许还可以像陶渊明一样时时督责，但是对于闰之这个妻子，实在是无可挑剔。

由此，我们未尝不可以这么说，苏轼生命中的这三个女子，王弗可称良友，朝云堪为知己，而闰之则纯然是一生相伴的妻子。苏轼并非情圣，然而他对每个妻子的深挚真情却足以感动千古。从苏

轼的诗文中我们可以看到，这三位女子在他心中是以怎样的形象存在的。

在王弗的墓志铭中，他以大量笔墨所写的是王弗"敏而静"的知书达礼和"幕后听言"的知人之能。他印象中最深刻的事是王弗在他身侧伴他读书，"轼有所忘，君辄能记之"（《亡妻王氏墓志铭》），是王弗劝诫他人心难测，交友须慎。苏轼这样一个不羁言行之人，就像高飞于天空渴盼自由的风筝，必须有人在背后拉着那根线，稍微牵扯一下他过于放纵的心性，即便遇上狂风，也不至于折坠。如果王弗一直待在他身边时常箴劝，他的人生境遇或许会有不同。所以王弗过世十年，他依然深情不忘，终以十年未改的彻骨思念写下那首情深至髓的千古绝唱。王弗陪伴他的时间并不长，却无疑是极为深刻的存在。他曾在埋葬王弗的山坡，用两年的时间亲手栽下三万株松树，代替自己陪伴在亡妻身侧，"料得年年肠断处，明月夜，短松冈"（《江城子·十年生死两茫茫》）。其间包含多少凄绝的相思，又有谁能知晓！

而与闰之相关的诗文，都是平淡的生活琐事。那些最细微的夫妻情深、日常的点点滴滴，他都记忆深刻，那是真正相濡以沫的患难与共。他的这个妻子即便面对"汤沐两郡"的大富大贵，也"喜不见颜"，却毫无怨言地跟着他品艰辛，度疾苦，"菽水欣然"。在他身居高位却疲于仕途、有心退隐时，她愿意陪着他归隐田园，过最清贫的生活。在写给闰之的祭文中，他说："我曰归哉，行返丘园。曾不少须，弃我而先。孰迎我门，孰馈我田。"（《祭亡妻同安郡君文》）我曾经和你说过就此归隐，再也不为官，谁知没多久，你就弃我先去。以后，还有谁在门前待我归来，还有谁帮我操劳家

事，与我同耕田园？写给妻子的诗文，苏轼从不用漂亮的言辞，然而那些简单质朴的话语，却总是真切深重得感人泪下。比起其他女子，闰之也许并不出色，却是苏轼最温暖的归宿，因此对于闰之的死，他悲伤得"泪尽目干"，甚至约誓"惟有同穴，尚蹈此言"（《祭亡妻同安郡君文》）。

与侍妾朝云相关的作品，则多是诗情画意与风花雪月。朝云在闰之亡故、苏轼被流放岭南之际，毅然决然地跟随他到蛮瘴苦地，与他共渡患难。这样一个"敏而好义"、"忠敬若一"（《朝云墓志铭》）的女子给了晚年遭遇大难的苏轼莫大的安慰，苏轼的感动也就可想而知。所以在惠州期间，他用大量的诗词来赞美朝云就显得那样自然而然。遗憾的是，朝云也没能陪他走到最后。

纵观苏轼一生，亲人的离世似乎总昭示着他命途中磨难的来临。当年王弗与父亲相继去世之后，苏轼陷入政治旋涡，走过人生的第一段艰辛之路。这段坎坷波折一直持续到黄州低谷，随后是短暂的坦途与风光，在地方为官历尽漂泊虽让他颇感疲惫不堪，却到底还能忍受。然而闰之去世不到一年，他即迎来生命中的第二个低谷——流放惠州。惠州虽苦，尚有朝云伴他左右。但朝云去世不多久，他却遭遇了他人生中最大的磨难——流放儋州。

哲宗绍圣四年（1097 年），朝廷又一次加重对元祐党人的惩处。苏轼遭受的迫害最重，被流放至海南儋州。这个时候，苏轼已经六十二岁。自知生还无望，给友人的信中，他写道："某垂老投荒，无复生还之望，昨与长子迈诀，已处置后事矣。今到海南，首当作棺，次便作墓，乃留手疏与诸子，死则葬于海外，庶几延陵季子嬴博之义，父既可施之子，子独不可施之父乎？生不挈棺，死不扶柩，

此亦东坡之家风也。"（《与王敏仲十八首》其十六）

纵然是如此苍凉的境遇，苏轼却并没失去他超然处世的旷达胸襟。海南岛上的生活比起黄州、惠州更显艰苦，"此间食无肉，病无药，居无室，出无友，冬无炭，夏无寒泉，然亦未易悉数，大率皆无耳"（《与程秀才三首》其一）。他没有哀叹生活的艰辛，反而庆幸此地"无甚瘴也"。儋州的遭遇凄凉得不忍卒视，他到后才安定下来，就被察访岭南的湖南提举常平官董必从官舍逐出。无处容身之际，他与幼子苏过搭建了几间仅庇风雨的茅草房，免了露宿之苦。这个时候他给友人的信中，仍然是一副不屈不挠的达观态度："尚有此身，付与造物，听其运转，流行坎止，无不可者。"（出处同上）末了还宽慰友人不必为自己担忧。

或许是真的决心顺应天命，所以才一如既往地乐观豁达。在儋州期间，苏轼的作品毫无凄苦之象，反倒是愈加宁静平和、朴质清淡。比如《纵笔三首》：

其一：

> 寂寂东坡一病翁，白须萧散满霜风。
>
> 小儿误喜朱颜在，一笑那知是酒红。

其二：

> 父老争看乌角巾，应缘曾现宰官身。
>
> 溪边古路三叉口，独立斜阳数过人。

其三：

> 北船不到米如珠，醉饱萧条半月无。
>
> 明日东家当祭灶，只鸡斗酒定膰吾。

元符三年（1100年），哲宗去世，宋徽宗即位，遭遇流放的元

祐党人陆续被朝廷内迁，苏轼被命移往廉州安置。去往廉州的途中，他在海南岛北部的澄迈驿稍作停留，登上通潮阁北望中原，只见一片渺茫：

澄迈驿通潮阁二首

其一：

> 倦客愁闻归路遥，眼明飞阁俯长桥。
>
> 贪看白鹭横秋浦，不觉青林没晚潮。

其二：

> 余生欲老海南村，帝遣巫阳招我魂。
>
> 杳杳天低鹘没处，青山一发是中原。

"杳杳天低鹘没处，青山一发是中原。"他一直目送着飞翔的鹘鸟，直到它在天边渐渐消失了踪影。在那片天空的尽头，中原连绵的青山遥远得细如发丝，虽说早已有了老死海南的决心，但此刻望着天边孤鸿，不禁又生起了思归之心。难得的是，这首诗所抒发的虽是羁旅伤怀，却不显颓废，反倒暗含着雄健奔放的气势，正是苏轼一如故往的风格。北归渡海时，他按捺不住激动的心情，又写下一首诗：

六月二十日夜渡海

> 参横斗转欲三更，苦雨终风也解晴，
>
> 云散月明谁点缀？天容海色本澄清。
>
> 空余鲁叟乘桴意，粗识轩辕奏乐声。
>
> 九死南荒吾不恨，兹游奇绝冠平生。

"九死南荒吾不恨，兹游奇绝冠平生。"他一生的坎坷磨难、颠沛流离似乎都在这两句诗中消弭殆尽，所有的苦难，一一品尝过

后，都变成付与笑谈的"奇绝"经历。千百年来，人们之所以喜欢苏轼，我想并不仅仅因为他才高绝世、学际天人，彻底征服人心的当是他终生不改的天真性情、飘然独立的高尚气节，以及乐观超脱的胸襟气度。

古语有云："文章做到极处，无有他奇，只是恰好；人品做到极处，无有他异，只是本然。"毫不夸张地说，文章或是人品，不管是哪一方面，苏轼都毫无疑问地做到了极处。

六、此心安处是吾乡

在苏轼留存至今的两千七百余首诗歌作品中，有一部分诗作比较特别，是苏轼对东晋隐士陶渊明诗的唱和之作。苏轼的"和陶诗"一共一百二十四首，其中有二十首《和陶饮酒》是写于扬州，其余全部都是在惠州、儋州期间所作。这些诗作寄托着苏轼一生念念不忘的归隐之梦。

陶渊明

早在初次为官，也即嘉祐六年（1061 年）赴任凤翔府判官之时，苏轼寄给当时送行的弟弟苏辙的第一首诗，就写到辞官退隐的理想生活。那年，兄弟二人都被委任外职，但是父亲苏洵却在京为官，苏辙的任命书还没下来，苏轼即需赴任。为了侍奉老父，苏辙辞掉了商州推官一职，独赴四十里之外为兄嫂送行。

这或许是苏轼第一次深切地感受到人生的别离之苦和从政的身

不由己。当时与苏辙在郑州西门外分别之后，他登上高处遥望暮色中衣着单薄的弟弟骑着瘦马孤单回京的背影，直到隐现在山坡古道间的身影再也看不到，才回身启程。在赶路前行的马上他写了一首诗，这首诗情词恳切，读之恻然。诗的最后提及兄弟二人往日的约定："寒灯相对记畴昔，夜雨何时听萧瑟？君知此意不可忘，慎勿苦爱高官职！"（《辛丑十一月十九日既与子由别于郑州西门之外马上赋诗一篇寄之》）"夜雨对床"一典出自唐诗，指久别重逢的亲友或兄弟，在风雨之夜卧床倾心交谈，以遣寂寥。兄弟二人曾相约早日退官，同享闲居畅谈之乐。"夜雨对床"的约定，在苏氏两兄弟的诗文中多次提及，然而终其一生，这个愿望都没能完整地实现。

苏轼一生跌宕，大起大落，宦途极尽坎坷。他生平疾恶如仇，针砭时政毫不忌口，用他自己的话说，就是"如蝇在食，吐之方快"。这样刚正忠直的性格注定了他与朝政难以相容，宦海沉浮似乎是必然的结果。林语堂说："在任何政治斗争中，正人君子必败，而小人必占上风，因为正人君子为道义而争，小人则为权力而争，结果双方必各得其所，君子去位，小人得权。"（《苏东坡传》）此言不无道理。

熙宁四年（1071 年），因与变法派政见不合，苏轼自请外任地方官。初到杭州时，他寄给苏辙两首绝句，开篇即言"眼看时事力难胜，贪恋君恩退未能"（《初到杭州寄子由二绝》），出世与入世的两难纠结于他的一生。说起来，"厌仕而不弃，学陶而不隐"也是颇具宋人特色的精神现象。李泽厚在《美的历程》里曾谈到苏轼的这种矛盾：

苏轼一方面是忠君爱国、学优则仕、抱负满怀、谨守儒

家思想的人物……但要注意的是，苏东坡留给后人的主要形象并不是这一面，而恰好是他的另一面。这后一面才是苏之所以为苏的关键所在。苏一生并未退隐，也从未真正"归田"，但他通过诗文所表达出来的那种人生空漠之感，却比前人任何口头上或事实上的"退隐"、"归田"、"遁世"要更深刻更沉重。因为，苏轼诗文中所表达出来的这种"退隐"心绪，已不只是对政治的退避，而是一种对社会的退避；它不是对政治杀戮的恐惧哀伤，已不是"一为黄雀哀，涕下谁能禁"（阮籍），"荣华诚足贵，亦复可怜伤"（陶潜）那种具体的政治哀伤（尽管苏也有这种哀伤），而是对整个人生、世上的纷纷扰扰究竟有何目的和意义这个根本问题的怀疑、厌倦和企求解脱与舍弃。

苏轼的"退隐"心绪是源出于对政治的退避也好，或是对社会的退避也罢，能够看得分明的是，他的归隐之念愈加炽烈是与他政治上的失意分不开的。尤其是"乌台诗案"出狱后，苏轼无时不想着归隐之事，他倾慕陶潜独立自由的人格精神，向往陶潜超脱率性的生活态度。每次身处人生的低谷，抛去生活的艰难和失意的苦闷，都是他精神上最快意自得的时候。然而当他每每以为自己终于可以安心隐于田园，却又一次次被政局推向洪流，卷入争斗的旋涡。归隐，不是不想，而是不能，就如一只往来于天南地北的孤鸿，倦了，却不知道哪里才是归巢。

1. 此身如传舍，何处是吾乡？

熙宁十年（1077 年）春，在从密州赴任徐州的途中，苏轼的同乡王缄回眉山，苏轼写了一首词送他：

临江仙（送王缄）

忘却成都来十载，因君未免思量。凭将清泪洒江阳。故山知好在，孤客自悲凉。

坐上别愁君未见，归来欲断无肠。殷勤且更尽离觞。此身如传舍，何处是吾乡？

苏轼最后一次回眉山，是运送父亲苏洵和妻子王弗的灵柩归葬，至服孝期满离开，就再也没有回去过。故乡对于一个人来说，是与血亲一样，根植在灵魂里的东西，那是不需思量、自然难忘的地方。那片土地是一生开始的地方，也必然是一生都丢不开的牵念。不管离开了多远，不管离开了多久，当飘零天涯的苍茫和伤感从心底涌起时，故乡就仿佛是母亲的怀抱，是经历过风雨磨难之后唯一一处真正属于自己的亲切而温暖的栖息之所，那是孤寂疲累的灵魂可以聊以自慰可以停歇落脚的地方。人也许能忍受孤独，却永不能失去心灵的归属，而人生最绝望之事，莫过于天下之大，却不知该何去何从。

"此生飘荡何时歇。家在西南，常作东南别。"［《醉落魄》（离京口作）］对于历尽辗转的苏轼来说，离愁已是难消，更哪堪乡愁的摧磨？徒增伤愁的事，忘记或许才是最好的办法。刻意不去想的事，以为已经忘怀的事，因为乡人的到来，一件件扑面而来。是啊，故乡的山水长眠着至亲的亡魂，故山的松木绵延着十余年的思念，纵使不忍去触碰，却又怎么可能真的忘记？无奈空自牵念，终究有家难回，那份思念只能深藏在心底，萦绕在梦里。

君自故乡来，应知故乡事。终是忍不住问起："故山可还好？"不问人不问事，问的是山，只因那座山冈是埋葬至亲的所在，是飘

荡四方的游子心魂所系之地。"老翁山下玉渊回，手植青松三万栽。"（《送贾讷倅眉二首》）他曾经在埋葬父母、妻子的山冈上亲手种下三万株松树，如今，那片山林无疑成为了实际意义上的"家"之所在，所以才会有"家何在，因君问我，归梦绕松杉"（《满庭芳·三十三年漂流江海》）的无限凄凉。十年羁旅的悲凉，愁肠早已断尽，再无肠可断，此生颠沛飘零，故乡已是难回，异乡的辗转和停留都难由己意，哪里才是归宿？

熙宁十年（1077 年），在徐州与苏辙又一次分别后，苏轼写下另一首《水调歌头》。在词序中，他说："余去岁在东武，作《水调歌头》以寄子由。今年子由相从彭门百余日，过中秋而去，作此曲以别。余以其语过悲，乃为和之，其意以不早退为戒，以退而相从之乐为慰云。"因嫌弟弟所写的离别之词太悲，所以苏轼以归隐之约安慰弟弟，并畅想着同归之乐：

> 安石在东海，从事鬓惊秋。中年亲友难别，丝竹缓离愁。一旦功成名遂，准拟东还海道，扶病入西州。雅志困轩冕，遗恨寄沧洲。
>
> 岁云暮，须早计，要褐裘。故乡归去千里，佳处辄迟留。我醉歌时君和，醉倒须君扶我，惟酒可忘忧。一任刘玄德，相对卧高楼。

"一旦功成名遂，准拟东还海道，扶病入西州。"兄弟俩约好，功成名就之后，就一起回到眉州家乡，退隐田园。只是这个看似简单的愿望，实现起来却是那么困难。两年后，苏轼因"乌台诗案"身陷囹圄，几至丧命，归隐的梦只能一搁再搁。

2. 归去来兮，吾归何处？

临江仙（夜归临皋）

夜饮东坡醒复醉，归来仿佛三更。家童鼻息已雷鸣。敲门都不应，倚杖听江声。

长恨此身非我有，何时忘却营营。夜阑风静縠纹平。小舟从此逝，江海寄余生。

苏轼谪居黄州时所写的这首《临江仙》据说在当时曾引起一场不小的慌乱。时人谣传苏轼曾到江边，写下这首词，就顺江而逃了。

苏轼当然没有逃避命运，所以终其一生，他都没能实现"小舟从此逝"的愿望。然而他的大半生，却真如不系之舟，漂泊四海，颠簸在风浪间。

元丰三年（1080 年）二月到元丰七年（1084 年）四月，在黄州谪居期间，是苏轼的思想和处世哲学发生蜕变的时期。大劫之后，他对于生命的了悟也更加透彻。以前他或许锋芒毕露，或许年少轻狂，争强好胜，此时却是风浪止息后的安宁如水。"蜗角虚名，蝇头微利，算来着甚干忙。事皆前定，谁弱又谁强。"（《满庭芳·蜗角虚名》）名利本就是心的负累，抛开这一切，淡泊自持，才能寻获到心境的清静宁和。不得不说，佛老思想拯救了失意的苏轼，虽然生活艰难窘迫，可谪居黄州的四年也是他后半生过得最悠闲自在的四年。

他给苏辙的信中写道："任性逍遥，随缘放旷，但尽凡心，无别胜解。"（《与子由弟十首》其三）京城很远，不必担心再有倾轧排挤，可以纵情山水，恣意诗酒，不乐愁何为？棋罢不知人世换，酒阑无奈客思家，与众同道好友畅游名山胜景，能够快乐得忘记时

间，这样的生活不正是自己惦记了多年的梦吗？富贵非吾所愿，名利亦我所舍，东坡的禾麦长势良好，简陋的雪堂布置得舒适惬意，还有什么奢求呢？他打算就这样安心在黄州归隐，在《浣溪沙》（自适）中他写：

> 倾盖相逢胜白头，故山空复梦松楸。此心安处是菟裘。
>
> 卖剑买牛吾欲老，乞浆得酒更何求。愿为同社宴春秋。

"菟裘"是春秋时期鲁国的城邑。《左传·隐公十一年》中记载，"使营菟裘，吾将老矣"。这是鲁国的大夫羽父为了求得太宰之位，向隐公献策劝其杀掉侯位的正式继承者桓公时，隐公所说的话。他说自己无意再居君位，菟裘的宫室建好后，就会在那里终老，所以后世称告老退隐的居处为菟裘。

"故山空复梦松楸。此心安处是菟裘。"苏轼曾经无数次幻想着回到家乡归隐，然而如今终于明白，今生欲归蜀中故乡已然无望，故山的松楸也只能屡屡在梦中相见。可细想想，所谓归隐，也不过就是找寻一处让疲惫的心灵能够停泊歇息的宁静居所，那么，只要心境是安宁的，黄州未尝不是终老之所。在另一首《减字木兰花·江南游女》中他再次生出"迁客今朝始是归"的感慨，甚至满心期待地寄诗给子由说："买田秋已议，筑室春当成。雪堂风雨夜，已作对床声。"（《初秋寄子由》）思量着兄弟俩曾经的"夜雨对床"之约，已指日可待。

然而人生总是隐藏着各种变数，世事往往难遂人意，无常才是世间的真相。以为是逆境，却可能焕发新生；以为是安居的福地，好梦偏偏难以长久。不久后，朝廷的诏令又来了，这次的迁居地是汝州。汝州虽美丽富有，可苏轼却如"小儿迁延避学"一样躲避这

个任命。挣扎数日后，他终究不愿违背皇帝的好意，决定放弃东坡雪堂，遵从圣意。

离开黄州前，黄州的父老与朋友来给苏轼送别。为别雪堂邻里，苏轼写了一首《满庭芳》。词中他感叹："归去来兮，吾归何处？万里家在岷峨。百年强半，来日苦无多。""当此去，人生底事，来往如梭！"人生已过大半，纵欲归隐，何处是归？故乡万里之遥，黄州非久居之所，这次离开后，未来还会有怎样的漂泊等着自己？谁也回答不了他。

3. 此心安处是吾乡

从黄州离开去往汝州的途中，苏轼迷恋上江南的自然美景，因此在常州的太湖左岸宜兴买了一块田地，置办了家宅，准备在常州安度晚年，而这也得到了皇帝的允可。"十年归梦寄西风，此去真为田舍翁。剩觅蜀冈新井水，要携乡味过江东。"（《归宜兴留题竹西寺三首》其一）他的心中充满着雀跃和期待，以为归隐的夙愿终于能够实现。谁料到，当他以为自己终于可以在风景秀丽的太湖之畔安居下来时，朝廷对他再次任命的消息又传来——委任登州太守。

苏轼此生经历的变数已然太多，再乐观的人也会疲累，经历过半生坎坷，实无心再度为官，更何况此时退隐心切！他在一首诗中写道："南迁欲举力田科，三径初成乐事多。岂意残年踏朝市，有如疲马畏陵坡。"（《次韵周邠》）万般无奈又如何，他最终接受了命运的安排。

到了登州不过五天，苏轼又被诏令传唤进京，委任中书舍人，其后不久被擢升为翰林学士，离宰相只剩一步之遥。纵观苏轼的从政生涯，英宗高皇后摄政的八年可说是他官途上最风光得意的几

年，可即便位高权重又有什么好？红尘闹热白云冷，他在朝中受尽排挤，数次离开朝廷，又数次被召回，在朝廷与地方之间疲于奔波。他时常感叹"浮名浮利，虚苦劳神"，仍然念念不忘"几时归去，作个闲人。对一张琴，一壶酒，一溪云"［《行香子》（述怀）］。最初的"和陶诗"之《和陶饮酒二十首》就是在这期间写下的。他本想尽快辞官，与妻子王闰之一起归隐田园，谁知还没来得及付诸实施，闰之就病逝了，接着是高太后逝世，苏轼迎来他人生的又一次低谷。

遭逢罢黜不是第一次，天涯流落已是常事，艰苦的生活对他来说根本无足为惧。"世与我而相违，复驾言兮焉求？"惠州是个美丽的地方，若能在此安度晚年未必不是一件美事。远离政治中心，反倒能避开朝政纷扰，谪居也未尝不是一种安宁。所以他在山坡建造了房舍，房前屋后种植了众多蔬果花木，精心布置雅舍，"已买白鹤峰，规作终老计"（《迁居》）。他梦想多年的"采菊东篱下，悠然见南山"已触手可及，漂泊大半生的脚步总该安定下来了吧。可新居落成不过两月，在他满心以为终于得偿夙愿之时，又一次接到贬谪的命令，归隐安居的美梦又成泡影。这一次，是远比惠州更为艰苦的蛮荒之地——儋州。

这一年，苏轼六十二岁。

"安定"这个词似乎总与他的人生无缘，这一生，游宦四方，多遭坎坷，大半生飘零天涯不由己意。面对漂泊，他可以洒脱地唱着"行尽九州四海，笑纷纷、落花飞絮"（《水龙吟·古来云海茫茫》）；面对困苦，他可以自得其乐地笑谈"日啖荔支三百颗，不辞长作岭南人"（《食荔支二首》其二）；面对逆境，他可以乐天安命

地抚慰自己"此生天命更何疑,且乘流,遇坎还止"(《哨遍·为米折腰》)。处在人生的低谷,他总是潇洒旷达,清远闲放,然而不管怎样的人生哲学,即便能拯救苦闷中挣扎的灵魂,也难以遮挡生活刻下的真实疼痛。达观超然地笑对人生,是必须穿越荆棘丛林后才能寻获的平静,将一切苦痛与悲怆都隐在身后,不等同于那些痛苦和磨难不曾存在。世人都看到他的乐观,孰知一次次将悲痛碾成轻尘,需要多么强大的灵魂!

罗曼·罗兰说:"世界上只有一种真正的英雄主义,那就是在认清生活的真相之后,还依然热爱生活。"尝尽生活之苦,却依旧保留着一颗赤子之心,一如既往地热爱着生活,苏轼正是这样的英雄。"试问岭南应不好,却道,此心安处是吾乡。"(《定风波·常羡人间琢玉郎》)一时的乐观并不难,难的是一生的豁达。他一生志于道,据于德,依于仁,游于艺,颠沛流离,却超然物外,无往而不乐。人生最后的一段岁月,即便生活窘困,景况凄凉,却终究是坦坦荡荡了无遗憾,即如孔子所说:"求仁而得仁,又何怨?"能够问心无愧,能够内省而不疚,此生足矣。他虽一生都梦想着退隐,寻觅着归栖之所,然而身居何方又有何重要,心灵的安定才是真正的安定,也才是真正的归隐。也许正是怀着这样的心绪,在谪居岭南期间,苏轼即开始了他"尽和陶诗"的计划[《和陶归园田居六首(并引)》,"要当尽和其诗乃已耳"],借以追寻精神上的归隐。

苏辙曾经为兄长的《和陶集》写了一篇序,即《子瞻和陶渊明诗集引》。在这篇序文的开头,他说:

东坡先生谪居儋耳,置家罗浮之下,独与幼子过负担渡海,茸茅竹而居之。日啖藷芋,而华屋玉食之念不存于胸中。

平生无所嗜好，以图史为园囿，文章为鼓吹。至此亦皆罢去。
独喜为诗，精深华妙，不见老人衰惫之气。

诗文书画，本是苏轼生平最大的爱好，说是"人生至乐"也毫不为过。这个爱好曾经带给他诸多祸患，也曾经在失意苦闷中助他排遣了精神上的寂寞，在他起伏坎坷的生命历程中，

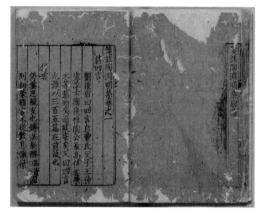

元刊本陶渊明集

始终与他相依相随。"乌台诗案"之后，苏轼曾一度立誓不再作诗，但终究禁不住写诗的强烈欲望。他始终不曾将此嗜好真正地戒掉，谪居儋州期间，他不再写文，不再作画，不再研究史书著作，只专心于作诗，其中写得最多的就是"和陶诗"。苏轼自己说："吾于诗人无所甚好，独好渊明之诗。"因为他的诗"质而实绮，癯而实腴"，这种风格正是他所追求的质朴无华与平淡自然，但这并不是他一心和陶诗的全部理由。"然吾于渊明，岂独好其诗也哉？如其为人，实有感焉。"（苏辙《子瞻和陶渊明诗集引》）他更倾心的是陶潜的人格精神和他所象征的隐士情结。

陶渊明临终前曾写信给儿子们，说自己年轻时因为生活穷苦而东奔西走，偏偏性子刚烈，才智笨拙，常与世事相逆，自思如此下去，定会多生祸患，所以才勉力弃官归隐。提到陶渊明的这段话，苏轼感叹："吾今真有此病，而不早自知。半生出仕，以犯世患，此所以深服渊明，欲以晚节师范其万一也。"（出处同上）或许时至

晚年，回顾起一生经历种种，才深深明白自己与仕途的格格不入。在踏上仕途起点时，与子由所约定的退官归隐，原该早些付诸现实。如今，已是苍颜白发的垂垂老者，以近乎虔诚的心情专心致志于和陶诗，为的只是以自己独特的方式效仿陶潜之行，将自己未曾实现的退隐之梦寄托其中。

元符三年（1100 年），苏轼获赦北归，终于得返中原。此时他所惦记的，是与子由多年前的约定。途中他给子由去信："兄近已决计从弟之言，同居颍昌，行有日矣。"（《与子由弟十首》其八）后又因种种缘故，决定居于常州，他感慨"逾年行役，且此休息"。唯一的遗憾是兄弟二人老境不得相聚，然而天意使然，人能奈之何？

苏轼到常州后的第一件事就是向朝廷请求辞官，以退隐林下，直到他去世之前一个月，才完全解去一切官职，真正告老，算是圆了那个纠缠了他一生的梦。然而多年前与弟弟同归田园、"夜雨对床"的誓约却终究没有实现。

三苏坟

兄弟俩的这个梦，最后是由苏辙来完成的。苏轼死后葬于郏县，三年后，也即徽宗崇宁三年（1104 年），苏辙定居颍川，在兄长葬地附近过着田园隐居的生活，自号"颍滨遗老"，以读书著述、默坐参禅为事。当此之时，苏轼曾经所写的诗句仿佛犹响耳边，声声可闻：

> 我年二十无朋俦，当时四海一子由。（《送晁美叔发运右司

年兄赴阙》)

吾从天下士，莫如与子欢。(《和子由苦寒见寄》)

是处青山可埋骨，他年夜雨独伤神。与君世世为兄弟，又结来生未了因。(《狱中寄子由》)

……

字字铭心，教人不胜唏嘘。

第三章

千古文章四大家

一、自然如水启性灵

　　文之为德也大矣，与天地并生者何哉？夫玄黄色杂，方圆体分，日月叠璧，以垂丽天之象；山川焕绮，以铺理地之形：此盖道之文也。仰观吐曜，俯察含章，高卑定位，故两仪既生矣。惟人参之，性灵所钟，是谓三才；为五行之秀，实天地之心。心生而言立，言立而文明，自然之道也。傍及万品，动植皆文：龙凤以藻绘呈瑞，虎豹以炳蔚凝姿；云霞雕色，有逾画工之妙；草木贲华，无待锦匠之奇。夫岂外饰？盖自然耳。至于林籁结响，调如竽瑟；泉石激韵，和若球锽。故形立则章成矣，声发则文生矣。夫以无识之物，郁然有彩；有心之器，其无文欤！

这段关于"文"的论述，是南朝文学理论家刘勰《文心雕龙》开篇《原道》的第一段话。在这段总评中，刘勰提出了他对文学本质的基本看法，即"文"是与天地并生的。它根源于万物之中，也存在于万物其身，俯仰天地间，日月山川、云霞草木、飞禽走兽、林籁泉石都是大地上的文章，皆含有动人的文采。它们的美往往让画工锦匠自愧弗如，而这种臻于

《文心雕龙注》书影

至善的文采，美就美在它的自然。"夫岂外饰，盖自然耳"，宇宙万物的文采都是不加矫饰的，本着自然之道，"形立则章成，声发则文生"，自然而然地生成美丽的文章。而"无识之物，郁然有彩；有心之器，其无文欤"，天地间无识无心之物，尚且具备无与伦比的丰富文采，那么，为天地性灵所钟、五行之秀所聚、天地之心所化的人类，怎能没有文章？更进一步说，人类的文章又该是什么样的？追本溯源之后已经发现，所谓文章，应该具有文采，然而美丽的文采却不应是费心雕琢来的。"心生而言立，言立而文明，自然之道也。"真正的文采必须符合自然之道。

引用刘勰的这段论述，别无其他，乃是因为他所提及的"自然之道"正是苏轼一直秉持的文学创作理念。从某种意义上讲，抱持相似观念的两人所身处的文化背景也差相仿佛。南北朝时期，盛行一种极尽华美的文体，即骈文，又称四六文或骈俪文。所谓"骈"，即两马并驾，引申为并列、对偶。这种文体讲究对仗，以四字或六

字为基本句式，声韵和谐，辞采华丽，注重使事用典，从形式特征上来说，是与散文截然不同的一种文体。骈文产生于魏晋时期，在南北朝时达到全盛。身处骈文的极盛时代，刘勰对于"对偶"这种艺术技巧本身并不否定，甚至在《丽辞》篇中提出，"对偶"也是符合天地万物成双成对这一自然规律的，运用得当，就能达到"丽句与深采并流，偶意共逸韵俱发"的高妙境界；不过，若是虚浮滥凑，一味追求华丽，便很容易弄巧成拙而徒劳无功。事实上，即便在骈文发展的全盛期，这种现象也极为普遍。刘勰在《情采》篇中所谓"体情之制日疏，逐文之篇愈盛"，说的就是当时片面追求华丽辞藻和写作技巧而忽视真情实感的文章风气，这当然有违自然之道。

从骈文的特征来看，会产生这种结果其实并不难想象。因为骈文本就是一种典型的精于雕章琢句的华美文体，初期或许还能同时注重形式技巧与思想内容的统一，发展到后期，就难免失去两者的平衡，变得过于偏重文藻雕华，而忽视思想内容。另外，骈文在形式和声律上都有不同程度的严格限制，力不足者在各种拘束下勉力为之，就很容易生成呆板、晦涩而缺乏生气的弊病，造成文风萎靡不振的局面。更有甚者，由于骈文的兴盛，其绮靡之风也影响到了同时期的散文，使得本来形式自由的散体文，也开始注重字句辞藻。这种风气对于文学发展来说，无疑是一种严重的障碍，那么随之而来的"变革"显然就是大势所趋。

骈文的统治地位一直持续到唐代中期。此时，以韩愈、柳宗元为代表的文人开始大力提倡复兴先秦两汉的"古文"，从而在文坛掀起了一场针对文风、文体和文学语言的革新运动。这场反对骈

文、提倡古文的文学革命，即所谓的"古文运动"。韩、柳所倡导的"古文"，指的就是因辞赋与骈文的兴起而一度中衰的古代散文。与骈文迥然相异的是，散文这种文体不刻意追求文饰，便于明畅地表达思想，能够让作者尽情抒发情感内容，且行文与谋篇布局都很自由，不重对偶，不拘形式与声律，更易于展现磅礴旺盛的气势，因此在应用上具有更大、更灵活的发展空间。

韩　愈

　　唐代的古文运动以"复古"为口号，旨在恢复先秦两汉质朴自由的文风，从而涤荡骈文的华而不实。它以先秦古文为基础，创建了一种新的散文体式，并以其通俗畅达的风格和深广的表现力压倒骈文，取得了一定的成功。然而，这次致力于文体、文风改革的文学革命，其根本目的其实是为了推行古道、复兴儒学。以此为根基而发起的古文革新难免受其掣肘，以至于在散文创作实践中太过拘泥于古制，使得革新并不彻底。晚唐五代，古文运动趋向衰微，注重雕章琢句而绮靡浮艳的骈体文风再度兴起。直到北宋初期，浮靡空洞的诗文仍充斥文坛。当时在北宋诗坛占主导地位的流派正是"宋初三体"的"西昆体"。西昆体以杨亿、刘筠、钱惟演为代表，主张学习晚唐诗人李商隐的典丽诗风，而在文章创作上，则师法李商隐的骈体文，注重绮丽的辞藻和深妙的用典。其结果就是，不论是诗作还是文章，都不可避免地流于雕饰之弊，导致情感贫乏，内

容空泛，绝大部分诗文除了华美的辞藻之外，乏善可陈。

在骈文风行一时之际，柳开、穆修等人先后提倡学习韩愈、柳宗元的"古文"，开北宋古文运动之先声，但是并未收到太大成效。《四库总目提要》对此总结道："宋初诗文，尚沿唐末五代之习，柳开、穆修欲变其文体，王禹偁欲变其诗体，皆力有未逮。"柳开虽反对骈文的华而不实和"刻削为工，声律为能"（《上王学士第三书》），倡导古文写作，却"力有未逮"，并未明确古文写作的要点，又过于强调"圣人之道"，导致其文空疏枯涩，颇为难读。穆修所处时代正是"西昆体"声势最盛之时，他专修古文，又以毕生精力对韩愈、柳宗元文集进行了整理印刷，使得欲习古文者有了效仿的范本，其为文虽仍未免除拙涩之弊，然而比之柳开已显平易许多。

继柳、穆之后，孙复、石介等致力于古文写作的道学家，同样力有不逮。议论宏博、辞章灿然的文章不是没有，但他们所作的大多数散体文要么过于平实严谨，缺失了华采韵味，要么粗疏枯燥，缺少了灵动变化，其中最显怪奇的当属石介。石介激烈抨击西昆体的浮华艳靡，却明显矫枉过正。他的文章承柳开之风，而更加怪诞僻涩，在任国子监直讲期间，他的这种文风对太学生们产生了非常大的影响。北宋仁宗年间，学校与科场一度流行一种高谈虚论、险怪奇涩的应试文风，即"太学体"。太学体迂阔怪涩，既无骈文的丽辞，又无古文的质朴，不但毫无可取之处，反而对士风造成极其不良的影响。这种文风不振的局面，一直持续到北宋中期欧阳修主盟文坛为止。

为改变北宋文坛气象，欧阳修与梅尧臣、苏舜钦等人极力推崇韩愈、柳宗元的文章与思想，欲再度发起一场诗文革新运动，并在

古文理论与创作实践方面都做出了不少成功的尝试。这次古文运动不仅反对浮艳靡丽的骈体文，也反对晦涩艰深的时文，力图使散文的风格更加清新平易，旨意更加晓畅通达，内容更加自由充实，以求最大程度拓展散文的表现力。欧阳修等人亲身践行，所作文章各呈风采：苏舜钦之洒脱豪逸，梅尧臣之平淡古雅，欧阳修之丰润平和，在满目的浮靡怪涩中竖起了一面鲜明的旗帜。

苏轼正是在这样的时代背景下步入文坛的。

嘉祐二年（1057 年）的科举考试，欧阳修担任主考官，梅尧臣为参评官。欧阳修有意通过这次考试打击当时浮艳晦涩的文风。科考中有不少考生仍作"太学体"，史书记载，他对这类文章"痛排抑之，凡如是者辄黜"（《宋史·欧阳修传》）。恰在此时，苏轼的应试文章在众多险怪奇涩的文章中脱颖而出，其清晰鲜明的思想，简洁明快的说理，质朴无华的文风，自然流畅的行文，立刻引起了欧阳修与梅尧臣的注意。苏轼的这篇《刑赏忠厚之至论》，本书第一章已有详述，此不赘言。单就文章语言和行文风格而言，此文的自然质朴在当时文坛实属稀有，苏轼曾自言："轼长于草野，不学时文，词语甚朴，无所藻饰。"（《谢梅龙图书》）而能见到这样的文章，对于正致力于"古文运动"而求才若渴的欧、梅二人来说，其惊喜程度自是可想而知。梅尧臣认为该文"有孟轲之风"，欧阳修更是"惊喜以为异人"，苏轼则因为这篇文章一举成名，深受两位文坛大儒的赏识和器重。尤其是欧阳修，对苏轼激赏不已，后来给梅尧臣写信又大为感叹："读轼书不觉汗出，快哉！老夫当避此人，放出一头地。"此处提到的"轼书"，乃是苏轼进士登第后，写给欧阳修的书信《谢欧阳内翰书》。苏轼在信中分析了北宋文坛现状，

并阐述了自己对于古文写作的看法：

> 轼窃以天下之事，难于改为。自昔五代之余，文教衰落，风俗靡靡，日以涂地。圣上慨然太息，思有以澄其源，疏其流，明诏天下，晓谕厥旨。于是招来雄俊魁伟敦厚朴直之士，罢去浮巧轻媚丛错采绣之文，将以追两汉之余，而渐复三代之故。士大夫不深明天子之心，用意过当，求深者或至于迂，务奇者怪僻而不可读，余风未殄，新弊复作。大者镂之金石，以传久远；小者转相摹写，号称古文。纷纷肆行，莫之或禁。盖唐之古文，自韩愈始。其后学韩而不至者为皇甫湜。学皇甫湜而不至者为孙樵。自樵以降，无足观矣。

苏轼一针见血地指出当时文坛的问题所在：因受五代遗风影响，宋代文坛"文教衰落，风俗靡靡，日以涂地"，朝廷虽有意矫正"浮巧轻媚"的不良风气，恢复两汉三代的质朴文风，但文人士大夫却不明白古文之要，往往"用意过当"。有的"求深"，其文迂阔；有的"务奇"，其文怪僻。如此一来，旧病未除，新弊复作，文风不振的情况反而更加严重。在对时文做过精准的剖析之后，苏轼接着指明，士大夫们大肆宣扬摹写的所谓"古文"其实早已偏离正途，根本不足为观。在他看来，唐代的古文自韩愈以后就每况愈下，后学者虽有心习古却力嫌不足，导致古文日渐衰微。

这些关于历史与现状的分析正应和了他起首第一句话："天下之事，难于改为。"古文革新之难，一则需要明确古文的要点，另则必须具有相当的才气学力，而这正是以往修习古文者失败的缘由所在。言下之意，当今的古文复兴要取得成功，必须从这两点着手，理论与人才缺一不可，而苏轼在后文也明确表示自己有心投入其

中。他自称"远方之鄙人，家居碌碌，无所称道"，来京师后"久不知名"，本欲"治行西归"，不料却受到赏识而得登高第，于是举出乐毅、范蠡两位古人隐退后一无所成的例子为戒，表示自己愿尽绵薄之力，报答欧、梅的知遇之恩。话虽如此，但以乐毅、范蠡这两位才干超群的名将古贤自比，可见他对于自身才能的绝对自信。此番言辞谦而不卑，自傲却不张扬，更隐约表露出自己立志高远。回顾前文他对于古文革新的分析阐述，作为一个初出茅庐的青年士子，敢于力批先儒不足，沉稳老辣地点评古今，且句句直击核心，已显露出非凡的气魄和敏锐的洞察力，勿怪欧阳修大呼"快哉"，要退避此人，放他出人头地了。

而苏轼也并未辜负欧、梅二人的期望，甫入文坛，便迅速成为北宋古文运动的主力。北宋中期的这次古文革新运动因为有了苏洵、苏轼、苏辙、王安石、曾巩等中坚力量的加入而取得了巨大成功。运动后期，苏轼接替欧阳修成为北宋文坛领袖，在前期基础上踵事增华，继续巩固并发展革新运动的成果，确立了这次变革的最终胜利。古文运动使得北宋散文取得了高度成就，其文学理论与创作实践的影响更波及整个北宋文坛，北宋文学因此呈现出一派繁荣景象。

唐宋两次古文运动在散文发展史上的地位和贡献无疑是极为重大的，称之为"里程碑"当毫不为过。尤其是宋代的古文运动，创建了一种平易畅达、清新自然的散文风格，并将之导向成熟，真正完成了散文的复兴，确保了散文在中国古典文学异彩纷呈的各类文体中不可动摇的地位，对后世的影响尤为深远。两次运动的代表人物，唐之韩愈、柳宗元，宋之欧阳修、苏洵、苏轼、苏辙、王安石、

曾巩，因之被后世并称为"唐宋八大家"，成为后代文人写作散文的楷模。其中，若说韩愈的散文代表了唐代古文运动的最高成就，那么宋代古文运动最高成就的代表，则非苏轼莫属。

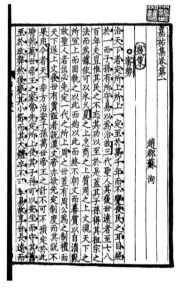

宋版《嘉祐集》

与北宋古文运动所倡导的学习韩愈文章不同，苏轼散文的师承渊源并非韩愈。他少年时喜好贾谊、陆贽之书，成年后喜读庄子，因此他的文章囊括万殊，集众家所长，熔炼之后自成一家。刘熙载在《艺概》中曾总结："东坡文，亦孟子，亦贾长沙、陆敬舆，亦庄子，亦秦、仪。心目窒隘者，可资其博达以自广，而不必概以纯诣律之。"王庠也曾说："公之文，四渎也。浩浩乎，浑浑乎，其源之来长，洁而无杂，则是有得于孟子之粹；涵空万顷，安行地中，其气之雄深自然，有得于子长之奇。千里一湾，万里一折，而无荀卿奔放之患；晓烟夕月，四时备润泽之景，而无扬雄艰苦之癖。至于会百家之异流，经纬天下，泽及万物，虽支疏灌溉，亦足以起丰年，而其用卒归于仲尼之意，故能卓然明道，去邪说之乱真也。"（《与东坡手书》）苏轼的散文渊源甚广，但这其中若要说到对他影响最深的人，则莫过于其父苏洵。追究起来，他所秉持的文学理念和美学思想几乎都是来源于父亲。

苏轼与弟弟苏辙少年时代即"师父洵为文"（《宋史·苏轼传》），幸得如此，在学写文章之初，两兄弟就踏上了正道，不至于

沾染时文恶习。苏洵极其反对浮艳空洞、枯涩怪僻的时文，在散文写作方面有着自己独到的见解，并形成了一套成熟的文学理论。他主张学习古文，却鄙弃因袭，较注重文章思想与内容的独创性，认为文章要有为而作，"言必中当世之过"。因此，他反对"为文而造情"，认为文章应"得乎吾心而言"，为情而造文，写胸中之言，"其辞不索而获"（苏洵《太玄论》），自然成文。在《仲兄字文甫说》中，他首次提出了"风水相遭"的理论：

"风行水上涣。"此亦天下之至文也。然而此二物者岂有求乎文哉？无意乎相求，不期而相遭，而文生焉。是其为文也，非水之文也，非风之文也，二物者非能为文，而不能不为文也。物之相使而文出于其间也，故曰：此天下之至文也。今夫玉非不温然美矣，而不得以为文；刻镂组绣，非不文矣，而不可与论乎自然。故夫天下之无营而文生之者，惟水与风而已。

苏洵认为，天下最美的文章，是自然间微风拂过水面形成的波纹，风与水"无意乎相求，不期而相遭，而文生焉"。风水相遇，涣然成文，这一事件的起因与结果皆非刻意而为，乃是无意中发生，无意中形成，便天然地生成了最美的文章。乍看来，这与刘勰的"自然之道"有着异曲同工之妙，所不同的是，苏洵将这种"自然之美"进一步深化，"玉非不温然美矣，而不得以为文；刻镂组绣，非不文矣，而不可与论乎自然"。天地至美无疑是自然而无雕琢矫饰的，但是却并非一切自然之物都能成其为美妙的文章。"物之相使，而文出于其间也"，天下之至文，除去"自然"的特点之外，还应该是流动的，需要"风"与"水"两种必备因素的相互作用来触发。毕竟文章不是死物，而"灵感"与"才思"交会所产生

的律动才能够赋予文章以灵魂。

正是基于"有为而作"与"风水相遭"的理念，苏洵的散文语言古朴凝练，自然简切，文章见解精辟，博辩宏伟，欧阳修称他"下笔顷刻千言，其纵横上下，出入驰骋，必造于深微而后止"（欧阳修《故霸州文安县主簿苏君墓志铭》）。其行文风格或气势磅礴，或曲折多变，或质朴高古，"指事析理，引物托喻"，"烦能不乱，肆能不流"，"其雄壮俊伟，若决江河而下也；其辉光明白，若引星辰而上也"（曾巩《苏明允哀辞》）。这其中，气势恢宏与雄辩滔滔的特色皆为苏轼所继承。

苏轼自小深受父亲教导，苏洵的散文风格和文章理论对他的影响不可谓不大，尤其是文论观，在许多方面都能看到两人的一脉相承。比如，苏洵主张"有为而作"，为文尚用，苏轼则同样秉持"文章以华采为末，而以体用为本"（《答乔舍人启》），为文当"酌古以驭今，有意于济世之实用"（《答虔倅俞括一首》）；苏洵注重"独创"，而苏轼散文创作的一大显著特点即是别立标格，"成一家之言"（《与张嘉父七首》其七），且不独文章如此，诗、词、书、画等所有文学艺术创作无不勇于破旧立新，敢为天下先，及至开宗立派直若等闲；苏洵认为"无营而生者"方为"天下之至文"，也即"至文"出于无心，苏轼则又结合佛经禅理衍生出"以无所得故而得"的创作理念："口不能忘声，则语言难于属文；手不能忘笔，则字画难于刻雕。及其相忘之至也，则形容心术，酬酢万物之变，忽然而不自知也"（《虔州崇庆禅院新经藏记》）。人在张口说话时，须得忘记发声之窍，才能把话说好，提笔写字时，须得忘记握笔之法，才能把字写好，以此推之，写文章时，若能将一切规则、形式、

技巧、手法等全都忘掉，那么形容胸中情感、描写万物变化的语言文字就能在无心无意之中自然流泻于笔端。苏轼的散文风格多变，文学理论也较为纷繁，但贯彻到底的艺术追求却始终未变，那就是"自然"。在《南行前集叙》中，他初步总结了苏氏家学：

> 夫昔之为文者，非能为之为工，乃不能不为之为工也。山川之有云雾，草木之有华实，充满勃郁，而见于外，夫虽欲无有，其可得耶！自少闻家君之论文，以为古之圣人有所不能自已而作者。故轼与弟辙为文至多，而未尝敢有作文之意。己亥之岁，侍行适楚，舟中无事，博弈饮酒，非所以为闺门之欢，而山川之秀美，风俗之朴陋，贤人君子之遗迹，与凡耳目之所接者，杂然有触于中，而发于咏叹。盖家君之作与弟辙之文皆在，凡一百篇，谓之《南行集》。将以识一时之事，为他日之所寻绎，且以为得于谈笑之间，而非勉强所为之文也。

苏轼两兄弟自幼即听闻父亲的文论观，深信文章应是"有所不能自已而作"。当对某些事件或现象胸中有感，以致"充满勃郁"难以自已，而不得不将之表现出来，好的文章才能产生。也就是说，文章的核心必须是真实的思想与情感。因此，两兄弟从学写文章开始，便谨遵父亲教诲，不敢稍有矫作，勉强为文，更不敢无中生有，无病呻吟。所谓文章"非能为之为工，乃不能不为之为工"，其创作动因必定是"有触于中，而发于咏叹"，如此一来，文章便如水到渠成般自然生成。可以看到，从苏洵到苏轼，他们在文学创作上所秉持的"自然"艺术，并不只停留在文风与语言等外在形式，而更深地触及到了作品的创作过程。文学创作应该是有感而发，思维自心中萌发，到形成语言文字，整个过程都出于自然。事实上，刘

勰所说"心生而言立，言立而文明，自然之道也"（《文心雕龙·原道》）也是此理，蕴含饱满的情感，写得酣畅、读得痛快的文章才最是绝妙。

苏轼曾描述自己在创作时的这种自然状态："吾文如万斛泉源，不择地皆可出，在平地滔滔汩汩，虽一日千里无难。及其与山石曲折，随物赋形，而不可知也。所可知者，常行于所当行，常止于不可不止，如是而已矣。其他虽吾亦不能知也。"（《自评文》）他在文章创作时，不择地，不拘时，不忌语，不理会外在的形式与规则，一任思绪引领着笔墨自由前行。文章从发端，到形成，再到结束，整个过程全凭心中的情感驱使，自然随意，意尽乃止，在此之前，就连他自己也不知道接下来会发展到哪里。其实，在讲评苏轼诗词作品时，我们已经发现这是他文学创作时的常态，"某平生无快意事，惟作文章，意之所到，则笔力曲折，无不尽意。自谓世间乐事，无逾此者"（宋·何薳《春渚纪闻》）。就"自然之道"而言，这种状态可谓文学艺术创作的理想状态，正是苏洵所谓的"风水相遭"和"至文出于无心"，也是他所谓的"以无所得故而得"。因他能确实地做到将这种文学理想化为现实，所以在他笔下，"虽嬉笑怒骂之辞，皆可书而诵之"，也因此他的作品"其体浑涵光芒，雄视百代，有文章以来，盖亦鲜矣"（《宋史·苏轼传》）。晚年自海南儋州北归途中，苏轼在写给文友谢民师的书信中，将自己毕生追求并亲身践行的创作理念，总结出一套"行云流水"的美学思想：

> 所示书教及诗赋杂文，观之熟矣。大略如行云流水，初无定质，但常行于所当行，常止于所不可不止，文理自然，姿态横生。孔子曰："言之不文，行而不远。"又曰："辞达而已

矣。"夫言止于达意，即疑若不文，是大不然。求物之妙，如系风捕影，能使是物了然于心者，盖千万人而不一遇也。而况能使了然于口与手者乎？是之谓辞达。辞至于能达，则文不可胜用矣。

扬雄好为艰深之词，以文浅易之说，若正言之，则人人知之矣。此正所谓雕虫篆刻者，其《太玄》、《法言》皆是类也。而独悔于赋，何哉？终身雕虫，而独变其音节，便谓之经，可乎？屈原作《离骚经》，盖风雅之再变者，虽与日月争光可也。可以其似赋而谓之雕虫乎？使贾谊见孔子，升堂有余矣，而乃以赋鄙之，至与司马相如同科！雄之陋，如此比者甚众。可与知者道，难与俗人言也，因论文偶及之耳。欧阳文忠公言文章如精金美玉，市有定价，非人所能以口舌定贵贱也。纷纷多言，岂能有益于左右，愧悚不已。（《与谢民师推官书》）

在这封信中，苏轼通过对谢民师作品的评价，表达了自己的文学见解。他认为文章写作"大略如行云流水，初无定质，但常行于所当行，常止于所不可不止，文理自然，姿态横生"。天上的浮云与地上的流水，飘荡流动，行止皆属无意，但凭自然，当行则行，当止则止，且不拘一格，千姿百态，舒卷自如。为文写作正应如此，要能做到无拘无束，自然流畅而挥洒自如，这也是他向来所奉行的"自然"观。但是自然而不加矫饰，并不等同于粗鄙，这里，苏轼引用了孔子的话来说明。孔子曾说文章言辞没有文采，是不可能流传深远的，又说，言辞只要将意思表达清楚就可以了，"言止于达意"，这好像说不用讲究文采，其实不然。在面对一件事物时，要抓准其微妙的特质，就像捕风捉影一样艰难，想要做到这一点，就

得在心中把事物的全部形貌彻底地了解清楚。拥有这种能力的人，大约在千万人中也找不到一个，更何况还得将心中的认知和感受明确地诉之于口，言之于手呢？而只有表达清楚了，才可称之为"辞达"，言辞能够做到达意，那么文采就自然而然运用不尽了。

在苏轼之前，主张文章"贵乎自然"的人很多，关于"何为自然之文"的理论也很多，但究竟该如何做到"自然"，却很少有人提到，即便有，也多是抽象或总括的泛泛而谈。苏轼通过对"辞达"的一番论述明确指出，要写出自然而不失文采的文章，首先必须具备敏锐的观察力，在细致的观察中能够对事物有一个全面透彻的了解，抓住事物的本质特征；其次还得具备精准的表达力，能够将形之于心的事物或内在感受，准确地以言辞表达出来。这两种能力虽然很难同时具备，但却并不至于遥不可及，使人望而生畏，只要大方向对了，就算一时达不到尽善尽美，总不至于偏离正道。而一旦能够做到"辞达"，基本就算足够了，因为符合自然本质的事物，本来就是有文采的，不需要再画蛇添足地加以修饰。

正是基于这个缘故，苏轼对于扬雄的"好为艰深之词"是持否定态度的。在苏轼看来，扬雄惯以艰深的辞藻来文饰浅显易懂的道理，这恰恰就是他自己所批评的典型的"雕虫篆刻"之术（扬雄《法言·吾子》："或问：'吾子少而好赋？'曰：'然。童子雕虫篆刻。'俄而曰：'壮夫不为也。'"）。明明直接说出来，就人人都能明白，却非得故作高深，这几乎可算是昔之儒者为文的通病了。苏轼在另一篇文章《中庸论上》对此也提出了批评。

> 甚矣，道之难明也。论其著者，鄙滞而不通；论其微者，汗漫而不可考。其弊始于昔之儒者，求为圣人之道而无所得，

于是务为不可知之文，庶几乎后世之以我为深知之也。后之儒者，见其难知，而不知其空虚无有，以为将有所深造乎道者，而自耻其不能，则从而和之曰然。相欺以为高，相习以为深，而圣人之道，日以远矣。

儒者好为鄙涩艰深之文的风气，从根源上说，是古代儒者欲求圣人之道而不可得，为了掩饰自己的"无所得"，于是故作"不可知之文"，让人看不懂，似乎就能显得自己尤为高深。而继其之后的儒者，见这些著作艰涩难懂，不明白在艰涩的文字背后，其实内容极为空虚，反倒认为是高深之学，自愧不如之下，就一意迎合。"相欺以为高，相习以为深"，这种风气相袭蔓延之后，"多空文而少实用"（《与王庠书》）的文弊即随之产生，结果无疑是离圣人之道越来越远了。而儒者为文做不到"辞达"，偏要勉力为之，甚而一味地以高深为尚，导致枯涩艰僻的文字泛滥成灾，当然也离自然之道越来越远。

苏轼反对浮靡雕琢与求深务奇的文章，从根本上来说，其实是反对没有真情实感与实际内涵的人为"矫作"，这一点，在《与谢民师推官书》中就能看到。对于扬雄将"赋"一概斥为"雕虫"的论调，他是持否定态度的。他认为："凡人文字，当务使平和，至足之余，溢为怪奇，盖出于不得已也。"（《答黄鲁直五首》其二）就语言风格而言，丽辞与奇语并非不可为，平和的文字也好，怪奇的文字也好，都应该是"意"游走到"不得已处"的自然流露。他所追求的"行云流水"，其本质正是"意"的自然。因此，他的散文，在自然天成之外，随着"意"的不同，而呈现出自由多变的不同风格，真正达到了"文理自然，姿态横生"。明代学者茅维在

《宋苏文忠公全集叙》中对于苏文有一段极为精当的总评：

> 盖长公之文，犹夫云霞在天，江河在地，日遇之而日新，
> 家取之而家足，若无意而意合，若无法而法随，其亢不迫，其
> 隐无讳，澹而腴，浅而蓄，奇不诡于正，激不乖于和，虚者有
> 实功，泛者有专诣，殆无位而摅隆中之抱，无史而毕龙门之长，
> 至乃羁愁濒死之际，而居然乐香山之适，享黔娄之康，偕柴桑
> 之隐也者，岂文士能乎哉！噫，世能穷长公于用，而不能穷长
> 公于文，能不用长公，而不能不为长公用。当其纷然而友，粲
> 然而布，弥宇宙而亘今古，肖化工而完真气，无一不从文焉出
> 之，而读之澹乎若无文也，长公其有道者欤！

确然，苏轼的散文深宏广博，众体咸备，且又汪洋恣肆，变化
无端。后人常将他的散文与韩愈、柳宗元、欧阳修并称，而有"千
古文章四大家"的美誉。根据四人独具特色的散文风格，又有"韩
如潮，柳如泉，欧如澜，苏如海"之称，盖言韩文气势浩荡如潮，
柳文幽深纤美如泉，欧文委婉舒徐如澜，苏文博大精深如海。这
"海"之喻，倒是贴切，茅维所谓"世能穷长公于用，而不能穷长
公于文；能不用长公，而不能不为长公用"，也正是此理。

苏轼流传至今的散文，从内容看，国计民生、历史兴亡、生活
琐事、一己悲欢、闲情雅致、养生医药、异闻传说、文学杂评等无
所不包；从体裁看，政论、史评、赋、记、书、传、题跋、序、说、
杂记小品、碑、铭、赞、颂等应有尽有；从风格看，豪迈奔放、雄
健险峻、旷达悠远、简古苍劲、清新婉丽、平淡质朴等各尽其姿。
可庄可谐，可俗可雅，散文无拘无束的自由特点被他发挥得完全而
彻底，其浑浩流转、曲折变化之妙正如"行云流水"，舒卷自如，

姿态横生，而他的人品、气格、思想乃至人生经历，无不展露于随意挥洒、自然流泻的文字里。

说到底，苏轼毕生追求并实践的自然艺术，恰恰也是他天真率性、狂放不羁性情的外化表现，文章诗词，纯然是内心思想情感的自然流露，顺乎天性，毫无矫饰。明代学者娄坚曾说："东坡公之文，人知其不钩棘而奇，不绳削而合，华然浩然，为古今文人雄豪逸宕之宗。至其悠然以长，渊然以邃，可想见公之胸次坦洞夷旷，必非世俗之君子所可几者，他人未必能知之也。"（《题手书东坡文后》）"文如其人"这一定理，在苏轼身上体现得可谓淋漓尽致了。

二、八面受敌，议论纵横

在苏轼跌宕起伏的宦途生涯中，他曾一度官至翰林，并以翰林学士知制诰，负责为皇帝草拟诏书圣旨。相比于那些抒情、说理或记叙性的散文，圣旨这种应用文体，格式固定，行文规范，缺乏主观感情色彩，就文学艺术价值而言，的确稍嫌逊色。但圣旨是帝王权力的象征，代表着皇家风范，对于辞采的要求相当高，其体典雅庄严，行文简切洗练，且往往引经据史，富有例证譬喻。因此，草拟圣旨的知制诰必须具备深厚广博的学识才华，从这种意义上讲，没有比苏轼更适合的人了。

苏轼学识渊博，向以"胸中书卷繁富"为人所称道，学者有言："东坡先生之英才绝识，卓冠一世，平生斟酌经传，贯穿子史，下至小说杂记，佛经道书，古诗方言，莫不毕究。故虽天地之造化，古今之兴替，风俗之消长，与夫山川、草木、禽兽、鳞介、昆虫之属，亦皆洞其机而贯其妙，积而为胸中之文，不啻如长江大河，汪

洋闳肆，变化万状。"（王十朋《百家注东坡先生诗序》）正因胸中有万卷书作为资本，所以苏轼在作文、写诗、填词时，不论是使事用典，还是引古譬喻，皆如探囊取物般"左旋右抽，无不如志"（赵翼《瓯北诗话》）。更兼其才思横溢，悟性绝人，故能随性随意地挥洒自如，笔墨所及，触处生春。

林语堂的《苏东坡传》里有一则从宋人小说中摘出来的小故事，颇为有趣。说苏轼在任翰林学士期间，拟了约有八百道圣旨，无不铿锵有声，妥帖工巧，简练明确。对于他来说，写这类文字真是轻而易举，不仅辞采典赡高华，而且引据经书典故、古史譬喻信手拈来，纯熟自如。苏轼去世后，另一位叫洪迈的翰林学士，掌管诏书圣旨的草拟，他的学问在当时也算首屈一指的，因此他对自己的文才相当自负。有一次他问当年曾侍候过苏轼的宫内老仆："我比苏轼如何？"老仆回答说："两位的写作恐怕差不多，不过苏轼永远不用查书。"

苏轼的满腹经纶、博学多才差不多是公认的事实，但是有一点必须说明：所谓深厚的才学或是广博的知识，并不是才子们理所当然就能轻松获取的东西，天底下没有那样简单潇洒的事。"读书"从来修的就是苦功夫，即便是才华横溢如苏轼，其学问也并非天生得来，学富五车、胸中万卷皆是勤学苦读的结果。苏轼自幼苦学，自言曾多次抄写《汉书》、《史记》等史书经籍，借此巩固记忆，而且在父亲的严格要求下，从小便养成了勤于修学的好习惯。他一生遭遇坎坷无数，然而不管身处怎样的环境，在学业上也始终不曾懈怠。前文已有提及，即使是晚年谪居海南儋州，生活窘困，清苦无事，也不曾荒废学业，稍有松懈心中便惶惶不已，以至梦见儿时父

亲督学的情景，"怛然悸寤心不舒，起坐有如挂钩鱼"（《夜梦》）。在当时，他的才学几乎已无人可及，况且已年过花甲，却依然没有放松对自己的要求，这不得不令人肃然起敬，更不能不让人为之深思。事实上，根据记载，苏轼也并非从来不查书的。据说苏轼在写作的时候，遇到引用故实的时候，就算烂熟于心，而且没有时间亲自查证出处，也会让身旁的秦觌（秦观的弟弟）等人帮忙检视，表明了他精审的态度。由此可见，天才并不是只具有天生的智慧，这种超乎常人的严谨态度更是难能可贵。

南宋人陈鹄所著的史料笔记《耆旧续闻》中讲述了一件有关苏轼读书的事。苏轼被贬黄州期间，朱载上恰在黄冈担任学官，两人以诗相交，互引为知己。有一天，朱载上前去拜访苏轼，负责接待的人已经通报了来客名姓，却迟迟不见苏轼出来。朱载上走也不是，留也不是，等了很久苏轼才出来。他对

宋版《汉书》

客人的久候表示歉意，说自己正在做"日课"，所以没能及时出来迎接。两人坐定闲话已毕，朱载上问："刚才先生所谓'日课'指的是什么？"苏轼回答道："抄写《汉书》"。朱载上有些惊讶地问："以先生的天才，开卷一览可终身不忘，何用手抄？"苏轼回说："不然。我读《汉书》，至今已经抄过三遍，最开始是一段史事抄三

字为题，后来每段史事抄两字，如今则只抄一字。"朱载上听闻此言，便欲借抄书手稿一观，苏轼遂令人拿出一卷。朱载上将手稿翻开看，却不解其意。苏轼便说："足下试举题一字。"朱载上闻言挑出一字，苏轼即应声背出数百字，无一字差缺；随后改挑了几次，皆是如此。朱载上拜服不已，不住赞叹道："先生真谪仙才也！"后来，朱载上经常以这件事教育儿子："东坡尚且如此，资质一般的人怎可不勤奋读书？"

苏轼的才学与成就，不是凭空而来的，更与天资扯不上关系，实乃其终生勤学的结果。他一生都坚信读书学习"实无捷径必得之术"（《与王庠五首》其五），必须勤恳专心。"一目十行"、"过目不忘"的天赋固然惹人羡慕，但是"知识"这种东西，并非只要涉猎到，就算"学习"过程终止了。古人云："学至于行之而止矣。行之，明也。"（《荀子·儒效》）读书获知，是为了能够运用而准备的，不假思索仅仅为"知"而学，并不算真正的掌握。孔子不也有"学而不思则罔"的教诲？只有在思考中学习，才能获得切实有用的真知，而苏轼之所以能够信手拈来地随意取用胸中书卷，其差别也正在这里。

不付出，就不会有收获，对于学子来说，勤奋苦读是必不可少的功夫，但一味苦读显然也是不适当的。苏轼晚年谪居海南儋州之时，其侄婿王庠写信向他请教治学之道。苏轼在回信中讲解了自己独特的读书方法，即"八面受敌"读书法：

> 但卑意欲少年为学者，每一书，皆作数过尽之。书富如入海，百货皆有之，人之精力，不能兼收尽取，但得其所欲求者耳。故愿学者，每次作一意求之。如欲求古人兴亡治乱圣贤作

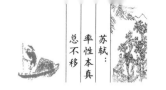

用，但作此意求之，勿生余念。又别作一次求迹故实典章文物之类，亦如之。他皆仿此。此虽迂钝，而他日学成，八面受敌，与涉猎者不可同日而语也。甚非速化之术，可笑！可笑！

（《与王庠五首》其五）

苏轼的这种读书法源自兵书，《孙子兵法·虚实篇》中讲述了一个重要的用兵原则，即"我专而敌分"。当敌军分兵攻击之时，我军不能分兵出击，正确的做法应该是集中兵力攻敌之一，以众击寡，各个击破。苏轼将此兵法运用到读书中，即是说读书如用兵，"我专为一，敌分为十，是以十攻其一也"。一本好书的内容是非常丰富的，尤其是经史古籍，涵盖着方方面面的知识，而人的精力有限，不可能一次性全部突破吸收，一遍读过，往往只能获得想获得的知识，既然这样，则不如将一本书分成不同的专题多读几遍，"每次作一意求之"，一次只专攻一面。比如，他曾向别人传授自己读《汉书》的经验，正是像这样读了很多遍才读尽，"治道、人物、地理、官制、兵法、财货之类"，每读一遍就只专注并掌握一个方面，数遍之后，书中无论巨细"事事精窍"，全部了然于胸。（事载李慈铭《越缦堂读书记》之《升庵集》条下）

苏轼强调说自己这种方法"甚非速化之术"，一遍一遍反复去读，看起来似乎"迂钝"，然而却远非盲目读书可比，正如他曾说过的"旧书不厌百回读，熟读深思子自知"（《送安惇秀才失解西归》）。日积月累，学成之后，则各方面都能应付自如，这当然与随意涉猎者不可同日而语。如今看来，苏轼的才华横溢、博古通今无疑是他勤学善学的最好证明。

乐学的下一步，是致用。"知之而不行，虽敦必困。"（《荀

子·儒效》）儒家讲究有为，储备知识都是为着有朝一日能够"经世致用"。苏轼自幼便"奋厉有当世志"（苏辙《东坡先生墓志铭》），父亲苏洵教育他写文章，也是本着"为文尚用，有为而作"的理念，所以苏轼的散文作品，尤其是早期的议论性散文中，政论与史论占了很大的比重。政论如《省试刑赏忠厚之至论》《策问》《策别》《策略》《策断》《礼以养人为本论》《上皇帝书》等。在这些篇章中，他满怀儒家的政治理想，系统阐述了自己的政治主张，其文雄辩滔滔，笔势纵横，引据经史，论证周密，其中"仁政"思想颇具孟轲之风，而字里行间又有着贾谊、陆贽的气势和神韵。史论如《范增论》《晁错论》《贾谊论》《留侯论》《正统论》等。苏轼的这类文章，见解不落窠臼，新颖独到，往往于众人熟知的史事上翻新出奇，从意想不到的角度切入，进而得出意想不到的结论，故而每每读之总会给人以期待和惊喜。其行文自然流畅而又富百般变化，酣畅淋漓的议论具有极强的感染力，其中精妙的哲理性警句更是俯拾皆是，理据分明，教人不得不服。试以《贾谊论》为例稍作说明。

　　非才之难，所以自用者实难。惜乎贾生王者之佐，而不能自用其才也。夫君子之所取者远，则必有所待，所就者大，则必有所忍。古之贤人，皆有可致之才，而卒不能行其万一者，未必皆其时君之罪，或者其自取也。

　　愚观贾生之论，如其所言，虽三代何以远过。得君如汉文，犹且以不用死。然则是天下无尧舜，终不可以有所为耶？仲尼圣人，历试于天下，苟非大无道之国，皆欲勉强扶持，庶几一日得其行道。将之荆，先之以子夏，申之以冉有。君子之欲得

其君，如此其勤也。孟子去齐，三宿而后出昼，犹曰"王其庶几召我"。君子之不忍弃其君，如此其厚也。公孙丑问曰："夫子何为不豫？"孟子曰："方今天下，舍我其谁哉，而吾何为不豫？"君子之爱其身，如此其至也。夫如此而不用，然后知天下之果不足与有为，而可以无憾矣。若贾生者，非汉文之不用生，生之不能用汉文也。

夫绛侯亲握天子玺，而授之文帝，灌婴连兵数十万，以决刘、吕之雄雌。又皆高帝之旧将。此其君臣相得之分，岂特父子骨肉手足哉。贾生洛阳之少年，欲使其一朝之间，尽弃其旧而谋其新，亦已难矣。为贾生者，上得其君，下得其大臣，如绛、灌之属，优游浸渍而深交之，使天子不疑，大臣不忌，然后举天下而唯吾之所欲为，不过十年，可以得志。安有立谈之间，而遽为人痛哭哉？观其过湘，为赋以吊屈原，纡郁愤闷，趯然有远举之志。其后卒以自伤哭泣，至于夭绝。是亦不善处穷者也。夫谋之一不见用，安知终不复用也。不知默默以待其变，而自残至此。呜呼，贾生志大而量小，才有余而识不足也。

古之人有高世之才，必有遗俗之累，是故非聪明睿哲不惑之主，则不能全其用。古今称苻坚得王猛于草茅之中，一朝尽斥去其旧臣，而与之谋。彼其匹夫略有天下之半，其以此哉。

愚深悲贾生之志，故备论之。亦使人君得如贾谊之臣，则知其有狷介之操，一不见用，则忧伤病沮，不能复振；而为贾生者，亦慎其所发哉。

贾谊是西汉文帝时代的政治家和文学家，少年时即身负才名，因此年纪轻轻就被破格提拔为太中大夫，但没多久即遭群臣忌恨，

贾 谊

横遭贬谪，先为长沙王太傅，后为梁怀王太傅。梁怀王入朝，不幸坠马而亡，贾谊认为自己没有尽到太傅的责任而深深自责，一年后便忧郁而死。贾谊学识渊博，然而却终生被埋没，所以历来为人所惜，而且同情他之余，对未能重用贾谊的汉文帝多有指责。如李商隐就有一首著名的诗作《贾生》：

　宣室求贤访逐臣，贾生才调更无伦。

　可怜夜半虚前席，不问苍生问鬼神。

这首诗说的是汉文帝前元七年（公元前173年）的事。当时贾谊为长沙王太傅，文帝将他召回长安，在未央宫祭神的宣室接见了他。贾谊才华举世无伦，文帝对鬼神之事存有疑问，便向他请教，而贾谊的见解让文帝听得非常入神，甚至不觉中向前挪动座位，直谈到半夜才罢。"可怜夜半虚前席，不问苍生问鬼神"，贾谊满腹经纶，文帝不问国家社稷的治理之计，反而讨教鬼神之事，这多少让人感到悲哀。李商隐对贾生的惋惜，以及对文帝的讥讽在短短四句诗中展露无遗，而这首诗也常常被人用来讽刺君主不重视人才，不善于任用人才。

苏轼对于贾谊的悲剧，却有不一样的看法。文章首句"非才之难，所以自用者实难"，就将古往今来的定论推翻。自古以来，"人才难得"几乎可算世间公理，孔子也曾感叹："才难，不其然乎？"（《论语·泰伯》）人们为贾谊惋惜也是基于"才难"的认知，而苏轼却认为一个人拥有才能并不难得，如何将自身才能更好地加以运

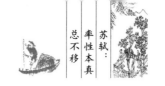

用才真的难得。他也惋惜贾谊的王佐之才，却并不认为贾谊的才华被埋没是文帝的错，他所可惜的是贾谊"不能自用其才"。"夫君子之所取者远，则必有所待，所就者大，则必有所忍。"要施展抱负，成就事业，这一"待"一"忍"，很多时候都是必须经历的过程。历史上有多少怀才不遇，自叹生不逢时、英雄无用武之地的人，他们的才华不能完全施展，未必都是君主的过错，或许也是自己造成的。

汉文帝是历史上少有的贤德明君，以贾生之才，又得遇明君，尚且未尽其才就郁郁而终，难道说，非得遇上尧、舜那样的圣君，才能有所作为吗？人们在怨天尤人之前，是否应该首先从自身寻找原因？试看"天下无道"的春秋战国时期，圣贤们为了能够"得用"是如何做的。孔夫子，是一位圣人，他周游列国推行自己的主张，只要不是极端无道的国家，都会勉力扶持，希望有一天能够实践他的政治主张。比如将去楚国之前，他先遣子夏去接洽，又派冉有去联络，君子想得到国君的重用，就是这样的用心良苦。再看亚圣孟子，他离开齐国时，在昼地住了三天才走，尚且念着"齐王或许还会召见我"，君子不忍心离开他的国君，感情就是这样深厚。他们就算处处碰壁，也从不轻贱自己，当公孙丑问孟子为何不高兴时，孟子的回答是："如今天下，只有我才能治理好，我为什么要忧郁呢？"忧能伤身，而"方今天下，舍我其谁"，君子珍惜自己的才华，就是能达到这样无微不至的地步。

如果能做到像孔、孟一样，还不能施展才华，就能确定天下真的没有可以共图大业的君主，没有可以一展抱负的地方，既然人事已尽，那么就可以了无遗憾。反观贾谊，他有经世之才，可是他为

自己的"才华"做了些什么？可曾为自己努力去争取过用武之地？又可曾珍惜自身？事实却是，他既没能完全发挥自己的才华，更没有珍视自己的才华，反倒忧郁至死。如贾谊这样的人才，并不是汉文帝这样的君主不重用他们，而是他们自己不能利用君主来施展自己的抱负。得出这个结论后，苏轼开始详细分析贾谊自身存在的问题，以及他"不能自用其才"的主要原因。

且看贾谊身处的政治环境，当朝的绛侯周勃曾亲持皇帝印玺，将之献给文帝，帮助文帝登上皇位；灌婴曾聚集数十万兵力，平定诸吕之乱，决定了刘、吕两家的胜败命运。他们都为刘汉天下以及文帝的即位立下过汗马功劳，而且又都是汉高祖的旧将，这种君臣相得的深厚情分，就算是父子骨肉、兄弟手足那样的亲情，恐怕也是比不上的。贾谊不过是一个洛阳少年，想要使文帝在朝夕之间将昔日旧部、往日旧政全部舍弃，而启用新人谋求新政，这实在有点强人所难，于情于理，都不太可能。所以说，作为贾生这类有治国才能的新人，首先应该想办法上得皇帝信任，下得大臣支持，而对于周勃、灌婴这样的元老大臣，就要从容不迫地慢慢结为深交，使得天子不疑，大臣不忌。这个时候，再推行自己的政治主张就容易多了，也就可以让整个国家完全按照自己的想法去治理，不出十年，就能够实现自己的理想。怎可因一时不得志，顷刻间就突然对人痛哭流涕呢？贾谊路过湘水时，作赋凭吊屈原，文字间忧愁苦闷，郁结愤懑，大有远走高飞、退隐田园之意。此后，又动辄为自己的境遇感伤哭泣，以至于年纪尚轻便忧郁而死，可见他真是不善于应付逆境。人活于世，哪可能永远顺风顺水？自己的谋略一时没能被采用，抱负一时没能实现，怎能就此断言终生不会实现？怎能就这样放弃自己的理想，甚至放弃自己？

苏轼自幼喜读贾谊之书，对于贾谊的才华学识是极为欣赏的，或许正因如此，哀其不幸、怒其不争的情感就强烈了许多。他认为贾谊最大的问题就是"不善处穷"，受到挫折后，便一味沉溺于悲观伤感之中，不但不懂得静待时机转变，反倒自我摧残到如此地步，实在太缺乏大丈夫能屈能伸的气概。"呜呼，贾生志大而量

《贾子》书影

小，才有余而识不足。"最后这句感叹，有批评，有惋惜，更多的则是悲哀。贾谊空有远大志向，满腹才华，奈何气量太过狭小，见识也过于短浅，这样的性格直接导致了他自身悲剧的发生，实在怨不得别人。

话虽如此，但分析总结历史人物与事件，其最终目的并不是为了批评或感叹，而是为了能从中获得可资借鉴的道理与教训。贾谊式的不幸，若能避免，终究还是尽量避免为好。基于此理，苏轼对另一方的"君主"提出了一些中肯的建议。

自古以来，"有高世之才，必有遗俗之累"。都说天妒英才，其实高才绝世更易惹人妒，拥有出众才能的人，必然会因为脱离世俗而招来各种麻烦牵绊，所以，他们遭遇的磨难往往比常人要多出几倍。欲成大事者几乎都会经受此等坎坷，赵武灵王在推行胡服骑射时，也数次感叹"夫有高世之名，必有遗俗之累"（《史记·赵世

家》），此理古今皆然。因此，"高世之才"若不是遇到英明睿智、不受蒙蔽的君主，就不能充分施用他们的才能，而先前所说，君主重用有才华的新人，"一朝之间，尽弃其旧而谋其新"，这样"亦已难矣"的事情有没有可能发生呢？其实是有的，只不过发生在贾谊身后五百余年的东晋十六国时期。古今之人都称颂前秦君主苻坚，能于草莽之中起用王猛，一朝之间尽去旧臣，独与王猛商讨军国大事，而苻坚那样一个平庸之辈，在东晋列国各方割据势力纷起之时，竟能一方独大，最终占据大半个天下，其原因就在这里吧。后世君主对此当能有所了悟。

虽说贾谊的高世之才和远大志向未能得到施展，他自身难辞其咎，但不论原因如何，这结局都实在太过可惜。正因对此感到悲哀无奈，苏轼才对贾谊的不幸做了详尽的评议。其目的，也是想使君主明白，如果遇到了像贾谊这样的臣子，应该了解这类人有着孤高不群的性情，他们一旦不被重用，就会自怜伤感，忧郁哀叹，难以振作；而像贾谊这样的人，也该谨慎节制地发泄自己的悲伤情感才是。

这篇文章从独辟蹊径的立论，到深入细致的剖析，间以令人信服的例证、精辟生动的说理，层层递进地展开议论后，得出结论并首尾呼应，一气呵成中又有波澜横生之感，且文笔清晰晓畅，读来丝毫不觉枯燥乏味。而将议论性散文写得如此趣味别致，当可略见苏轼的文采与功力。若从议论本身来看，苏轼为贾谊所设想的"得志"计策，虽然听来未免有点理想化，毕竟现实存在着各种问题，也并不是所有人都能做到孔孟圣人那样的地步，但是，成与不成，不尝试是永远不会知道的，而只有尽过人事，才有资格心安理得地

听任天命。如此而言，苏轼对于贾谊悲剧原因的分析就显得极为准确。说到底，贾谊性格的缺陷确实是不争的事实。况且，苏轼在此文中所阐述的人生观，也绝非空口白话。我们知道，他是真的以历尽波折的一生，亲身示范了一个人在面对逆境时究竟应该如何自处。

论人生际遇的坎坷磨难，苏轼比之贾谊，有过之而无不及，然而他们对待人生的态度，却截然不同。苏轼自幼接受儒家教育，"奋厉有当世志"，一开始便牢固树立了"以天下为己任"的人生信念与理想追求，而儒家思想也成为他立身行事的准则。因此，整个从政生涯，他都本着真诚直谏的心态，为国家与百姓考虑，提出一系列政治主张与建议。神宗熙宁年间，虑及新法可能带来的严重后果，就算明知势难挽回，他依然执着地一次次上书晓以利害，犯颜劝谏皇帝回心转意。"君子之欲得其君，如此其勤也"，他做到了。

因为变法与朋党之争，他被陷害过，也被贬谪流放过，政治上的失意他体会得再深刻不过。"眼看时事力难胜，贪恋君恩退未能"（《初到杭州寄子由二绝》），他也多次在"为官"与"退隐"间挣扎，很多次他本可以抛弃一切归隐田园，却终究是爱君之心占了上风，自幼接受的"为国为民"的儒家思想，不允许他在没实现抱负时临阵脱逃。或许皇上会听从他的政治主张，就是这个未知的可能，支撑着他在多次贬谪流放后，仍然坚韧不屈地挺立着。"君子之不忍弃其君，如此其厚也"，他也做到了。

他一生宦途跌宕起伏，官场上遇挫无数，更因此历尽艰辛磨难，甚至于九死一生。政治上不得志时，他也烦闷过，不平过，然而，当真正的逆境到来时，却终是坦然自得，安之若素。正如他所说的那样："夫君子之所取者远，则必有所待，所就者大，则必有

所忍。"因此不管遭遇怎样的颠沛流离，他都始终乐观超然，无惧无畏地直面坎坷的命运，绝不会让悲伤凄苦主宰自己的情绪。"君子之爱其身，如此其至也"，他同样做到了。

史书在记载完苏轼的一生后，曾给出这样的评论："器识之闳伟，议论之卓荦，文章之雄俊，政事之精明，四者皆能以特立之志为之主，而以迈往之气辅之。故意之所向，言足以达其有猷，行足以遂其有为，至于祸患之来，节义足以固其有守，皆志与气所为也。"（《宋史·苏轼传》）他那闳伟的器识，卓荦的议论，雄俊的文章，精明的政事，全部都是以终身不移的"特立之志"为主导，并贯之以"迈往之气"，所以当祸患来临，他能始终如一不改操守。而这份"志"与"气"恰恰正是贾谊所缺乏的。所谓"不善处穷"，所谓"志大而量小，才有余而识不足"，这个缺陷，苏轼当然也避免了。

这不禁让人感叹，苏轼实在是一位智者。对于人生、历史、政治或者世情，甚至于文学、艺术，他以敏锐的感受力与高远的见识，看得分明，理得分明。他无疑也是一位勇者，秉着一早立下的志向，怀着不屈的傲气，披荆斩棘，行得分明。很难说，苏轼究竟有没有实现自己最初的政治理想，然而，就算他在政治上不尽如意，这一生，他努力过，尽力过，大可坦坦荡荡地说："可以无憾矣。"

三、文与道俱，意尽言止

北宋张邦基所著的《墨庄漫录》中有这么一则逸事，说的是苏轼任翰林学士期间，弟弟苏辙执掌吏部。有一故人，找苏辙拉关系，想谋求一份差事，但很久都没能得到回应。一天，这个人来拜访苏

轼，请求他帮忙向弟弟说个情。苏轼没说行，也没说不行，他很幽默地给来人讲了一个小故事。

说从前有一个人，特别贫穷，无以为生，就想着去盗墓，但是却很倒霉，掘了很多墓都一无所获。最后好歹挖到一座帝王坟，谁知墓中亡者对他说："朕是汉文帝，墓中所随葬的都是纸衣、陶器，其他什么也没有，我拿什么来救济你呢？"（据《史记》记载，汉文帝驾崩时，遗诏中言明葬礼一切从简，不可厚葬。）盗墓者只好离开，又看到两座相连的墓，他就挖了左边那座。墓中亡者说："我是伯夷（商末孤竹国王子），本来就是因为不愿吃周朝的粟米而饿死的，实在没法帮你。"盗墓者叹息道："费了这么多功夫还是一无所获，不如把旁边的那座墓也挖了，说不定能有点收获。"于是又准备挖掘，亡者（伯夷）说："劝你还是到其他地方试试看吧，这墓里面埋葬的是舍弟叔齐（孤竹国王子，与伯夷一样因不食周粟而饿死），为兄的既如此贫苦，舍弟也差不多，哪有能力接济他人呢？"

来人听罢，悟出苏轼的弦外之音，于是大笑而去。

苏轼的睿智和幽默，在平常小事中体现得淋漓尽致。就拿这个故事而言，什么样的拒绝方式，能够既不伤人自尊，也不会造成主宾不欢而散的尴尬局面呢？苏轼的高明之处，就是随口编造一些轻松有趣的小故事，将自己想说的话、想表达的意思隐藏其中，让人在开怀大笑的同时，愉快地接受"不可"的答复和理由——"你还是到其他地方试试看吧，舍弟实在无力帮你。"

这种方式也是苏轼为文时常用的手法，体现得最明显的是他说理、议论性的文章。这类文章写起来不仅容易变得枯燥乏味，而且

文中阐述的哲理也往往抽象难解，但是若将想阐明的道理，以寓言或故事的形式讲述出来，就变得生动浅易多了。这个方法说起来简单，但真正做起来却并不容易，敏锐的观察力、丰富的想象力、精准的表达力缺一不可。相比于"深入"而言，"浅出"无疑要难上许多，而能够纯熟自如地表达心中的思想与哲理，正是苏轼不同凡响的地方。比如，他议论"求道"的《日喻》就是这样：

生而眇者不识日，问之有目者。或告之曰："日之状如铜盘。"扣盘而得其声。他日闻钟，以为日也。或告之曰："日之光如烛。"扪烛而得其形。他日揣籥，以为日也。日之与钟、籥亦远矣，而眇者不知其异，以其未尝见而求之人也。道之难见也甚于日，而人之未达也，无以异于眇。达者告之，虽有巧譬善导，亦无以过于盘与烛也。自盘而之钟，自烛而之籥，转而相之，岂有既乎！故世之言道者，或即其所见而名之，或莫之见而意之，皆求道之过也。

然则道卒不可求欤？苏子曰："道可致而不可求。"何谓致？孙武曰："善战者致人，不致于人。"子夏曰："百工居肆以成其事，君子学以致其道。"莫之求而自至，斯以为致也欤？南方多没人，日与水居也，七岁而能涉，十岁而能浮，十五而能浮没矣。夫没者，岂苟然哉，必将有得于水之道者。日与水居，则十五而得其道。生不识水，则虽壮，见舟而畏之。故北方之勇者，问于没人，而求其所以没，以其言试之河，未有不溺者也。故凡不学而务求道，皆北方之学没者也。

昔者以声律取士，士杂学而不志于道。今者以经术取士，士求道而不务学。渤海吴君彦律，有志于学者也，方求举于礼

部，作《日喻》以告之。

在这篇文章中，苏轼先讲了一则简单的小故事。一个天生失明的人不认识太阳，就向看得见的人请教太阳是什么样子的。有的人告诉他："太阳的样子像铜盘。"盲人敲了敲铜盘，记住了它发出的声音，后来有一天他听到钟声，就把发出声音的钟当作太阳。又有人告诉他："太阳的光像蜡烛。"盲人摸了摸蜡烛，记住了它的形状，后来有一天他摸到了与蜡烛形状相似的乐器籥，就以为那是太阳。接下来，苏轼顺着故事展开议论，太阳与钟、籥相去甚远，但是盲人却不知道它们之间的差异，因为他不曾亲眼看见过太阳，而是通过他人获取关于太阳的知识。抽象的"道"比起太阳，更难被人所认知，而人们不识"道"和盲人不认识太阳没什么不同。通晓的人告诉他"道"是什么，即使有巧妙的比喻、很好的启发诱导，也没法比"铜盘"和"蜡烛"的比喻与教导更好。然而，从"铜盘"的传授到"钟"的认知，从"蜡烛"的传授到"籥"的认知，像这样辗转连续地推导，还会有终结吗？所以说，世上谈论"道"的人，有的是以自己的理解和认识来阐明它，即如故事中见过太阳的"有目者"，有的则并未领悟而单凭主观去揣测它，就如故事里未见过太阳的"眇者"，这些都是求"道"的弊病。那么，人们不禁要问：难道说"道"最终是不可能求得的吗？

苏轼在这里提出了自己的观点："道可致而不可求。"也就是说，"道"能够通过自己的学习实践而慢慢领悟，却不能不学而强求它。何以见得？他举了一个例子：南方有很多擅长潜水的人，他们每天都生活在水边，所以七岁能涉水，十岁能游泳，十五岁就能潜水。会潜水的人，哪里是随随便便就会的呢？必定是对水之

"道"，也即水的活动规律有所领悟才能做到。天天生活在水边，那么十五岁就能掌握水之"道"；生来不识水性的人，即使成年了，见到船也会害怕。因此北方的勇士，向南方善于潜水的人请教潜水的技术，依照他们所说而到河里去尝试，没有不溺水的。所以说，但凡不脚踏实地学习而一力强求"道"的人，跟北方想学潜水的人没什么两样。

苏轼论"道"，就是这样平易浅近，他用"盲人识日"的故事，很巧妙地点出，识道不可假手于人，任何片面、主观地去认识道、谈论道的方法都是错误的；接着又用"北人学没"的譬喻，形象地阐述"道可致而不可求"，求道不可一蹴而就，必须得通过亲身实践去慢慢领悟。此外，在这篇文章中，苏轼也表露了另一个重要观点，即他对于"道"的定义。

说到"道"，就不能不提历代文人奉行的文道观。关于"道"的含义及"文""道"的相互关系，先秦以来即是学者不断探讨的问题，唐宋古文运动期间其讨论尤为激烈。总的来说，在苏轼之前，重道轻文的倾向一直是占主流的，且"道"的内涵也较为单一。自孔子而始，"道"就与政治思想密不可分，而儒家之"道"一向被置于重要地位，相对来说，"文"几乎成为"道"的附庸，这种固有观念等同于抹杀了文学的个性与生命。唐代古文运动时，韩愈曾提倡"文以明道"，他所谓的"道"，主要是孔孟之道，也即正统的儒家之道，认为文学是为承载或阐明儒家思想而存在的；到了宋代，欧阳修主张"文道并重"，但他所谓的"道"，指的是符合社会现实的"百事"，同样不脱离儒家思想的范畴。

苏轼的文道观则有别于前人，他在继承欧阳修"我所谓文，必

与道俱"（《祭欧阳文忠公夫人文》）的基础上，更加偏重于"文"，认为文章具有独立的艺术价值，而并不只是载道的工具。另外，由于苏轼本人融合了儒、释、道三家思想，他所以为的"道"，就远远突破了前人思想的局限。在《日喻》中即可看到，他谈论的"道"，既非儒家道统之道，也非孔孟圣人之道，更非理学家玄谈之道，而是明确地表现为宇宙万物的客观规律。文中关于"道"的理论，既然适用于一切事物，当然也涵盖了文学艺术的本质特征和内在规律。所谓"道可致而不可求"，那么欲求"文"之"道"，就必须得亲身接触客观事物，在对事物的认识中把握其本质与规律，心中有感于物，其后发而为文，这种对于客观事物真实感受的自然流露，即为有道之文。

正因为苏轼的"道"并不局限于儒家正统思想，所以他的文学创作得以摆脱道统束缚，有了更加独立而广阔的发展空间，能够更多地表现自身情感、人生体验和哲理思考等，而不仅仅只是为"治国平天下"的政治理想服务。因此，他的散文，除去政论、史论之外，抒情、写景、叙事的文章占了极大比重，其中，书、记、序、传等较常见的古文体裁，皆展示出极强的文学性和表现力。苏轼的这类散文，将叙事、抒情、说理等功能完美地交融为一体，"文"与"道"相得益彰，文章的艺术性与思想性达到了高度统一。如《上梅直讲书》《黄州上文潞公书》《答李端叔书》《醉白堂记》《喜雨亭记》《超然台记》《墨妙亭记》《放鹤亭记》《众妙堂记》《石钟山记》《黄州安国寺记》《范文正公文集叙》《六一居士集叙》《方山子传》《叶嘉传》等名篇，都体现了苏轼独特的艺术风格。他的"书"、"序"大都质朴晓畅、情辞恳切；"记"往往蕴含着耐人寻

味的哲理，文理奇妙，发人深思；"传"则亦庄亦谐，或奇思妙想，或生动传神，极具文学趣味。从中可以看到苏轼灵活多变的散文风格及"以意为要"的艺术特色。试举两例予以说明：

凌虚台记

国于南山之下，宜若起居饮食与山接也。四方之山，莫高于终南。而都邑之丽山者，莫近于扶风。以至近求最高，其势必得。而太守之居，未尝知有山焉。虽非事之所以损益，而物理有不当然者，此凌虚之所为筑也。

方其未筑也，太守陈公杖屦逍遥于其下，见山之出于林木之上者，累累如人之旅行于墙外而见其髻也。曰："是必有异。"使工凿其前为方池，以其土筑台，高出于屋之危而止。然后人之至于其上者，怳然不知台之高，而以为山之踊跃奋迅而出也。公曰："是宜名凌虚。"以告其从事苏轼，而求文以为记。

轼复于公曰："物之废兴成毁，不可得而知也。昔者荒草野田，霜露之所蒙翳，狐虺之所窜伏，方是时，岂知有凌虚台耶？废兴成毁相寻于无穷，则台之复为荒草野田，皆不可知也。尝试与公登台而望，其东则秦穆之祈年、橐泉也，其南则汉武之长杨、五柞，而其北则隋之仁寿、唐之九成也。计其一时之盛，宏杰诡丽，坚固而不可动者，岂特百倍于台而已哉！然而数世之后，欲求其仿佛，而破瓦颓垣无复存者，既已化为禾黍荆棘丘墟陇亩矣，而况于此台欤？夫台犹不足恃以长久，而况于人事之得丧，忽往而忽来者欤？而或者欲以夸世而自足，则过矣。盖世有足恃者，而不在乎台之存亡也。"既已言于公，退而为之记。

苏轼任凤翔府判官期间，太守陈希亮为观山而在后园建筑了一座土台，名为"凌虚台"，土台落成之日，请苏轼写了一篇题记，即《凌虚台记》。这篇文章背后还有一段趣事。

凌虚台

苏轼在凤翔任判官的第一年，辅佐的太守是宋选，苏轼与宋太守相处得十分融洽。后来宋太守任职期满，调来了一位新太守，即陈希亮（字公弼）。陈太守是眉州青神人，与苏轼是同乡，武人出身，为人刚直，性情严厉刻板，说话待人往往不假辞色，指责他人过失，又丝毫不留情面，僚属对他大多心存畏惧。士大夫宴游时，陈太守一到场，必然是满座肃然，欢笑气氛全无。苏轼当时正当年轻气盛，兼且性情率直豪迈，不会曲意奉承，遇事又总是固执己见，据理力争不肯退让。能够想象，一位是刚直的武人前辈，一位是倔强的文人后生，两个刚硬不妥协的人碰到一处，唇枪舌剑的争执场面自然是少不了的。

陈太守有意要挫挫这位年轻才子锋芒毕露的锐气。苏轼拟妥的公文，他总要删改不休，让苏轼极为不快。苏轼拜访他时，又总是任其等候，久久不出来接见，如此一来，更让苏轼心生不悦，两人之间的成见越来越深。苏轼心中不满，有一次中元节假，他没有到

知府厅堂去出席例行仪典。陈太守揪住此事上奏朝廷，结果他被朝廷罚铜八斤。苏轼对此倒是不以为意，依然是我行我素。不久，报复的机会就来了，那便是凌虚台的筑建。心满意足的陈太守吩咐苏轼写一篇记，准备刻在台旁的石碑上，作为兴建此台的纪念。苏轼乘着这个机会非常调皮地浇了他一盆冷水，且看他在文章里是怎么说的。

这篇文章首先记叙了凌虚台的筑建原因、修建始末及命名过程，之后便由修台之事，引发了长篇议论："物之废兴成毁，不可得而知也。"事物的兴衰成毁，是不可预料的。过去，这里是荒草蔓延的野地，寒霜白露交相覆盖，狡狐毒蛇杂然窜伏。那个时候，哪知道有一天会有凌虚台在此修筑呢？既然"废兴成毁"是自然界的规律，事物兴衰交替是不可穷尽的，那么，这个高台终有一天重新变回荒草蔓延的野地，也是难以预知的。如今兴盛的凌虚台必定逃不了衰败的最终命运，光是指明这一点还不够，苏轼又举出眼前的例子来加深此判断。他说我曾经与陈公登台而望，看到凌虚台的东边是秦穆公的祈年宫和橐泉宫遗址，南边是汉武帝的长杨宫和五柞宫遗址，北边是隋文帝的仁寿宫和唐太宗的九成宫遗址。遥想它们当年的盛况，宏伟高大、奇丽华美，其坚固而不可动摇的气势，超出这个高台何止百倍！然而几百年过去，如今再想寻找它们曾经的模样，却连一片破瓦、一截断墙都不复存在，早已变成种满禾麦的农田和荆棘丛生的荒丘。历史上那么多辉煌壮丽的建筑，全都无一幸免地化作尘土，何况区区一座凌虚台呢？说到这里，苏轼总结道："夫台犹不足恃以长久，而况于人事之得丧，忽往而忽来者欤？而或者欲以夸世而自足，则过矣。盖世有足恃者，而不在乎台之存

亡也。"一座高台尚且不能长久依靠，何况本就来去匆匆的人事得失呢？如果有人想要以高台或是一时所得夸耀于世而自我满足，那就大错特错了，这世上大概确实有可以永久依靠的东西，但肯定与高台的存亡没有任何关系。

苏轼写的这篇记，文风庄重典雅，不仅文采斐然，而且妙理无穷，哲思深邃，实在是一篇文道相得的佳作。然而建台作记，本是一件值得庆祝的喜事，苏轼却以无比沉重的心情思索着将来的衰败之象，用大量篇幅感慨着古往今来的兴废成毁，其情苍凉悲叹，哪里见到半分喜色？站在陈太守的角度看，无疑是大煞风景。不过，话又说回来，苏轼在作这篇文章时，也许或多或少有着借文讽喻的小心思，但细加品读此文，却并非如此简单。他所抒发的对于世间万物变化无常的感慨，乃至由物及人的深刻思考，是世间之至理，其深长的意味值得人仔细体会琢磨，而文章结尾并未点出什么才是永久可靠的东西，意尽之后，即戛然而止，更加耐人寻味。

或许正因如此，当时陈太守看过此文后并不生气，一字未改，让人照原样刻在台旁石碑上，可见其心胸着实宽阔。苏轼也意识到这一点，之后两人的关系开始有所缓和。陈太守去世十几年后，苏轼为他写了一篇传记，即《陈公弼传》，在此文中他自称"平生不为行状墓碑"，但他敬仰陈公为人，担心他的事迹湮没于世，所以将其生平记录下来，并自悔当年辅佐陈公之时，"年少气盛，愚不更事，屡与公争议，至形于言色，已而悔之"。

陈公弼虽与苏轼有过不和，但是他的小儿子陈慥却与苏轼相交至深。陈慥性格狂放不羁，视荣华富贵为粪土，与苏轼颇为投缘，是苏轼后来谪居黄州时最好的朋友。提起陈慥可能未必人人都知

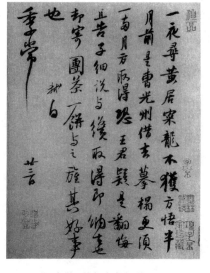

一夜帖（致季常尺牍）

道，但若说起陈季常（陈慥，字季常），相信知道的人就多了，后世流传甚广的"河东狮吼"故事里的男主角就是此人。说来，这个典故的由来与苏轼不无干系。

陈季常性情豪迈，喜好交友，经常在家宴请宾客，酒席上总有歌伎陪酒。他的妻子柳氏颇为悍妒，每当陈季常与客人在欢歌宴舞中谈得兴起，柳氏就会敲着墙壁大骂，客人只好散去，陈季常也拿妻子没有办法。苏轼因此作了一首诗来打趣他：

寄吴德仁兼简陈季常（节选）

龙丘居士亦可怜，谈空说有夜不眠。

忽闻河东狮子吼，拄杖落手心茫然。

陈季常信佛，对禅学颇有研究，曾自称"龙丘先生"。"狮子吼"出自佛经，佛祖曾提到一位婆罗门的女儿会说《狮子吼了义经》。苏轼借用这个典故来戏谑陈季常，将他彻夜滔滔不绝地大谈禅学，却被妻子忽然念诵的"狮子吼经"镇得手足无措的情状描摹得极为诙谐传神。"拄杖落手心茫然"一句尤其具有强烈的画面感，陈季常惧内的形象就这样深刻地烙印在了千百年来读者的心目中，而"河东狮吼"的典故也因此流传开来，后来被用来比喻性子强悍的妒妻。

玩笑归玩笑，事实上，对于这位挚友的个性与处世态度，苏轼

是极为欣赏的。他曾经为陈季常写了一篇传，文章并不长，然而简练精当的寥寥数笔，却将陈季常的豪气与隐士之风描绘得栩栩如生：

方山子传

　　方山子，光、黄间隐人也。少时慕朱家、郭解为人，同里之侠皆宗之。稍壮，折节读书，欲以此驰骋当世。然终不遇，晚乃遁于光、黄间曰岐亭。庵居蔬食，不与世相闻。弃车马，毁冠服，徒步往来山中，人莫识也。见其所著帽，方屋而高，曰："此岂古方山冠之遗像乎？"因谓之方山子。

　　余谪居于黄，过岐亭，适见焉。曰：呜呼，此吾故人陈慥季常也，何为而在此？方山子亦矍然问余所以至此者。余告之故，俯而不答，仰而笑，呼余宿其家。环堵萧然，而妻子奴婢皆有自得之意。余既耸然异之。

　　独念方山子少时使酒好剑，用财如粪土。前十有九年，余在岐下，见方山子从两骑，挟二矢，游西山。鹊起于前，使骑逐而射之，不获。方山子怒马独出，一发得之。因与余马上论用兵及古今成败，自谓一世豪士，今几日耳，精悍之色，犹见于眉间，而岂山中之人哉！

　　然方山子世有勋阀，当得官，使从事于其间，今已显闻。而其家在洛阳，园宅壮丽与公侯等。河北有田，岁得帛千匹，亦足以富乐。皆弃不取，独来穷山中，此岂无得而然哉。

　　余闻光、黄间多异人，往往阳狂垢污，不可得而见，方山子傥见之与？

苏轼是在凤翔任官期间结识陈季常的，那个时候，陈季常任侠好酒，豪气干云，苏轼经常与他一起出外打猎。十九年后，苏轼因

"乌台诗案"被贬而谪居黄州，他听当地人谈起一位异人，那人隐居山林，不与世人往来，当地人都不认识他，只是见他常常戴着高耸的方帽，颇似古代的方山冠，于是都称他为"方山子"。有一次，苏轼经过岐亭时，正好碰见方山子，他惊讶地发现传闻中的"异人"竟然是故友陈季常，不意竟在此地重逢。陈季常见到苏轼也极为惊异，询问他来黄州的缘故，当苏轼告诉他原因后，陈季常的反应是"俯而不答，仰而笑，呼余宿其家"。短短十二个字，将陈季常异于常人的豪放不羁展现得淋漓尽致。听说了苏轼的遭遇，陈季常不是扼腕叹息，也不是同情安慰，低头沉默片刻之后，却是仰天大笑。或许这样的态度，对于苏轼来说才是最贴心的，功名富贵何足道，坎坷悲辛又何足道，一切尽可付诸一笑之间，根本不需萦绕心上。

苏轼遭难后，有很多亲友不再与他联系，但也有不少朋友纷纷写信安慰他，言语间十分感伤。苏轼对于这种悲戚的情感，其实是很不以为然的。他给一位相交甚厚的老友李常（字公择）写信时说出了心里话：

> 某启。示及新诗，皆有远别惘然之意，虽兄之爱我厚，然仆本以铁心石肠待公，何乃尔耶？吾侪虽老且穷，而道理贯心肝，忠义填骨髓，直须谈笑于死生之际，若见仆困穷便相于邑，则与不学道者大不相远矣。兄造道深，中必不尔，出于相好之笃而已。然朋友之义，专务规谏，辄以狂言广兄之意尔。兄虽怀坎壈于时，遇事有可尊主泽民者，便忘躯为之，祸福得丧，付与造物。非兄，仆岂发此！看讫，便火之，不知者以为诟病也。（《与李公择十七首》其十一）

对于人生中的困苦磨难，他是极为超脱的，即便是穷愁潦倒，可他内省不疚，问心无愧，又何必长吁短叹。他自己是这样的态度，当然也不希望别人以怜悯悲切的眼光来看待他的遭遇，由此可想而知，陈季常"俯而不答，仰而笑"的反应有多投合他的心意。"他乡遇故知"已是人生一大乐事，何况是在生活苦闷、精神寂寞的人生低谷处，更何况遇到的是这样一位志趣相投的知己！而陈季常从此以后成为苏轼毕生最好的朋友，也就不足为怪了。

在苏轼看来，陈季常的人生经历是非常传奇的。他在传记中回忆，陈季常年轻的时候，"使酒好剑，用财如粪土"，有任侠情怀，年纪稍长才改变志向而去读书，想要以学问来施展抱负，报效当世，然而却没能受到朝廷赏识，其后就隐居于光州与黄州之间的岐亭。黄州重逢后，苏轼以无比唏嘘的心情回忆起二人当年在凤翔时的往事：他曾经与陈季常带着两名随从游猎西山，有一鸟鹊在前面飞起，他便命随从追赶射击，结果未能射中，陈季常见状，独自纵马上前，拉弓射箭，一击即中，随后就在马上与苏轼谈论用兵之道与古今成败之事。这段出猎的场景，文字极为简练，却无比生动地描绘出一代豪士的飒爽英姿，一举一动都是那样的细致传神，可见苏轼对这段往事的记忆是非常深刻的。多少年过去了，如今细看其眉宇间神色，仍然是英气勃勃，哪里像是一位山中隐士呢？

陈季常本出身于世代功勋之家，按例是可以做官的，以前他在洛阳的园宅壮丽堪比公侯，又有田地，每年收入丝帛千余匹，生活富裕安乐。然而他却将功名利禄全部舍弃，偏偏来到这穷苦偏僻的山林里，"庵居蔬食，不与世相闻"，"弃车马，毁冠服，徒步往来山中"，家中四壁萧然，空无一物，可是他却悠然自得，就连家中

妻子、儿女和奴婢都是一副安然满足的神色。陈季常的特异人格、处世方式和生活状态让苏轼在惊异中欣羡无比，这种视名利如粪土、视富贵如浮云、不合流俗的人格形象和安贫乐道、逍遥山林的生活状态，正是他理想中的人生模式。他是在描述方山子，更像是在描述自己憧憬的人生态度。

需要特别指出的是这篇文章在写作上的独特之处，苏轼并未按照一般传记的惯用写法，即依时间先后记述人物生平事迹，而是打破时空限制，反复采用倒叙、插叙的手法，将不同时期、不同地点的回忆层层交叠，着重在交叉的片段和跌宕的情节中刻画人物遗世独立的性情。这种写法看似无序，却正是苏轼作文"以意为要"的最佳体现，由现在到过去，再由过去到现在，不同时空画面的纷纷涌现，恰恰贴合了苏轼在他乡重逢故友时百感交集的心情。手中笔墨全由心中情感主导，毫无拘束地随意挥洒，因此文中流露出的感情饱满而真挚，对挚友人生历程的感叹，对挚友的深沉怀念，两人间深厚的知己之情，以及自己对挚友人格的倾慕，全部交织其中，带给读者强烈的直观感受，真真是"情性之外，不知有文字"（元好问《新轩乐府引》）。

说到底，一篇文章能够抓住人心的，往往是其中包含的思想或情感。苏轼散文的一大显著特点即是在平实晓畅的文字中，蕴含以朴实的人生哲理和真切的丰富情感，文与道俱，情理交融，以意摄文，意尽言止。在他独特的文学思想和写作技巧下，他的文章总是新颖活泼，趣味盎然，意蕴深远而又回味无穷，拥有着充满生气的美感和感染人心的艺术力量，所以能够历久不衰，时至今日仍然保持着旺盛的生命力。

四、随物赋形，姿态横生

苏轼在散文写作上所追求的美学理想是如"行云流水"般，"常行于所当行，常止于所不可不止，文理自然，姿态横生"（《与谢民师推官书》）。他的作品中，最突出体现这一艺术风格的是赋、游记、随笔和杂记小品等文体，这也是苏轼文章中文学价值和艺术价值最高的部分。这类文章的写作手法自由，形式内容不受拘束，可以纵"意"抒写，更契合他的个性和文学理念。因此，他常常打破各种文体固有的界限，抛弃格局、架构和气势等人为讲究，将写景、状物、叙事、抒情、说理等因素交相融合，以胸中之"意"为主脉，随物赋形，变化无端，意韵、情感、理趣、哲思、谐趣等艺术特色在行云流水般的文字间姿态横生却又和谐统一，从而使得他的文章在自然飘逸中透着一份深沉隽永的独特美感。

以辞赋为例，苏轼的赋，继承了欧阳修骈散结合的特点而更趋于散文化，他将古文的疏宕萧散和诗歌的情感韵味融入其中，显示出文赋自由挥洒、情景兼备的美丽韵致。比如千古传诵的前、后《赤壁赋》，即是在继承传统赋体声律美的基础上，摈弃了其绮靡滞涩的一贯文风，文辞简练平易、清新晓畅，在写景叙事中专注探求宇宙和人生的哲理，抒发超然物外的洒脱情感，文章中诗情画意和哲思理趣水乳交融，堪为宋代文赋的典范。

赤壁赋

壬戌之秋，七月既望，苏子与客泛舟，游于赤壁之下。清风徐来，水波不兴。举酒属客，诵明月之诗，歌窈窕之章。少焉，月出于东山之上，徘徊于斗牛之间。白露横江，水光接天。

纵一苇之所如，凌万顷之茫然。浩浩乎如凭虚御风，而不知其所止，飘飘乎如遗世独立，羽化而登仙。

于是饮酒乐甚，扣舷而歌之。歌曰："桂棹兮兰桨，击空明兮溯流光。渺渺兮予怀，望美人兮天一方。"客有吹洞箫者，倚歌而和之，其声呜呜然，如怨如慕，如泣如诉。余音袅袅，不绝如缕。舞幽壑之潜蛟，泣孤舟之嫠妇。

苏子愀然，正襟危坐，而问客曰："何为其然也？"客曰："'月明星稀，乌鹊南飞。'此非曹孟德之诗乎？西望夏口，东望武昌。山川相缪，郁乎苍苍。此非孟德之困于周郎者乎？方其破荆州，下江陵，顺流而东也，舳舻千里，旌旗蔽空，酾酒临江，横槊赋诗，固一世之雄也，而今安在哉？况吾与子渔樵于江渚之上，侣鱼虾而友麋鹿。驾一叶之扁舟，举匏尊以相属。寄蜉蝣于天地，渺沧海之一粟。哀吾生之须臾，羡长江之无穷。挟飞仙以遨游，抱明月而长终。知不可乎骤得，托遗响于悲风。"

苏子曰："客亦知夫水与月乎？逝者如斯，而未尝往也。盈虚者如彼，而卒莫消长也。盖将自其变者而观之，则天地曾不能以一瞬。自其不变者而观之，则物与我皆无尽也，而又何羡乎？且夫天地之间，物各有主。苟非吾之所有，虽一毫而莫取。惟江上之清风，与山间之明月，耳得之而为声，目遇之而成色。取之无禁，用之不竭。是造物者之无尽藏也，而吾与子之所共食。"

客喜而笑，洗盏更酌。肴核既尽，杯盘狼藉。相与枕藉乎舟中，不知东方之既白。

（明）仇英《赤壁图》

苏轼谪居黄州期间，曾多次游览黄州附近的赤鼻矶，他的豪放词代表作《念奴娇·赤壁怀古》和经典文赋《赤壁赋》、《后赤壁赋》都是在这个时候写下的。这篇《赤壁赋》所叙写的是宋神宗元丰五年（1082 年）七月，苏轼与朋友夜游赤壁的经历。

该文沿用了赋体文铺陈的手法和主客问答的形式，在此基础上又对传统写法进行了改造。文章以月夜泛舟游览赤壁的过程和主客的情感变化为主线，按照写景、抒情、说理的整体顺序逐次展开，在细处又将情、景、理互相交融，由景生情，借景寓理，使得此文既有文学的美感，又有哲学的启迪，底蕴丰厚而又意味深长；文章语言散韵结合，既有赋体的文采飞扬，又有散文的自由洒脱，更有诗歌的隽永韵味，精巧典雅却不失自然天真，在艺术上达到了难以企及的高度。这篇文章值得称道的东西很多，鉴于篇幅所限，不能尽述，此处姑且择要略加分析。

文章起首，简明扼要的一句话便将时间、地点、人物和事由全部交代清楚。初秋之夜，月下泛舟，既然是为游览而来，那么明月秋水的模样也就顺理成章地随着赏景人的视角徐徐铺展开来。然而虽欲写景，作者却并不急着将眼前的画卷和盘托出，一句"清风徐来，水波不兴"方才粗略描绘了江上环境，便转笔去写人物的活动。苏子与客在舟中对景饮酒诵诗，诗酒之余复又赏景，因此眼前

的景物并非静止于一刻，而是在整个饮酒赋诗过程中不断流动变化的。且看，"月出于东山之上，徘徊于斗牛之间"，月是动态的；再则，最初尚能清晰看见江面上"水波不兴"，后来雾气弥漫，一片朦胧，只见"白露横江，水光接天"，江上的变化也是动态的；最后，由触感的"清风徐来"到视觉的"水波不兴"，由俯视的清夜江水到仰视的明月星河，由近处的"白露横江"到远处的"水光接天"，人物的视线也是不断转换的。如此一来，眼前景色既是全方位的，又是曲折变换而有层次的。

面对如画境般清幽旷渺的月夜美景，作者的思绪也不禁随着迷蒙的雾气与水光而渐飘渐远。良宵美景，诗酒助兴，何等的逸兴遄飞！在白雾笼罩的江面上，"纵一苇之所如，凌万顷之茫然"。此情此境，让人的心胸也变得开阔飘逸起来，很自然地便生起"浩浩乎如凭虚御风，而不知其所止，飘飘乎如遗世独立，羽化而登仙"的感慨。在江月美景中享受泛舟之乐，此时作者的心情无疑是舒畅闲适、怡然自得的。

由"景"自然过渡到"情"之后，接下来便展开笔墨着重写"情"。舟中饮酒乐甚，作者忍不住拍着船舷唱起歌来，歌曰："桂棹兮兰桨，击空明兮溯流光。渺渺兮予怀，望美人兮天一方。"正是前文"诵明月之诗，歌窈窕之章"的具体内容，这段歌词化用屈原《九歌·少司命》中的"望美人兮未来，临风怳兮浩歌。"所谓"美人"，实际是心中理想与美好事物的化身，而放声高歌，抒发的则是与"美人"天各一方的伤感与怅惘。思及畅游山水的初衷，本也是为排遣心中的失意与苦闷，欢乐中暗含的那一抹似有若无的微忧，为下文作者心情的骤然转变埋下了引线。

有唱便有和，一位吹洞箫的客人，随着歌声以箫伴奏，曲调十分悲凉幽怨，这使得作者的心情瞬间起了变化，从"乐甚"而骤变为"愀然"。欢乐中突来悲调，任谁都会在意，作者收拾起闲散的心情，"正襟危坐"，非常郑重地问起客人箫声悲切的缘故。如此便由"抒情"自然转入"主客问答"的"说理"模式，将景、情、理正式融为一炉。

客人解释道，此时赤壁之上星月沉寂，乌鹊南飞，让人不自禁想到曹操的诗句。数百年前，曹操必也是对着同样的夜景才发出"月明星稀，乌鹊南飞"的咏叹，而今江月依旧，人世却不知更换了多少春秋，这不免让人萌生"人生苦短"的感慨。继而联想到这里正是当年曹操被周瑜所

曹操

困的古战场，当他攻破荆州、江陵，一路顺江东下时，"舳舻千里，旌旗蔽空"，是何等的雄阔壮观！"酾酒临江，横槊赋诗"，又是何等的豪情万丈！然而那样志得意满的一世豪杰，如今又在哪里呢？纵是英雄如曹操，也只显赫一时，何况我们这样隐匿于山水间，默默无闻的"沧海一粟"呢？此刻面对辽阔的长江与浩渺的天地，越发体会出自己的渺小。生命何其短暂啊，忍不住便羡慕起江水的永恒，希望能与神仙一同飞升遨游，与明月一样永世长存，然而心里却明白这是不可能实现的愿望，所以才将这份悲伤无奈寄托于呜咽的曲调中。

对于客人借江月感叹的"人生短促"，苏轼却有着不同的看法，他眼中的水与月，恰恰蕴含了另一种哲理。江水奔流不息，却始终不曾消失，明月时圆时缺，却从来不曾有过增减。如果从事物变化的那一面去看，宇宙间没有什么是绝对永恒不变的，天地万物，纵然是短暂的一瞬间，也不曾保持过原样，由此推之，今天我们看到的江月早就不是往昔的江月了。正如古希腊哲学家赫拉克利特所说的那句名言——"人不能两次踏进同一条河流"，表面上未曾改变的事物，其实早就彻底更换了模样。但若从事物不变的那一面去看，则万物与人类都是无穷无尽的，江月虽已不同往昔，却总是周而复始，人类虽已变迁几世，却仍然生生不息，既然这样，又何必羡慕江月无穷，又何必哀叹此生须臾呢？

况且，天地间的事物都各有其主，不属于我的东西，即便是一丝一毫也不可强求，如此想来，人生的得失也就微不足道了。没有得到的或者已经失去的都是本不属于我的，而已经得到的也不可能永远紧握在手中，那么，能够长久为我所有的是什么呢？只有江上的清风，山间的明月，"耳得之而为声，目遇之而成色。取之无禁，用之不竭"。这是大自然赐予的无穷宝藏，正所谓"江山风月，本无常主，闲者便是主人"（《与范子丰八首》其八），悠闲赏玩的你我只管尽情享用便了。

苏轼的豁达与超脱，感染了悲伤的客人，文章的情感基调由悲转喜，主客复又开怀畅饮，"相与枕藉乎舟中，不知东方之既白"，呼应文首的游赏之乐。整个游览过程中，感情变化一波三折，由泛舟赤壁的超然之乐，到感叹人生短促的愀然之悲，再到了悟宇宙人生真谛的超脱之喜，文章波澜起伏，随"意"变化，却始终循着这

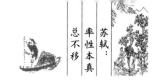

条情感的线索。先是触景生情，接着因情而借景言理，继而由理致
情，最后披情入景，写景、抒情、说理，层次分明却又水乳交融，
看似松散的文章结构，在"意"脉的贯穿下，变得浑然一体。

清代学者吴汝纶曾评价说："此所谓文章天成偶然得之者。是
知奇妙之作，通于造化，非人力也。胸襟既高，识解亦夐绝非常，
不得如方氏之说谓所见无绝殊也。"（清·王文濡《评校音注古文辞
类纂》卷七十）能够以行云流水般自然天成的文字，阐发质朴深刻
的人生哲理、乐观旷达的人生态度，可见其才学、见识与胸襟都达
到了极高的境界。

这篇赋的写作背景是苏轼遭遇"乌台诗案"而贬谪黄州之时，
政治的失意，壮志难酬的苦闷，这些惆怅抑郁的情感不可能没有，
然而苏轼却并没有沉浸在消极悲伤的负面情绪之中，而是以老庄佛
禅的思想来排遣忧闷，寻得超脱之道。纵情山水，寄意风月是为了
寻求慰藉，但若只是一味地忘情山水，那与"借酒浇愁"也没什么
分别，不过是逃避现实的方式不同罢了。苏轼的乐观豁达就在于，
他在对自然的观照中将内心的情感进行了升华，将个人的得失与悲
喜放进宇宙时空的宏观背景中，融合道家的"自然""有无""身与
物化"和佛家的"物我同源""不生不灭，不增不减""内不执于
空，外不执于物"等思想，在一番哲学思辨中，总结出自己的人生
哲理，并以最佳的语言表达出这份感受。

南宋学者谢枋得称："此赋学《庄》、《骚》文法，无一句与
《庄》、《骚》相似，非超然之才，绝伦之识，不能为也。萧洒神奇，
出尘绝俗，如乘云御风而立乎九霄之上，俯视六合，何物茫茫，非
惟不挂之齿牙，亦不足入其灵台丹府也。余尝中秋夜泛舟大江，月

色水光与天宇合而为一，始知此赋之妙。"（谢枋得《文章轨范》卷七）而"游览一小事耳，发出这等大道理。遂堪不朽"（清·余诚《重订古文释义新编》卷八）。

明成化本《东坡集》卷第十九《后赤壁赋》（局部）

事实上，堪为不朽的又何止如此。苏轼异于常人的卓越之处在于，同样是游览赤壁，同样是旷达乐观的思想，由于胸中之"意"不同，"行云流水"的笔墨竟勾勒出"姿态横生"的不同景象，从而造就了三篇不朽名作：《念奴娇·赤壁怀古》中显现的是雄壮豪放的气概，《赤壁赋》中表现的是随缘自适的人生态度和超然物外的精神境界，而《后赤壁赋》中所表现的则又是另一番境界了。

后赤壁赋

是岁十月之望，步自雪堂，将归于临皋。二客从予，过黄泥之坂。霜露既降，木叶尽脱。人影在地，仰见明月。顾而乐之，行歌相答。

已而叹曰："有客无酒，有酒无肴，月白风清，如此良夜何？"客曰："今者薄暮，举网得鱼，巨口细鳞，状似松江之鲈，顾安所得酒乎？"归而谋诸妇。妇曰："我有斗酒，藏之久矣，以待子不时之须。"

于是携酒与鱼，复游于赤壁之下。江流有声，断岸千尺。山高月小，水落石出。曾日月之几何，而江山不可复识矣。予乃摄衣而上，履巉岩，披蒙茸。踞虎豹，登虬龙。攀栖鹘之危巢，俯冯夷之幽宫。盖二客不能从焉。划然长啸，草木震动。山鸣谷应，风起水涌。予亦悄然而悲，肃然而恐，凛乎其不可久留也，反而登舟，放乎中流，听其所止而休焉。时夜将半，四顾寂寥，适有孤鹤，横江东来，翅如车轮，玄裳缟衣，戛然长鸣，掠予舟而西也。

须臾客去，予亦就睡，梦一道士；羽衣翩跹，过临皋之下，揖予而言曰："赤壁之游乐乎？"问其姓名，俯而不答。呜呼噫嘻，我知之矣，畴昔之夜，飞鸣而过我者，非子也耶？道士顾笑，予亦惊悟。开户视之，不见其处。

这篇赋是苏轼写下《赤壁赋》三个月后再次夜游赤壁时所作。与《赤壁赋》重点写月下秋水不一样，《后赤壁赋》所关注的重点在月下高山。"江流有声，断岸千尺。山高月小，水落石出。"简短精练的文笔，却勾勒出一片萧疏枯寒的赤壁冬景。"曾日月之几何，而江山不可复识矣。"不过短短三个月而已，赤壁就由清幽怡人一变而为清冷荒凉。或许是心有所感，苏轼忽然起意，下船就着月色攀山，而由于心境变化，眼中的景物与氛围也就有了变化。"履巉岩，披蒙茸。踞虎豹，登虬龙。攀栖鹘之危巢，俯冯夷之幽宫。"此时苏轼笔下的山景给人以无比寥落幽峭、阴森险怖的感觉。

因为"二客不能从"，巉岩危途只能一人独赴的凄凉悲戚，让苏轼忍不住放声长啸，引得"草木震动。山鸣谷应，风起水涌"，此情此景森然萧索，越发让他悲从中来。孤身立于其境，"高处不

（金）武元直《赤壁图》

胜寒"，悲凉中不禁生起恐惧之心，心中暗忖此处非久留之地，于是"反而登舟，放乎中流，听其所止而休焉"。危峻的高山好比险恶的仕途，越到高处，越有孤寒惊惧之感，倒不如就此离开，"小舟从此逝，江海寄余生"，只管放任自流，随遇而安，这又契合了他在现实中面对政治挫折时随缘放旷的状态。

文章结尾以道士化鹤的恍惚梦境，传达出苏轼内心想要超脱世俗中的烦恼苦闷，从此翩然远去的愿望。可是这个愿望终究只能是一场梦，梦醒来，"不见其处"的，除了道士，会不会也有自己心中的理想？空茫而若有所失间，文章也就此戛然而止。

整篇文赋笔调惝恍迷离，景物描写尤其生动传神，而蕴含于其中的情感与寓意则悠远深长。以"山"象征的现实与以"鹤"寄托的理想交织在一起，使得苏轼心中困惑不已，即便以旷达的心态面对现实，却还是没法彻底摆脱现实给予的压抑与苦闷。梦中的超然绝世是那样虚无缥缈，梦醒后还是不得不回到现实，继续在理想与现实的矛盾中痛苦挣扎。比起《赤壁赋》中转悲为喜的超然之乐，《后赤壁赋》则在旷达之中夹杂了几分纠结和迷茫，文章呈现的境界自然也就有了分别。

金代文学家王若虚《滹南诗话》称："东坡，文中龙也。理妙万物，气吞九州，纵横奔放，若游戏然，莫可测其端倪。"这句评语很精当地点出了苏轼散文的气格。他的文章文思开阔，笔力奔放，其中蕴含着他对万物之理的透彻了解，感悟从自然中来，文法回归到自然中去，纵意挥洒而行止自如，即如腾云驾雾之龙一般变化莫测。这等姿态横生之妙在他的随笔及杂记小品文中表现得尤为突出。

苏轼的随笔杂记内容繁富，"其间或名臣勋业，或治朝政教，或地里方域，或梦幻幽怪，或神仙伎术，片语单词，谐谑纵浪，无不毕具。而其生平迁谪流离之苦，颠危困厄之状，亦既略备"（赵用贤《刻东坡先生志林小序》）。他的这类文章长短不拘，尤以篇幅短小者居多，或写人，或状景，或记事，或抒襟怀，或写感悟，或谈文艺，或论学术，思绪如万斛泉源，不择地皆可出；而在写作过程中，则完全冲破了谋篇布局和语言结构的束缚，不拘形式，不假雕饰，总是随物赋形，涉笔成趣，如行云流水般自然畅达。其文学小品尤其言简意深，活泼生动，文辞简切平易，而情趣、妙理、气度、识见、幽默、智慧等尽在其中，虽信手拈来，却皆为妙品。

比如《记承天寺夜游》：

> 元丰六年十月十二日，夜，解衣欲睡，月色入户，欣然起行。念无与为乐者，遂至承天寺，寻张怀民。怀民亦未寝，相与步于中庭。庭下如积水空明，水中藻荇交横，盖竹柏影也。何夜无月，何处无竹柏，但少闲人如吾两人者耳。黄州团练副使苏某书。

苏轼在阐述自己的文学理念时，曾引用孔子的话"辞达而已

矣"，因此他的文章没有芜词累句，当行则行，当止则止。即如这篇小品文，写的是苏轼在黄州时，有一天与友人月夜闲庭漫步之事，全文仅寥寥数句，却描绘出一幅清雅澄澈的夜景图，在写景叙事中抒发了一种闲适平和的心情感受。"何夜无月，何处无竹柏，但少闲人如吾两人者耳。"文章意境超然，充满理趣，清幽中透着一股深长隽永的韵味。似这类简短随意而饶有情致的笔记小品，最能体现苏轼坦荡天真、洒脱风趣的个性。

（明）唐寅《松风亭梅》

再如《记游松风亭》：

余尝寓居惠州嘉祐寺，纵步松风亭下，足力疲乏，思欲就床止息。仰望亭宇，尚在木末，意谓如何得到。良久忽曰："此间有什么歇不得处？"

由是心若挂钩之鱼，忽得解脱。若人悟此，虽两阵相接，鼓声如雷霆，进则死敌，退则死法，当恁么时，也不妨熟歇。

此文写的是苏轼谪居惠州期间，在一次游览松风亭的经历中，偶然间获得的感受。作者在散步时走得乏累，想着到亭子里歇息，抬眼望去，亭子的屋角还在远处的深林里，心想这得什么时候才能走到啊，转念忽又想到："这里为什么就不可以歇息呢？"这种突然间的感悟让他一下子得到了解脱。就如同他那辗转漂泊的人生旅途，虽说居无定所已是常事，然而，只要心安定下来，随处皆是安居之所，惠州也一样。"此间有什么歇不得处？"正可谓，"此心安处是吾乡"，当悟出此理之后，自然就会在尘世间获得

超脱。

苏轼的这类文章虽信笔挥就，却大都以自然率真和情韵理趣见胜，极具文学美感，对后世文学产生了很大影响，实开明清小品文之先声。明代学者凌启康在《刻苏长公小品序》中曾如此评价："夫宋室文章，风流藻采。至苏长公而极矣。语语入玄，字字飞仙，其大者，恣韵泻墨，有雪浪喷天，层峦遍地之势，人即取之；其小者，命机巧中，有盆山蕴秀，寸草函奇之致，人或忽之。自兹拈出，遂使片楮只言，共为珍宝。"此等赞誉，当非妄语。

五、绚烂之极，乃造平淡

苏轼后期的文学创作，在艺术特色上有一个较突出的倾向，即尚"淡"。推究起来，这一美学追求其实是"自然天成"的另一重境界。苏轼晚年给侄子苏适（苏辙的次子）所写的书信中，曾提到这一文学理念：

> 文字亦若无难处，止有一事与汝说。凡文字，少小时须令气象峥嵘，采色绚烂，渐老渐熟乃造平淡；其实不是平淡，绚烂之极也。汝只见爷伯而今平淡，一向只学此样，何不取旧日应举文字看，高下抑扬，如龙蛇捉不住，当且学此。只书字亦然，善思吾言！（《与二郎姪一首》，《苏轼文集》佚文汇编）

苏轼认为，文章创作的风格，最初需经历"气象峥嵘""采色绚烂"的阶段，直到圆熟如意，"绚烂之极"后，才自然而然转为"平淡"，这是比"绚烂"更高一层的自然艺术。他也明确指出，自己早年曾有过"气象峥嵘"的阶段，"旧日应举文字"，"高下抑扬，如龙蛇捉不住"，只不过了晚年才渐渐趋于"平淡"。苏轼一贯主

张文章创作不可千篇一律，而应该具备多种风格，就他自身的创作实践看，他的文章虽以"自然天成"为总体追求，但从风格上看，既有豪迈奔放、雄奇俊秀，也有旷达悠远、简古苍劲，更有清新婉丽、平淡质朴。不去尝试各种"绚烂"的风格而直接学习"平淡"是不可取的，因为这种"平淡"并不是简单的文字风格，而是繁华落尽后的返璞归真，在质朴的表象下，蕴含着丰厚的内涵和深永的韵味。他所崇尚的平淡，是如陶渊明诗那样"质而实绮，癯而实腴"（苏辙《子瞻和陶渊明诗集引》），是如韦应物、柳宗元那样"发纤秾于简古，寄至味于澹泊"（《书黄子思诗集后》）。在《评韩柳诗》中他更进一步解释道："所贵乎枯澹者，谓其外枯而中膏，似澹而实美。""外"指的是文辞，"中"指的是意蕴，文章追求的"枯澹"，应是外在的平淡质朴与内在的浓郁隽永融为一体后达到的境界。"若中边皆枯澹，亦何足道。"如果只一味专注于枯澹，文辞与内涵皆枯，那就索然寡味，不足为道了。正是本着这一艺术理念，他晚年的文章风格质朴简约，却淡而有味，更加符合自然之道。试举两例：

题合江楼

青天孤月，故是人间一快。而或者乃云不如微云点缀。乃是居心不净者常欲滓秽太清。合江楼下，秋碧浮空，光接几席之上，而有葵苫败屋七八间，横斜砌下。今岁大水再至，居者奔避不暇，岂无寸土可迁，而乃眷眷不去，常为人眼中沙乎？绍圣二年九月五日。

这篇杂记是苏轼在惠州时所作，文中描写合江楼的景色，"秋碧浮空，光接几席之上，而有葵苫败屋七八间，横斜砌下"。如白

描般淡淡绘出楼下景致，毫无加工修饰，从文字间看不到强烈的感情色彩。由此反观，作者当时的心境应该是极为淡泊宁静的，无悲无喜，所以眼中的景物才呈现出其本色。心境安

惠州合江楼

宁的人或许会从"秋碧浮空"觉出清幽闲逸，伤感忧愁的人也许会从"葵苦败屋"品出苍凉萧瑟，妙处尽在文字笔墨之外，单看读者如何感受了。文首"青天孤月，故是人间一快。而或者乃云不如微云点缀。乃是居心不净者常欲滓秽太清。"借景阐发的哲理议论，则又让人深思寻味。

再看另一篇儋州时期的文章：

书海南风土

岭南天气卑湿，地气蒸溽，而海南为甚。夏秋之交，物无不腐坏者。人非金石，其何能久。然儋耳颇有老人，年百余岁者，往往而是，八九十者不论也。乃知寿夭无定，习而安之，则冰蚕火鼠，皆可以生。吾尝湛然无思，寓此觉于物表，使折胶之寒，无所施其冽，流金之暑，无所措其毒，百余岁岂足道哉！彼愚老人者，初不知此特如蚕鼠生于其中，兀然受之而已。一呼之温，一吸之凉，相续无有间断，虽长生可也。庄子曰："天之穿之，日夜无隙，人则固塞其窦。"岂不然哉。九月二十七日，秋霖雨不止，顾视帏帐，有白蚁升余，皆已腐烂，感叹

不已。信手书。时戊寅岁也。

这篇文章写的是苏轼在海南的生活情景。对于中土之人来说，岭南的热带气候颇让人吃不消。天气潮湿，空气沉闷，夏天暑气蒸人，秋季连绵多雨，每当夏秋之交，所有东西都发霉腐坏，他甚至在床柱上发现大量腐烂死去的白蚁。人非金石，生活在这种环境里，怎么能够长久保持健康呢？然而儋耳却有很多百岁老人，对此，苏轼总结出"寿天无定，习而安之"，因此也就淡定地去慢慢适应恶劣的环境。"吾尝湛然无思，寓此觉于物表，使折胶之寒，无所施其冽，流金之暑，无所措其毒，百余岁岂足道哉！"将此身付与造物，使得冬寒暑毒，无可侵袭，如此一来，长生何难？海南的环境无疑是极其艰苦的，然而从字里行间却看不到悲戚苦闷，简切平淡的文字里透出的只有随遇而安的乐观与平和。他此生历劫无数，却仍能保持超然物外、恬然自得的心态，这样旷达开阔的胸襟气度，实非常人能为。

通过以上分析能够看出一点，苏轼文风的转变，其实对应的正是心境的转变。他的文章虽如行云流水一般"姿态横生"，但不同时期的文风则有不同的主体倾向。早年意气风发，"奋厉有当世志"，所以作品大气磅礴，雄健恣肆；中年政治失意，壮志难酬，苦闷中以佛老思想寻求解脱，因而作品旷远豪放，飘逸出尘；晚年饱经忧患，潜心钻研佛学，心境淡泊安宁，所以作品质朴自然，平淡致远。

随着经历和心态的不同，不管文章风格如何转变，唯有一点始终不变，那就是他的所有文章皆出自本性，绝不造作，全然以胸臆与气格贯穿。他的高尚情操、人生经历、思想学识奠定了其艺术格

调，而呈现出的艺术风格正是他内心世界的自然显现，所以他的文章才有撼动人心的强大魅力。

苏轼的散文成就斐然，无论是千姿百态的文章风格、涵盖广泛的题材内容，还是新颖独特的立意见解、深刻隽永的思想内涵等，都达到了前所未有的高度。他的散文代表了北宋古文运动的最高成就，在当时乃至后世影响力都是极为巨大的。明代李绍《重刊苏文忠公全集序》中说："公为人英杰奇伟，善议论，有气节。其为文章，才落笔，四海已皆传诵。下至闾巷田里，外及夷狄，莫不知名。其盛盖当时所未有，其文名盖与韩、柳、欧、曾、王氏齐驱而并称信，如天之星斗，地之山岳，人所快睹而钦仰者，奚庸序为！""其为文章，才落笔，四海已皆传诵。"他的文章能够惹人如此喜爱，相信不单单只是文采与才华的魅力而已。若要对苏轼的人格文章作盖棺定论，我想没有比宋孝宗《御制苏文忠公集序》中的这段话更透辟的了：

> 成一代之文章，必能立天下之大节。立天下之大节，非其气足以高天下者，未之能焉。孔子曰："临大节而不可夺，君子人欤？"孟子曰："我善养吾浩然之气，以直养而无害，则塞乎天地之间。"盖存之于身，谓之气，见之于事，谓之节。节也，气也，合而言之，道也。以是成文，刚而无馁，故能参天地之化，关盛衰之运。不然，则雕虫篆刻童子之事耳，乌足与论一代之文章哉！故赠太师谥文忠苏轼，忠言谠论，立朝大节，一时廷臣无出其右，负其豪气，志在行其所学，放浪岭海，文不少衰，力斡造化，元气淋漓，穷理尽性，贯通天人，山川风云，草木华实，千汇万状，可喜可愕，有感于中，一寓之于文，

雄视百代，自作一家，浑涵光芒，至是而大成矣。朕万几余暇，紬绎诗书，他人之文，或得或失，多所取舍。至于轼所著，读之终日，亹亹忘倦，常寘左右，以为矜式，信可谓一代文章之宗也欤！

苏轼一生追求自然本真，也真正做到了自然本真，为文也好，为人也罢，内在的气格从来不曾改变。绚烂之极，归于平淡，所概括的是他的文章风格与美学追求，也更像是他波澜壮阔的人生历程之最终总结。他的一生无疑是精彩万分的，登过庙堂，进过牢房，穷愁潦倒过，富贵显达过，中原大地几乎行了个遍，人间百味也几乎尝了个遍。这样五彩斑斓的一生，最终都化作晚年的平淡如水。心境也好，生活状态也好，经历过"五色绚烂"，返璞归真才是最圆满的终结。

第四章

佛法第十乘：苏轼与禅

一、金山寺里佛印僧

佛教起源于印度，两汉之际传入中国，由于佛教宣扬"众生平等、善恶因果、生死轮回"等教义，对于饱受战乱与生存之苦的中国民众来说，无疑是最好的心灵慰藉，故而甫入中土，便拥有了大批教众。魏晋南北朝时期，佛教在中国日趋兴盛，中国佛教徒结合传统文化，开始了外来佛教的本土化进程；隋唐五代时期，

《佛教十三经》书影

佛教在中国发展到鼎盛，中国文化不仅完成了对外来宗教的消化与吸收，更与本土文化相结合而出现了诸多影响广泛的佛教宗派，真正实现了佛教的中国化；到了宋代，佛教的各大宗派走向融通，禅宗成为主要流派，而佛教也开始了世俗化、平民化的趋势，其在中国的影响力不断扩大，几乎深入到中国社会的各个阶层以及中国文化的各个领域，从而正式成为中国文化的组成部分。

可以说，宋代是中国传统文化与佛教融合最深的一个时期，"理学"的产生正是儒、释、道三教日益渗透、互相交融的结果，在当时，许多文人士大夫热衷于研习佛学、参禅悟道，几成一时风尚，而居士辈出也是宋代佛教的一大特点。在这样的文化背景下，苏轼当然也不例外地与佛教有着密切的联系，他的思想、文学艺术创作乃至立身处世都不同程度地受到佛教的影响。

峨眉金顶

苏轼的家乡四川，是一个佛教文化氛围极为浓厚的地区。中国四大佛教名山之一的峨眉山，即与眉州相去不远。苏轼的父亲苏洵与母亲程氏都笃信佛教。苏洵青年时喜好游历四方，与很多佛僧交往密切。苏轼少年时曾跟随父亲拜访了蜀地的许多名僧，在父母的影响下，苏轼自幼便深受佛教文化的熏染，且一生与佛教结下了不解之缘。

苏轼本人对佛家思想极为热衷，关于他与佛教因缘的故事也多见记载，比如《冷斋夜话》卷七"梦迎五祖戒禅师"就记载了一桩神异事。说的是苏轼的弟弟苏辙谪居高安时，与当地的云庵、聪禅师过从甚密。有一天，云庵梦见他与苏辙、聪一起出城迎接五祖戒禅师，醒来后觉得奇怪，想着不思而梦，这是吉兆啊，于是就把这个梦告诉了苏辙，话音未落，就听闻聪禅师过来拜访。苏辙一边迎接聪禅师，一边说道："方才我和云庵禅师正说梦呢，可巧你就来了，要跟我们一起说梦么？"聪说："昨夜梦见我们三人同迎五祖戒禅师。"苏辙一听，拍掌大笑："这可真奇了，世间果真有做同样梦的人呢。"不久，苏轼的书信到了，说他要来看望弟弟，现在已经到了奉新，大约今天就可以见面。三人遂出城相迎，在二十里外的建山寺等到了苏轼。几人坐定后，一时无话，就各自说起曾经做过的怪梦。苏轼说："我八九岁的时候，曾经梦见自己是一位僧人，往来于陕西之地。"接着又说："先母怀孕时，也曾梦见一位僧人来投宿，记得他身材修长，一只眼睛失明。"云庵听了大为吃惊，说道："戒禅师是陕西人，而且有一只眼睛失明，晚年在高安大愚寺圆寂。"推算起来，戒禅师去世至今刚好五十年，巧合的是，苏轼这一年正是四十九岁。此时细思两位禅师之前所做的三人出城共迎五祖戒禅师的梦，方才了悟，苏轼的前身或许正是五祖戒禅师。

这个故事在很多文人笔记和佛教相关文献中都有记载，细节部分略有出入，但共同的结论是一样的，那即是，苏轼的前身是五祖戒禅师，甚至有人将他的文学天才也归功于前世之力。神怪之事，听起来未免令人难以置信，能够说明的则是苏轼与佛教的缘分确实很深。

苏轼一生辗转漂泊，足迹踏遍九州四海，每到一个地方，都会

去寻访当地佛寺，拜访寺中僧人，因而结交了许多僧道朋友。他常与僧人登山临水，谈经说法，机锋相见，很是投缘。在他的文学作品中，有许多与僧友唱和的诗歌词作和往来书信，而在野史笔记中，也常常见到他与僧人交游的故事。从文献资料来看，与他交情深厚的僧人很多，他也曾自言"独念吴、越多名僧，与予善者常十九"（《付僧惠诚游吴中代书十二》，《东坡志林》卷二），而在这些僧友之中，最为人所熟知的，当属佛印了。

佛印禅师

佛印禅师，法名了元，字觉老，为宋代云门宗青原下十世。佛印天资聪颖，自幼学习儒家经典，饱读经史，博学多才，年长修习禅法，因而身兼儒、释、道三教气质，与纯粹的佛教僧人截然不同。在民间传说中，佛印常常是以风流潇洒的形象出现的，或许正因其气质与苏轼大为相似，所以人们都喜说这二人的故事。

明代冯梦龙的《醒世恒言》中有一段关于佛印出家的故事。据说佛印最初并没有出家为僧的打算，到京城本是为参加科举考试。在京城暂住期间，他与苏轼一见如故，经常一起饮酒赋诗，共同出游，遂成莫逆之交。一日，神宗皇帝因天旱之故，要在大相国寺设斋祈雨，命苏轼拟制祈雨文疏，并主持仪式。佛印听说此事，便问："小弟想请兄长挈带入寺，一睹天子真容，不知可否？"苏轼说："足下要去，又有何难！只消扮作侍者模样，在斋坛上执役，圣驾临幸时，便可饱看。"两人商议定后，苏轼也做好

了安排。

祈雨典礼当日，神宗亲临大相国寺，各路高僧登坛宣扬佛法，祈降甘雨。佛印按照苏轼的安排杂于侍者之中，添香剪烛，供食铺灯。神宗祭拜礼毕，入大殿憩息，主僧取旨献茶，捧茶盘的正是佛印。原来佛印因大殿行礼时，人群簇拥，没看真切，所以特地充作献茶侍者，想到皇帝跟前去一睹圣容。不想就这一会儿的功夫，神宗却注意到了佛印，见他身材高大，浓眉秀目，器宇不凡，随口便问："侍者何方人士？在寺几年了？"佛印应声作答，口齿伶俐。神宗见他应对明敏，心下甚喜，便问他是否通晓佛教经典。佛印回禀称自己少小读书，对佛法颇有了解。神宗便道："卿家既然通晓佛典，朕便赐卿法名了元，号佛印，就于御前剃度为僧。"佛印骑虎难下，只好假戏真做，落发为僧。

这段阴错阳差的出家故事充满了戏剧性，流传也颇为广泛，但真实性却有待商榷。从苏轼的作品、书信和相关史料文献记载看，苏轼与佛印的结识交往是在其后半生，即宋神宗元丰二年（1079年），苏轼移守湖州过金山时，才与佛印相识；后来谪居黄州期间，他开始精研佛法，当时佛印正任庐山归宗寺住持，与黄州隔江相对，苏轼常与佛印书简往来，从此便结下深厚的交情。他们之间的很多趣闻逸事都发生在黄州以及后来的杭州时期，故事题材五花八门，有关于机锋辩禅的，有吟诗作对的，还有饮酒美食的。在这些故事中，佛印才思敏捷，显得非常机智，尤其是在辩禅上，苏轼总是落于下风。

元丰七年（1084年），苏轼离开黄州，与佛印两次同游庐山；当年八月，两人又在金山寺会面，苏轼以玉带赠施佛印，佛印以衲

裙相报。苏轼写了两首诗纪念这件事:

以玉带施元长老,元以衲裙相报,次韵二首

其一

病骨难堪玉带围,钝根仍落箭锋机。

欲教乞食歌姬院,故与云山旧衲衣。

其二

此带阅人如传舍,流传到我亦悠哉。

锦袍错落差相称,乞与佯狂老万回。

(明)崔子忠《苏轼留带图》

关于这段赠施往来,民间有一则"玉带换裟裟"的趣闻。说当年苏轼到金山寺拜访佛印,正值佛印与弟子讲经说法。苏轼进了禅室后,佛印就问:"居士从哪里来?这里没有你坐的地方。"意指这里没有你的归宿。苏轼一听,便也戏说:"暂借和尚四大,用作禅床。"意思是说没关系,他可以坐在佛印身上。佛印说:"山僧有一禅语,你若能不假思索立刻答上来,就如你所愿;如果稍加思考,你腰间系的玉带,就留在寺中做镇山之宝。"苏轼欣然应允,解下玉带放在几案上。佛印便问:"山僧四大本无,五蕴非有,居士欲于何处坐?"苏轼顿了顿,思索间没能立即回答,佛印忙命侍者:"收此玉

带永镇山门!"苏轼愿赌服输，笑着将玉带给了佛印，佛印也取了僧衣相报。（事见《苏诗王注》，颜中其编注《苏东坡轶事汇编》引）从那之后，九百多年来，苏轼的这条玉带一直保存在镇江金山寺中，至今仍是金山寺的镇山之宝。

此为后话，且说苏轼没能答得上来的这条禅语，倒是还有后文。元丰八年（1085 年），苏轼奏请朝廷，希望能在宜兴归老，后来得到朝廷的允可。船到瓜洲时，他给佛印写了书简，让他不必出山相迎，当学赵州禅师的上等接人法。这里有个缘故，赵州禅师曾对人说，他的待客之道分上中下三等："上等人来，我躺在床上用本来面目接待；中等人来，我下床到客堂以礼相待；下等人来，我到前门外以世俗的方式款待。"没想到佛印收到书信后却径直前来迎接，苏轼笑问他为何还是出来了。佛印当下念了一首偈语，让苏轼不禁拍掌称善：

　　赵州当日少谦光，不出三门见赵王。

　　争似金山无量相，大千都是一禅床。

意思是说，这大千世界都是我的禅床，我现在确实是躺在床上以本来面目接待上等人。妙的是，"大千都是一禅床"恰好回应了当年苏轼的"禅床"之戏，也算是佛印那句禅机的答案。（事载宋·胡仔《苕溪渔隐丛话·前集》卷五十七《了元》引《僧宝传》）

从这类交往故事中，可以看出苏轼与佛印的交情极为深厚。苏轼生性幽默，喜欢跟人开玩笑，所以越是坦荡相交的挚友，他就越是喜欢与人相互戏弄。因此，在民间传说中，这样的趣闻比比皆是。

比如他谪居黄州时，有一天与佛印泛舟长江，两人正举杯畅饮

间，苏轼忽然往江岸上一指，笑而不语。佛印顺势看过去，只见岸上有一条黄狗正在啃骨头，顿时明白了苏轼的意思，他随即便将手里题有苏轼诗句的扇子抛入水中。两人互相对望，彼此心照不宣，不禁都大笑起来。

原来，方才两人其实是在对一副哑联，苏轼出的上联是："狗啃河上（和尚）骨"，佛印对出的下联是："水流东坡诗（尸）"。似这等诗词游戏，必须棋逢对手，有心领神会的默契，才能体会出个中乐趣，不然对牛弹琴，那可就索然无味了。

在苏轼和佛印的故事中，还有一位名人也经常参与其中，那就是北宋著名诗人、书法家黄庭坚，三人常一起出游，留下了许多逸闻佳话。明代魏学洢所写的《核舟记》中，提到一位叫王叔远的微雕艺术家，曾经送给他一个用核桃雕刻成的小船，刻的是苏轼乘船泛游赤壁的情形，船头坐着三个人，分别是苏轼、佛印和黄庭坚，正一边赏景一边谈书论画。这泛舟赏月、饮酒赋诗的情状倒让人想到这三人的另一件趣事。

话说苏轼与佛印交好，但苦于佛印好吃。一天，他跟黄庭坚约好同游西湖，准备了许多酒食，两人商量着这事不让佛印知道。谁想佛印自己打听到了这件事，于是就先行潜伏在船底。苏、黄二人荡舟湖心，玩得不亦乐乎，兴致上来了，就开始行酒令，定下的规矩是以"四书"中有"哉"字的句子作结，前两句须即景。苏轼先来，只听他吟道：

　　浮云拨开，明月出来，天何言哉？天何言哉？
这末尾的句子"天何言哉"出自《论语·阳货》："子曰：'天何言哉？四时行焉，百物生焉，天何言哉？"接着是黄庭坚，他吟道：

浮萍拨开，游鱼出来，得其所哉！得其所哉！

末尾的句子"得其所哉"出自《孟子·万章上》："昔者有馈生鱼于郑子产，子产使校人畜之池。校人烹之，反命曰：'始舍之，圉圉焉，少则洋洋焉，攸然而逝。'子产曰：'得其所哉！得其所哉！'"当时佛印藏在船底，两人的谈话都听得一清二楚，他实在忍不住了，索性把船舱板一掀，一边往外爬，一边高声念道：

船板拨开，佛印出来，人焉廋哉！人焉廋哉！

苏轼和黄庭坚见船板底下突然爬出个人来，吓了一大跳，仔细一看，原来是佛印，又听他说出这样四句话，忍不住都哈哈大笑起来。佛印酒令的末句出自《论语·为政》："子曰：'视其所以，观其所由，察其所安。人焉廋哉？人焉廋哉？'""廋"是隐藏、藏匿的意思，"人焉廋哉"即是说，这个人还要怎么隐藏呢？此典让佛印引用得既应景又恰到好处，再配合着从船底爬出来的动作，简直绝妙，难怪苏、黄二人会大笑不已。（事见沈宗元编著《东坡逸事》）

野史笔记和民间传说的故事大都诙谐有趣，读起来总让人捧腹开怀。而观苏轼与佛印的交往书简，却每每令人感动不已，两人之间的深厚情谊和互相关怀都在这些书信里静静沉淀着。

哲宗绍圣年间，苏轼被流放到岭南惠州，佛印居江浙，因为路途遥远，音信不通，四散天边的亲友都以此为忧。这时有位叫卓契顺的佛教徒，感叹说："惠州不在天上，走去就是了，总能到达的。"于是自愿做信使，携着佛印、定惠寺僧守钦和苏轼长子苏迈的书信，不远万里步行到了惠州。契顺到惠州这件事在苏轼的很多诗中都有提到，身处逆境时，来自亲人朋友的关怀总是能让人感受到雪中送炭的温暖。在佛印托契顺送去的这封信里，他以佛法宽慰

苏轼，情辞真诚，信中说：

> 尝读退之《送李愿归盘谷序》，愿不遇主知，犹能坐茂林以终日。子瞻中大科，登金门，上玉堂，远放寂寞之滨，权臣忌子瞻为宰相耳。人生一世间，如白驹之过隙。三二十年功名富贵，转盼成空，何不一笔勾断，寻取自家本来面目？万劫常住，永无堕落。纵未得到如来地，亦可以骖鸾驾鹤，翔三岛为不死人。何乃胶柱守株，待入恶趣。昔有问师："佛法在什么处？"师云："在行住坐卧处，着衣吃饭处，屙屎撒尿处，没理没会处，死活不得处。"子瞻胸中有万卷书，笔下无一点尘，到这地位，不知性命所在，一生聪明要作什么？三世诸佛，则是一个有血性的汉子。子瞻若能脚下承当，把一二十年富贵功名，贱如泥土，努力向前，珍重珍重。（宋·钱世昭《钱氏私志》）

佛印劝他，不要为现前遭遇的劫难而苦恼，要从佛法中勘透世相。人生短暂，数十年功名富贵，转瞬即空。既然如此，何不将其一笔勾销，精进修行，从最简单的生活中参悟佛法，寻取自家本来面目，一旦得从最真实的生活中找回最真实的自我，那即便历经万劫，也永不会堕落。佛法是什么呢？它所讲的不就是世间的真相？行住坐卧，吃喝拉撒，才是生活的本相，认真地做好这一切，那就是修佛了。若是终日忧愁，寝食不安，便有违佛理了。你才华绝世，若到这等地步，还不能有所悟，岂非枉了你一生聪明。富贵功名贱如泥土，实在不必执着于此，只愿你放下这一切得失，努力向前，切勿忧郁伤身，万望珍重。

这封信大概是佛印给苏轼的最后一封信，书信到达惠州的第二

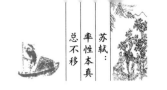

年，佛印就去世了。而苏轼也真如佛印所说，在惠州一心钻研佛法。黄州谪居期间尚且存在于心中的那份失意苦闷，到了这个时候已经完全看不到了，取而代之的是真正的从容恬淡、安适自在。即便是后来以衰老之身，被流放到环境更为艰苦的海南儋州，他也仍然保持着随缘放旷的心态面对这一切劫难，从来不曾放弃自我。能够达到这样的境界，实在应该归功于那份融入骨血的佛家思想，他一生与佛教的缘分，并非徒然。

除了佛印之外，与苏轼交情深厚的僧人还有很多，如云门宗怀琏禅师、维琳、道潜（号参寥子）和天台宗龙井辩才等人也是常见于苏轼的书信作品中的。其中不能不提的是道潜，苏轼与道潜交往之频繁、友情之深厚，其实更甚于佛印。他与道潜相交将近三十年，两人之间的唱和诗作、书信往来，以及相伴出游的经历都非常多。苏轼被贬至黄州时，道潜甚至特地到黄州与他同住；哲宗绍圣年间，元祐党人尽遭迫害，苏轼被朝廷流放，道潜也因为与苏轼的交情而受到牵连，被以莫须有的罪名流放还俗，直到苏轼去世前一年才获赦重新落发为僧。两人在晚年虽无缘相见，但深交依旧，一直持续着赠诗唱和与书信往来，这份友情常常为苏轼所感念。他曾写《参寥子真赞》，对道潜作出了全面评价，欣赏之意溢于言表：

> 东坡居士云：维参寥子，身寒而道富。辩于文而讷于口。外尫柔而中健武。与人无竞，而好刺讥朋友之过。枯形灰心，而喜为感时玩物不能忘情之语。此余所谓参寥子有不可晓者五也。

苏轼性情率真，为人处世从来不藏心眼，总是以一片赤诚之心待人。他喜欢与僧道为友，除了他自身对于佛教的热情，未尝不是因为这些僧侣们也都拥有一颗坦荡的真心。毕竟，他们少了世俗的

利欲心与倾轧心，所以他们的交往，能够互相坦诚以待，能够纯粹得不含杂质。正因如此，这份友情才能够真正长久，不会因为外物而改变。从某种意义上来说，或许这才是宗教让人向往之所在。

二、天女维摩总解禅

朝云诗

不似杨枝别乐天，恰如通德伴伶玄。

阿奴络秀不同老，天女维摩总解禅。

经卷药炉新活计，舞衫歌扇旧因缘。

丹成逐我三山去，不作巫阳云雨仙。

这首诗是苏轼写给朝云的。在诗序中他说："世谓乐天有'鬻骆马放杨柳枝'词，嘉其主老病不忍去也。然梦得有诗云：'春尽絮飞留不住，随风好去落谁家？'乐天亦云：'病与乐天相伴住，春随樊子一时归。'则是樊素竟去也。予家有数妾，四五年相继辞去，独朝云者随予南迁。因读乐天集，戏作此诗。"

朝 云

大凡对苏轼稍有了解的人都知道，在苏轼的生命中有一位红颜知己，名唤朝云。苏轼和朝云的爱情故事在民间流传甚广，这不是没有道理的。风流才子与红粉佳人，这种历久弥新的题材永不会使人厌倦，更何况是这样一位惹人喜爱的文学天才呢？苏轼的感情世界并不扑朔迷离，结

发之妻王弗，患难之妻王闰之，红颜知己朝云，对于先后在他生命中占据重要地位的三个女人，苏轼以他的方式倾注了不同的深情。如今单说朝云。

朝云信佛，所以苏轼将她比作"天女维摩"，对于崇信佛教的苏轼来说，这无疑是他所给出的最高赞美，一句"天女维摩总解禅"，包含了多少知己间的惺惺相惜之情。苏轼与朝云的爱情常为人所津津乐道，然而大概很少有人知道，朝云跟随苏家二十三年，他们的爱情是直到朝云去世前几年才真正开花结果的。

朝云是杭州人，十一岁那年被苏轼的继室王闰之买进苏府，自此一直跟随在闰之身旁，并随了闰之的"王"姓。后来成为苏轼的侍妾，时间大约在苏轼谪居黄州时期。朝云自入苏府以来，虽然一直跟随苏家同进同退，四方漂泊，然而有将近二十年的时间，在苏轼"精彩万分"的生活经历中，几乎难以觅见其踪影。

苏轼命运坎坷，家人也跟着他一起饱尝艰辛。离开谪地黄州时，几番辗转波折，路途中"风涛惊恐，举家重病"（《乞常州居住表》），他的小儿子苏遯因此未满周岁而夭折。据苏轼说，幼子与他眉目间极为相似，中年得子，且又在最苦闷潦倒的黄州时期，可以想象这个孩子的出生，给他带来了多少慰藉和欢乐。苏轼曾为这个儿子作过《洗儿》一诗，道是：

> 人皆养子望聪明，我被聪明误一生。
>
> 惟愿孩儿愚且鲁，无灾无难到公卿。

此诗文辞浅近，却显露出为人父母的一片苦心，苏轼虽欲孩儿愚鲁，但苏遯未满周岁，已隐约可见天资聪颖，谁又能料到，这个孩子竟在苏轼宦海颠簸途中骤然夭折。对于幼子的死，苏轼悲痛万

分，且又万分自责，认为是自己所造的恶业拖累了孩子，因此写了两首悼儿诗：

去岁九月二十七日在黄州生子名遯，小名干儿，

欣然颖异，至今年七月二十八日病亡于金陵，作二诗哭之

吾年四十九，羁旅失幼子。幼子真吾儿，眉角生已似。

未期观所好，蹁跹逐书史。摇头却梨栗，似识非分耻。

吾老常鲜欢，赖此一笑喜。忽然遭夺去，恶业我累尔。

衣薪那免俗，变灭须臾耳。归来怀抱空，老泪如泻水。

我泪犹可拭，日远当日忘。母哭不可闻，欲与汝俱亡。

故衣尚悬架，涨乳已流床。感此欲忘生，一卧终日僵。

中年忝闻道，梦幻讲已详。储药如丘山，临病更求方。

仍将恩爱刃，割此衰老肠。知迷欲自反，一恸送余伤。

"归来怀抱空，老泪如泻水。"这样的情境怎一个"痛"字了得，而"我泪犹可拭，日远当日忘。母哭不可闻，欲与汝俱亡"。母亲骤失爱子的痛不欲生，更使闻者心伤。此事过去很多年后，我们在苏轼的一些诗序中知道，这位悲痛欲绝的母亲就是朝云，而夭折的幼子正是她与苏轼的儿子。在苏轼大半生的文学作品和丰富经历中，朝云的身影一直影影绰绰，细微难见，直到苏轼被流放岭南之时，才真正出现在众人眼前。

宋哲宗绍圣元年（1094年），因遭新党迫害，苏轼被流放岭南惠州。不同于数年之前的黄州谪居，岭南一直被认为是蛮瘴之地，此行自然是凶多吉少，且从政坛时局看，这一去极大可能归期无望。而对于苏轼来说，还有一件凄凉的事，那就是一年之前，王闰之病逝。与他共尝艰辛，陪他躬耕田园，为他打理家事的老妻已然

不在，即便是历尽磨难的苏轼，也不免觉得孤单。这个时候，闰之那让人佩服的先见之明显现出来，在闰之身边长大、深受闰之影响的朝云，在苏轼面临困境之时挺身而出。

或许是苏逝之死给苏轼的打击太大，自那之后，苏轼不愿因为自己再拖累家人。去岭南之前，自知此行无限凶险，苏轼让一家老小留在阳羡，只准备带小儿子苏过一人南行，然而朝云却执意要跟随他南迁。朝云的"忠敬""好义"让苏轼深为感佩，患难之中的真情对于一生历尽苦厄艰辛的他来说又该是多么珍贵的慰藉，所以他也以自己的方式回应了这份真情。苏轼所有关于朝云的诗词都是在惠州时期写的。因为有了爱情的滋润，岭南艰苦的生活充满了诗情画意，他也很快在惠州安定下来。

给友人陈季常的信中，苏轼说："到惠将半年，风土食物不恶，吏民相待甚厚。孔子云：'虽蛮貊之邦行矣。'岂欺我哉！"（《与陈季常十六首》其十六）可见他在惠州的生活是极为怡然自得的。

苏轼少小时便爱好佛学，但真正开始潜心研究佛学则是在精神极度苦闷的黄州时期。这倒并不出奇，佛家思想总是在人们身处困厄之中时，才真正显示出其拯救人心的力量。很显然，爱情也同样具备这样的力量。

朝云是虔诚的佛教徒，苏轼在惠州常常与朝云一起研修佛法。他写给朝云的诗词中，往往在情爱中夹杂着宗教情感，比如篇首所引的《朝云诗》。"不似杨枝别乐天，恰如通德伴伶玄"是称赞朝云不像白居易的侍妾樊素，在他年老衰病之时离他而去，而是如终生陪伴伶玄（著《赵飞燕外传》）的樊通德（伶玄之妾）一样有情有义，毫无怨言地跟随他颠沛流离。"阿奴络秀不同老，天

女维摩总解禅。"前句说的是朝云的孩子苏遁夭折之事，苏轼一直
深以为恨，后句则将朝云比作"天女维摩"。朝云自孩子夭折后，
便一心向佛，"经卷药炉新活计，舞衫歌扇旧因缘。丹成逐我三山
去，不作巫阳云雨仙。"她本来能歌善舞，学佛后则将一切罢去，
苏轼称她如今抛却昔日舞衫歌扇，虔心诵经礼佛，不离丹灶，一
旦仙丹炼成，即会追随他一起共赴仙山，不会再如巫山神女那样
为尘缘所牵绊。末句典故表面上说的是宋玉《高唐赋》中楚襄王
梦会巫山神女的故事，其实暗有所指。秦观曾有一首《南歌子》
是赠予朝云的：

> 霭霭迷春态，溶溶媚晓光。不应容易下巫阳，只恐翰林前
> 世是襄王。

> 暂为清歌驻，还因暮雨忙。瞥然归去断人肠，空使兰台公
> 子赋高唐。

在宋玉的《高唐赋》中，巫山神女称自己"旦为朝云，暮为行
雨"。因此，秦观认为朝云即是巫山神女的化身，来到人间是为与
"前世是襄王"的苏轼一续前缘。苏轼在《朝云诗》中则以秦观此
词为典，戏称朝云参透佛法后，便会与他了绝尘缘。

苏轼将他与朝云的爱情融进宗教情感之中的，还有另一首《殢
人娇·赠朝云》：

> 白发苍颜，正是维摩境界。空方丈、散花何碍。朱唇筯点，
> 更髻鬟生彩。这些个、千生万生只在。

> 好事心肠，著人情态。闲窗下、敛云凝黛。明朝端午，待
> 学纫兰为佩。寻一首好诗，要书裙带。

在《维摩诘经·观众生品第七》中有一则天女散花的故事。天

女居住在维摩诘室，见众天人讲经说法，便现身以天花洒向众菩萨大弟子，花瓣飘至众菩萨身上时，都纷纷坠落于地，只有大弟子身上的花瓣附着其身，

故宫藏《维摩演教图》（局部）

不能落地。所有的弟子，用尽神力欲拂开花瓣，都不能使它掉落，这时候，天女问舍利弗："为什么要把花瓣去掉？"舍利弗答道："这花与佛法不合，所以要去掉。"天女说："此言差矣！不可认定这花不合佛法，花是没有分别的，起分别心的是人。修习佛法的人，若有分别心，其言行必定与佛法相悖，若无分别心，则定与佛法相合。身上不沾花瓣的诸菩萨，是已经消除了分别心。即如恐惧，是人先有了害怕之心，才常常会被恐惧所袭。若众弟子畏惧生死，就会被'色声香味触'各种感受所欺骗，若断绝畏惧心，则一切五欲都对他产生不了影响。所以说，修习佛法不到家，花瓣就会附着身上，而修习到一定境界后，花瓣就能不沾其身。"

苏轼口中的"天女"以及前诗中的"天女维摩总解禅"都是源自这个故事。在写给朝云的这首词中，"白发苍颜"说的是苏轼自己，他以超然无垢的维摩诘自喻，将惠州简陋的居所比喻成维摩诘所居住的方丈，因为朝云对佛教的信仰极为虔诚，又与他一起参修佛法，所以苏轼将朝云比作居住于维摩诘室中的散花天女，并且极赞朝云美好的姿容德行和高洁的精神品质。词末提到的"好诗"，

是苏轼为朝云写的另一首词：

浣溪沙（端午）

轻汗微微透碧纨，明朝端午浴芳兰。流香涨腻满晴川。

彩线轻缠红玉臂，小符斜挂绿云鬟。佳人相见一千年。

这首词写的是苏轼与朝云在惠州共度端午佳节的情景。从词风看，是苏词中少有的柔媚，末句"佳人相见一千年"的誓约，寄托着两人祈盼能永远相依相扶生活下去的美好愿望。在惠州，两人一起参禅研佛，在当地修建放生池，积德行善。这样的生活平淡安宁，对于尝尽坎坷漂泊之苦的二人来说，无疑是一份迟来的幸福。然而，美好的事物总不长久。在苏轼的一生之中，这条真理体现得极为明显，他这辈子似乎从没安生过，坎坷磨难总是一波接着一波袭来。

朝云在惠州只陪伴了苏轼三年，就因感染瘴毒而病逝了。"瘴雨吹蛮风，凋零岂容迟？"（《和陶和胡西曹示顾贼曹》）这位深情有义的女子，去世时，年仅三十四岁。苏轼一生极少为人写墓志铭，他在《祭张文定公文》中曾说："轼于天下，未尝志墓。独铭五人，皆感德故。"真正感其大德的，他才会动笔，所以他一生为人所写的墓志铭寥寥可数，而《朝云墓志铭》就是其中之一。这篇墓志，苏轼写得极为简短，但却以大量笔墨叙写了朝云的学佛之事："盖常从比丘尼义冲学佛法，亦粗识大意。且死，诵《金刚经》四句偈以绝。铭曰：浮屠是瞻，伽蓝是依。如汝宿心，惟佛之归。"（《朝云墓志铭》）朝云生时虔心向佛，临死时，犹自念诵着《金刚经》的四句偈语：

一切有为法，如梦幻泡影。

如露亦如电，应作如是观。

朝云死后，苏轼按照她的心愿，将她安葬在城西丰湖边一座满是松林的山丘上，墓冢近旁即是栖禅寺与大圣塔，墓上修筑了一座亭子，名为"六如亭"。所谓

六如亭

"六如"，即朝云临死时念诵的佛偈，如梦、如幻、如泡、如影、如露、如电，有缘于此，故取此名来纪念朝云。"六如亭"的亭柱上镌有一副挽联：

> 不合时宜，惟有朝云能识我；
>
> 独弹古调，每逢暮雨倍思卿。

"不合时宜，惟有朝云能识我"所说的是苏轼与朝云之间比较广为人知的一个故事。有一次苏轼饭后闲步，突发奇想，便指着自己的肚子问身旁侍女："你们说我这里面装的是什么?"一侍女回答说"满肚子都是文章"，另一侍女说"满肚子都是学识"，苏轼都摇头说不是。这时朝云笑着说："你那是一肚皮的不合时宜。"此言让苏轼不禁捧腹大笑，赞道："知我者，唯朝云也。"（事载南宋·费衮《梁溪漫志》）下联"独弹古调"，所用典故则是另一个关于知音的故事。春秋时期的著名琴师伯牙以一曲《高山流水》遇到知音钟子期，钟子期意外去世后，伯牙破琴断弦，终身不复鼓琴。（事载《列子·汤问》）对于苏轼来说，正因为是身边始终不离不弃的难得

知己，陡然失去后，方才觉察出自身原来是这样的孤单凄凉。就如同失去知音的伯牙，再高妙的曲调，一人独弹，又有什么趣呢？

《林下词谈》中记载有这样一则小事，说的是苏轼在惠州时，有一日与朝云闲坐。当时正是秋霜初至，落木萧萧，苏轼心中凄然有悲秋之意，便让朝云斟酒，唱"花褪残红"一词，也即他先前所写的《蝶恋花》（春景）：

> 花褪残红青杏小。燕子飞时，绿水人家绕。枝上柳绵吹又少，天涯何处无芳草。
>
> 墙里秋千墙外道。墙外行人，墙里佳人笑。笑渐不闻声渐悄，多情却被无情恼。

朝云才唱一句便泪满衣襟，苏轼问她何故，朝云回答说："我所不能歌者，是'枝上柳绵吹又少，天涯何处无芳草'也。"苏轼翻然大笑："我这里正悲秋呢，你又伤春了。"于是作罢。其实这不过是一件再寻常不过的小事，然而有些东西，一旦拥有过，便再难找回拥有之前那份坦然淡定的心境。这件事之后不久，朝云抱病而亡，苏轼终身不复听此词。即便是如苏轼这般豁达之人，在内心的某处角落也有不忍触及的酸涩回忆。

朝云去世后，苏轼写过好几首诗词悼念她，如《西江月》（梅花），即是借咏梅以悼亡：

> 玉骨那愁瘴雾，冰姿自有仙风。海仙时遣探芳丛，倒挂绿毛幺凤。
>
> 素面翻嫌粉涴，洗妆不褪唇红。高情已逐晓云空，不与梨花同梦。

词中以岭南梅花的"玉骨"、"冰姿"和"仙风"，赞扬朝云不

惧"瘴雾"，与他一起来到岭南蛮瘴之地。"素面"一句以梅花比喻朝云的天生丽质，末句"高情已逐晓云空，不与梨花同梦"则暗喻朝云的逝去。他感念朝云对自己的一往情深，这互为知己的情谊，如今却已永远成为过去，如何伸手去揽都是一场空，怎不教人黯然神伤？

除了借梅花暗写悼念之意，苏轼还有一首明写悼亡的诗：

悼朝云（并引）

（绍圣元年十一月，戏作朝云诗。三年七月五日，朝云病亡于惠州，葬之栖禅寺松林中，东南直大圣塔。予既铭其墓，且和前诗以自解。朝云始不识字，晚忽学书，粗有楷法。盖尝从泗上比丘尼义冲学佛，亦略闻大义。且死，诵金刚经四句偈而绝。）

> 苗而不秀岂其天，不使童乌与我玄。
>
> 驻景恨无千岁药，赠行惟有小乘禅。
>
> 伤心一念偿前债，弹指三生断后缘。
>
> 归卧竹根无远近，夜灯勤礼塔中仙。

苏轼在序中说，他处理完朝云的身后事，心中悲伤难捱，想起两年前曾为朝云写过一首诗，于是照着那首诗的韵，又和了一首，以此排解心中的哀伤。所和的原诗即是篇首的《朝云诗》，那时他还以玩笑的口吻写着"丹成逐我三山去，不作巫阳云雨仙"，没想到当年随口一句戏言，竟然一语成谶，苏轼心中的凄楚悲痛可想而知。

在这首悼亡诗中，苏轼又将朝云与佛教联系在了一起。"苗而不秀岂其天，不使童乌与我玄"说的是朝云的幼子。与朝云的孩子

不幸早夭，几乎让苏轼抱恨终身，当朝云逝去后，这份伤痛就显得更加深重，斯人已逝，幼子早亡，他连"抱子思母"的机会也没有。"驻景恨无千岁药，赠行惟有小乘禅"则是怅恨两人不能永远长相厮守，"佳人相见一千年"的愿望竟然破灭得那样匆忙，如今他只能念诵小乘佛经，告慰亡魂，也告慰自己。"伤心一念偿前债，弹指三生断后缘"则全然是以宗教思想来纾解悲伤了，他想，朝云来到这个世上，或许是要偿还前生欠他的债，所以跟着他颠沛流离，受尽苦楚。弹指一瞬间，她便已不在，离开人世也许是偿完了前世的债吧，今生缘分已尽，这是不可强求的事。他也只能这样安慰自己：朝云已经了却因缘，进入极乐世界，因此不需妄自悲伤。"归卧竹根无远近，夜灯勤礼塔中仙。"现在他已将朝云安葬在佛塔左近，每日黄昏她都可以去听经礼佛，孤冢独眠，当不会寂寞。

这首诗中的"一念"、"三生"皆出自佛书。苏轼曾经写过一个关于知己间三生缘分的传说，这个传说原出自袁郊的《甘泽谣》，苏轼嫌其旧文烦冗，颇为删改，写成了《僧圆泽传》：

> 洛师惠林寺，故光禄卿李憕居第。禄山陷东都，憕以居守死之。子源，少时以贵游子豪侈善歌，闻于时。及憕死，悲愤自誓，不仕不娶不食肉，居寺中五十余年。
>
> 寺有僧圆泽，富而知音，源与之游，甚密，促膝交语竟日，人莫能测。一日，相约游蜀青城峨眉山。源欲自荆州溯峡，泽欲取长安斜谷路。源不可，曰："吾已绝世事，岂可复道京师哉！"泽默然久之，曰："行止固不由人。"
>
> 遂自荆州路，舟次南浦，见妇人锦裆负瓮而汲者，泽望而泣曰："吾不欲由此者，为是也。"源惊问之。泽曰："妇人姓

王氏，吾当为之子。孕三岁矣，吾不来，故不得乳。今既见，无可逃者。公当以符咒助我速生。三日浴儿时，愿公临我，以笑为信。后十三年中秋月夜，杭州天竺寺外，当与公相见。"源悲悔而为具沐浴易服，至暮，泽亡而妇乳。三日，往视之，儿见源果笑。具以语王氏，出家财葬泽山下。源遂不果行，反寺中，问其徒，则既有治命矣。

后十三年自洛适吴，赴其约，至所约，闻葛洪川畔有牧童扣牛角而歌之。曰："三生石上旧精魂，赏月吟风不要论。惭愧情人远相访，此身虽异性长存。"呼问："泽公健否？"答曰："李公真信士。然俗缘未尽，慎勿相近。惟勤修不堕，乃复相见。"又歌曰："身前身后事茫茫，欲话因缘恐断肠。吴越山川寻已遍，却回烟棹上瞿塘。"遂去，不知所之。

后二年，李德裕奏源忠臣子，笃孝，拜谏议大夫，不就，竟死寺中，年八十。（此出袁郊所作《甘泽谣》，以其天竺故事，故书以遗寺僧，旧文烦冗，颇为删改。）

这个故事发生于唐朝，洛阳有个叫李源的富家子弟，少年时因善歌而闻名。后来其父李憕因安史之乱而死，李源悲愤于人世无常，发誓不做官不娶妻不食肉，并将自家宅邸改建成寺院，名为惠林寺，而他就住在寺中修行。寺里有位僧人叫圆泽，颇懂音乐，李源和他关系很好，两人常常整日促膝谈心，彼此引为知己。

有一天，他俩相约共游四川青城、峨眉山。李源想从荆州走水路沿江而上，圆泽却主张从长安走陆路入蜀。李源不同意，说："我已经断绝世事，怎可再去京城！"圆泽沉默良久，叹道："人的命运真是由不得自己。"

　　两人遂从荆州走水路，船到南浦的时候，看见一位妇人在江边汲水，圆泽望着她哭泣道："我不愿意走这条路，就是因为她啊。"李源很吃惊地问他究竟怎么回事。圆泽说："这位妇人姓王，我本来应该是她的儿子。她已怀孕三年，因为我不肯来，所以她才一直孕而未产。如今既然见到了，就不可能再逃避了。请你以符咒帮助我速去投生，三天后行洗儿礼时，请你来看我，到时我以笑为信。十三年后的中秋夜，我与你在杭州天竺寺外相见。"

　　李源既悲且悔，却已别无他法，只得为圆泽沐浴更衣。黄昏时分，圆泽亡故而妇人产子。三天后，李源到王家去看婴儿，婴儿见到李源果然笑了一下。李源将一切原委告诉了王氏，于是王家出钱将圆泽葬在山下。李源没有再继续四川之行，径直返回寺中，问起圆泽的徒弟，才知道他在出行前已明白自己将一去不归，早就写好遗嘱。

　　十三年后，李源到杭州赴约，在天竺寺外，忽然听见葛洪川畔有牧童敲着牛角而歌，其歌曰：

　　　　三生石上旧精魂，赏月吟风不要论。

　　　　惭愧情人远相访，此身虽异性长存。

　　李源听了，大声问道："泽公，你还好吗?"牧童回答说："李公果真守信。只是我尘缘未了，请不要与我亲近，此后只有各自专注修行，我们才能再次相见。"说完，又唱道：

　　　　身前身后事茫茫，欲话因缘恐断肠。

　　　　吴越山川寻已遍，却回烟棹上瞿塘。

　　牧童的身影伴着歌声渐飘渐远，从此不知所踪。

　　两年后，大臣李德裕以李源是忠臣之子，且为人笃孝，推荐他做官，李源因此被封为谏议大夫。但李源早已断绝尘心，不肯就职，后来死于寺中，年八十岁。

三生石

唐圆泽和尚　三生石迹

李源和圆泽的这个故事流传很广，至今在杭州西湖天竺寺外还有一块大石头，被称为"三生石"，相传即是他们隔世相会的地方。从故事可以看出，"三生石"原本说的是知己间的深厚情谊与隔世之约，只不过后来演变成情人间的誓约见证了。它身上寄托着人们的美好祈盼，祈盼能与知己情人结下三生缘分，长长久久地延续那份不能割舍的情感。

人生难得一知己，谁也忍受不了突然的诀别。人们都怀着一点最微渺的愿望，将今生已尽的缘分寄托在来生，然而这也正是《僧圆泽传》这个故事让人伤感的地方。纵然真的有来生，真的能够在来生相见，又真的能够记得前生之约，却未必真的能够再续前缘。"身前身后事茫茫，欲话因缘恐断肠。"一世事是一世事，来世自有来世的因缘需要了却，今生已经断掉的缘分，是不可能再在来生接续起来的。

苏轼为悼念朝云所写下的"伤心一念偿前债，弹指三生断后

缘"，何尝不是怀着这样凄凉的觉悟！

三、事如春梦了无痕

苏轼在惠州的时候曾写过一首诗，描述他的生活状态：

纵 笔

白头萧散满霜风，小阁藤床寄病容。

报道先生春睡美，道人轻打五更钟。

当时他在白鹤峰的新居刚落成，这里"下有碧潭，可饮可濯；江山千里，供我遐瞩"，是个美丽宜居的好地方，而长子苏迈也才迁到距惠州不远的地方为官，"挈携诸孙，万里远至"，一家人久别重逢，让他感慨"三年一梦，乃复见余"，"忧患之余，不能无欣然"（《和陶时运》）。他曾自言："吾生本无待，俯仰了此世。念念自成劫，尘尘各有际。"（《迁居》）也许是今生经历过太多沧桑，也许是有了佛老思想的开悟，此时已然无欲无求，只愿就此平淡安宁地度此残生，所以才有了《纵笔》中描述的那般安详适意。然而诗成后不久，苏轼即被贬往海南儋州。

据宋代曾季狸《艇斋诗话》记载，苏轼之所以被流放儋州，是因为当时这首诗传到京城，章惇看见后，不满于苏轼的"春睡美"，认为他的日子过得太安稳，怒而将之再贬。苏轼"已买白鹤峰，规作终老计"（《迁居》）的美梦做了没多久就破灭了，只得放弃才安住了两个月的新居，渡海南行。

此时距朝云去世刚刚半年，苏轼本欲只身独赴儋州，奈何"儿女辈涕泣求行"（《与王庠五首》其一），最后他决定带着幼子苏过一人同往。许是人生的大风浪已经历过太多，早已将世事看淡，此

次垂老投荒，并不指望能活着回来，临行前，他与家人诀别，泰然自若地安排好后事，到了海南，"首当作棺，次便作墓，乃留手疏与诸子，死则葬于海外……生不挈棺，死不扶柩"（《与王敏仲十八首》其十六）。他将自己视作"萧然无一物"的"行脚僧"（《与王庠五首》其一），俨然已经超脱了尘缘与生死。

海南的生活比起惠州要艰苦得多，除了气候不适应，"此间食无肉，病无药，居无室，出无友，冬无炭，夏无寒泉，然亦未易悉数，大率皆无耳"（《与程秀才三首》其一）。吃的住的用的什么都没有，苏轼称自己与儿子"相对如两苦行僧耳"，然而他却不以为意，"厄穷至此，委命而已"（《与姪孙元老四首》其一）。到海南后不久，他又旧疾复发，呻吟几百日，因为病的关系而断了荤腥盐酪，每天只吃淡面，给王庠的信中，他说"非独以愈疾，实务自枯槁，以求寂灭之乐耳"（《与王庠五首》其一）。保持清淡饮食，不仅是因为疾病的关系，也是想借此寻得清净寂灭之乐。

就物质生活而言，儋州无疑是苏轼一生遭遇最困苦的地方，然而他的精神生活却依然是"超然自得，不改其度"（《与姪孙元老四首》其一）。除了以诗书自娱，他继续参禅研佛，在日常生活中修行并体悟人生。《谪居三适》集中体现了他在海南的生活和精神状态，这组诗包括《旦起理发》《午窗坐睡》《夜卧濯足》，其中《午窗坐睡》颇有观照自我的坐禅意味：

> 蒲团盘两膝，竹几阁双肘。此间道路熟，径到无何有。
> 身心两不见，息息安且久。睡蛇本亦无，何用钩与手？
> 神凝疑夜禅，体适剧卯酒。我生有定数，禄尽空余寿。
> 枯杨不飞花，膏泽回衰朽。谓我此为觉，物至了不受。

谓我今方梦，此心初不垢。非梦亦非觉，请问希夷叟。

僧友道潜曾派人来看望苏轼，给他带去了书信，并说要亲自去探望他。苏轼给道潜回了一封信，请他不必担忧：

> 某启。专人远来，辱手书，并示近诗，如获一笑之乐，数日慰喜忘味也。某到贬所半年，凡百粗遣，更不能细说，大略只似灵隐天竺和尚退院后，却住一个小村院子，折足铛中，罨糙米饭便吃，便过一生也得。其余，瘴疠病人。北方何尝不病，是病皆死得人，何必瘴气。又苦无医药。京师国医手里死汉尤多。参寥闻此一笑，当不复忧我也。故人相知者，即以此语之，余人不足与道也。未会合间，千万为道自爱。（《与参寥子二十一首》其十七）

对于艰苦的生活，他很乐观，"折足铛中，罨糙米饭便吃，便过一生也得"。对于疾病，他很坦然，"北方何尝不病，是病皆死得人，何必瘴气"。对于生死，他更是超然，"京师国医手里死汉尤多"。即使是处在这等环境中，他也不改诙谐幽默，一切困厄在谈笑间变得那样微不足道。

苏轼凭着他那随缘自适的心态慢慢适应了海南的生活，也很快与当地人打成一片。"总角黎家三四童，口吹葱叶送迎翁。"（《被酒独行，遍至子云、威、徽、先觉四黎之舍三首》之二）当地的小孩子们喜欢吹着葱叶追随他来来往往。有一次他去看望当地的进士朋友黎子云，道中遇雨，他便向附近的农家借了斗笠戴上，穿着木屐而归，但穿戴起来的样子甚是奇怪，引得妇女孩子们大笑，连村里的狗也对着他群吠，场面颇为热闹，后来有人还根据这幅情景画了一幅画，即《东坡先生笠屐图》。（事载南宋·费衮《梁溪漫志》）

可见苏轼与当地居民的关系是十分融洽的，而他也在这种生活中找到了乐趣。

他经常背着个大葫芦在田间边走边唱，唱的是他曾经根据陶渊明的《归去来辞》改填的词《哨遍》：

> 为米折腰，因酒弃家，口体交相累。归去来，谁不遣君归？觉从前皆非今是。露未晞。征夫指余归路，门前笑语喧童稚。嗟旧菊都荒，新松暗老，吾年今已如此。但小窗容膝闭柴扉，策杖看孤云暮鸿飞。云出无心，鸟倦知还，本非有意。

> 噫！归去来兮，我今忘我兼忘世。亲戚无浪语，琴书中有真味。步翠麓崎岖，泛溪窈窕，涓涓暗谷流春水。观草木欣荣，幽人自感，吾生行且休矣。念寓形宇内复几时，不自觉皇皇欲何之。委吾心、去留谁计？神仙知在何处，富贵非吾志。但知临水登山啸咏，自引壶觞自醉。此生天命更何疑，且乘流、遇坎还止。

张廷济《东坡先生笠屐图》

一个七十岁的老妇听了他的歌，对他说："苏翰林昔日富贵，如今想来，是不是觉得像一场春梦？"苏轼点头称是，从此村里人都称此老妇为"春梦婆"。（事载宋·赵德麟《侯鲭录》）苏轼在一首诗中还提到她：

被酒独行，遍至子云、威、徽、先觉四黎之舍三首（之三）

符老风情奈老何！朱颜减尽鬓丝多。

投梭每因东邻女，换扇惟逢春梦婆。

对于苏轼来说，"人生如梦"的感慨与了悟，并不是到了晚年谪居海南时才有的。他一向喜好佛法，由于佛教思想的影响，也由于自身的坎坷经历，对于人生的本质，他早就看得非常透彻。谪居黄州期间，他开始专心研究佛学，归诚佛教：

和蔡景繁海州石室（节选）

前年开合放柳枝，今年洗心归佛祖。

梦中旧事时一笑，坐觉俯仰成今古。

他自称"东坡居士"，以佛教俗弟子自居。在黄州，他常定期到城南安国寺打坐静思，以消除心中的烦恼和苦闷，求得内心的清净，五年里从不间断：

……于是，喟然叹曰："道不足以御气，性不足以胜习。不锄其本，而耘其末，今虽改之，后必复作。盍归诚佛僧，求一洗之？"得城南精舍曰安国寺，有茂林修竹，陂池亭榭。间一二日辄往，焚香默坐，深自省察，则物我相忘，身心皆空，求罪垢所从生而不可得。一念清净，染污自落，表里翛然，无所附丽。私窃乐之。旦往而暮还者，五年于此矣。（《黄州安国寺记》）

由于佛家思想的启迪，他从中体悟到"一切皆空"，渐渐将世事与得失看淡。《金刚经》中有言："凡所有相，皆是虚妄。"世间一切诸相，都是虚妄不实的。又云："一切有为法，如梦幻泡影。如露亦如电，应作如是观。"世上一切物质和现象都如梦如幻般虚

无不实，如水中的气泡、镜中的虚影般不可捉摸，如清晨的朝露、天空的闪电般转瞬即逝。世事生灭无常，无论我

（唐）柳公权《金刚经刻石》

们以为多么真实的东西，都如同梦幻泡影，终究会破灭消失，不可能永远维持在同一种状态，所以无论我们现在拥有些什么，到头来必定是一无所有的，因此世上的一切都不值得执着。只有领悟了这一点，人才能将得失心与执着心放下，获得真正的解脱。佛法中的"六喻"，以梦喻为总喻，"幻、泡、影、露、电"等也都如梦，因此在苏轼的一些诗词作品中，可以看到他经常以"人生如梦"这一佛学思想宽解自己。

诸如，"万事到头都是梦"［《南乡子》（重九涵辉楼呈徐君猷）］，"身外傥来都似梦，醉里无何即是乡"［《十拍子》（暮秋）］，"世事一场大梦，人生几度秋凉"［《西江月》（中秋寄子由）］，"休言万事转头空，未转头时皆梦"［《西江月》（平山堂）］，"人似秋鸿来有信，事如春梦了无痕"（《正月二十日与潘郭二生出郊寻春忽记去年是日同至女王城作诗乃和前韵》），"人事千头及万头，得时何喜失时忧。只知紫绶三公贵，不觉黄粱一梦游"（《被命南迁途中寄定武同僚》），等等。

人世间的种种事端，都犹如一场春梦，梦里身外的一切，都空虚无有，梦醒后留不下一点痕迹。荣华富贵本来就是一场空，因此

253

失去了也不值得悔恨，困苦磨难不会长久存在，因此身处其中也没必要忧愁。是非、名利、荣辱、祸福都是虚妄无常的，正是在这种思想的引导下，本就胸襟开阔的苏轼对于自身得失与劫难越发变得超然达观起来，心中通达无碍，"无挂碍故，无有恐怖"（《般若波罗蜜心经》）。所以无论命运给予怎样的沉重打击，他都能够不忧、不惧、不惊、不乱，坦然自若地去面对，而他的佛禅修习在后期也渐入佳境。

次韵答元素

不愁春尽絮随风，但喜丹砂入颊红。

流落天涯先有谶，摩挲金狄会当同。

蘧蘧未必都非梦，了了方知不落空。

莫把存亡悲六客，已将地狱等天宫。

"莫把存亡悲六客，已将地狱等天宫。"此句典出《圆觉经》："地狱天宫，皆为净土。"在当时的苏轼看来，身外的一切，都了无分别，不管身处何方，眼中已然是一片净土。谪居惠州、儋州期间，苏轼更加虔信佛教，此时他对佛经已经研读多年，在日常生活中常常以佛教的"空无"和禅宗的"无念"来净化自己的思想，领悟自性，达到体悟毕竟空的精神境界。离开儋州北返途中，他写下一首诗：

过岭二首（其二）

七年来往我何堪？又试曹溪一勺甘。

梦里似曾迁海外，醉中不觉到江南。

波生濯足鸣空涧，雾绕征衣滴翠岚。

谁遣山鸡忽惊起？半岩花雨落毵毵。

"梦里似曾迁海外，醉中不觉到江南。"富贵显达是一场春梦，穷愁潦倒又何尝不是一场春梦，过去后便了无痕迹，坦坦荡荡，丝毫不挂于心。他平生历尽坎坷，身心备受挫折，在彻底看透人生的虚妄本相后，并没有哀叹虚无，消极处世，而是更加热爱生活，轻松坦然，无往而不乐，这一点，在黄州、惠州、儋州谪居期间体现得尤为明显。去世前两个月，他在《自题金山画像》为自己的一生做出总结：

> 心似已灰之木，身如不系之舟。
>
> 问汝平生功业，黄州惠州儋州。

苏轼此生命运多舛，四海流落漂泊无定，晚年回首往事，却独念黄州、惠州、儋州三谪地，或许正是因为这几段贬谪经历才是他心灵最安乐超脱的时期。

浮生如茶。茶叶只有在沸水的冲泡下，沉沉浮浮间，才能散发出其蕴藏的脉脉清香；若以温水沏茶，必是淡而无味。人生何尝不是如此？若非遭遇风雨磨难，如何散发出自己生命和智慧的清香？苏轼独特的人格魅力，也恰恰是在一生的坎坷沉浮间散溢而出的。

四、如何是祖师西来意

禅宗有一种非常重要的修行方法，即"参"。所谓"参禅"，即通过静心思虑，去除妄想来明心见性。禅宗六祖慧能时期，把参读佛典作为体悟的途径，后来便发展为"参公案"、"斗机锋"的体悟形式。禅师为弟子说法不用常语，回答弟子问题时往往不着边际，此时，"参"所强调的则是要灵活、创造性地去反复玩味，细细体悟。

中国禅宗有个著名的参悟公案，即"祖师西来意"，此公案在禅林非常流行，各种禅宗文献中都有记载，而历代禅师随机而答，妙语百出。

比如，沩山禅师的回答是："与我将床子来。"赵州禅师的答案是："庭前柏树子。"石霜禅师说的是："空中一片石。"云门禅师回答说："山河大地。"石头希迁禅师则让来者"问取露柱"。还有禅师是直接以行动作答的。当年龙牙禅师以"西来意"问翠微禅师，翠微说："把禅板递给我。"龙牙闻言递过禅板，翠微接过便打。龙牙又问临济禅师，临济说："把蒲团递给我。"龙牙递过蒲团后，临济接过便打。（《赵州禅师语录》壁观卷上）

乍看来，历代禅师的回答似乎都让人莫名其妙，甚至让人越发不解："祖师西来意"到底是什么？在解说这一公案前，不妨先说说禅宗拈花一笑的故事。

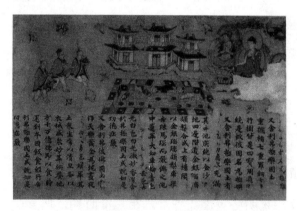

（唐）《阿弥陀经变》　浙江省博物馆藏

相传有一天，佛陀在灵山会上，登座拈起一朵花展示大众，当时众人都不明所以，只有摩诃迦叶破颜微笑，佛陀就说："吾有正法眼藏，涅盘妙心，实相无相，微妙法门，不立文字，教外别传，付嘱摩诃迦叶。"佛陀于是将法门付嘱摩诃迦叶，后来辗转传至二十八祖菩提达摩，达摩则从印度来到中国，禅宗就这样传承下来。

"如何是祖师西来意"，是初学禅者经常问的问题，也就是说：佛祖拈花到底传达了什么佛法大意？摩诃迦叶破颜微笑到底明白了什么佛法真谛？达摩祖师西来中国又是为着什么目的？各禅师对于此问题的答案之所以不同，乃是因为这并非修行上的实际问题，所以不正面回答，随口一句搪塞，打断其妄念。有些禅师不想因为语言而将问者导入迷途，于是直接以行为打断妄念，让其自行领悟体会。

为什么不可答？从禅宗之源"拈花一笑"的故事其实可以找出答案。《金刚经》云："若人言如来有所说法，即为谤佛，不能解我所说故。"在灵山会上，佛祖如来是没有"说"法的，如来传法提到的"正眼法藏"乃真如本性，"涅槃妙心"乃清净寂灭之心，所以不立文字，不可言传，一旦开口动念，便违了这佛法大意。正因如此，佛祖才以拈花示众的行为来表示对境不生心，清净寂灭如如不动，以此传达"正眼法藏，涅槃妙心"之大意，而众弟子中只有摩诃迦叶以清净心理解了佛祖之意，破颜微笑表示领悟，佛祖才将法门付嘱于他。

正所谓"佛祖西来本无意，拈花微笑示天机"，禅的境界是言语道断，心行处灭，若能明心见性，则即心即佛，所以佛祖说法是不言而教，摩诃迦叶受法是不语而悟。后世学禅弟子问起"西来意"，禅师不管怎样回答都会着语言文字相，有违清净寂灭，所以才有了五花八门不着边际的回答，目的是打断问者脑中执着的文字相，令其将心安定下来，佛祖所传的佛法本也就是一种清净寂灭、坦然自得的心境。诸如"庭前柏树子""空中一片石""山河大地"等等，众禅师千奇百怪的回答看似答非所问，但也点明了佛法就蕴

藏在大千世界，问者需从万物中参透领悟佛理，自行证得本性。

苏轼《听贤师琴》

禅宗历来主张"佛法在世间，不离世间觉"，即是说世间生活的一机一境，皆是触发悟机、契入本心的载体。而"佛法但平常，莫作奇特想"，悟道不在高处，就在日常茶饭间，即使是寻常事、寻常语，也可令人启悟本心。

苏轼一生崇信佛法，悟性极高，他在困苦磨难中潜心于参禅悟道，寻求的也正是佛法传达的清净寂灭之心，从而达到不着于相，"超然坦荡，无所束缚"的境界。在参悟过程中，他曾写下过许多禅诗，表达他在寻常事、寻常物中获得的禅悟。比如《赠东林总长老》：

> 溪声便是广长舌，山色岂非清净身。
>
> 夜来八万四千偈，他日如何举似人。

这首诗是苏轼在神宗元丰七年（1084 年）游庐山时所作。诗中"广长舌"指佛的舌头。《法华经》云："世尊现大神力，出广长舌，清净法身。"《阿弥陀经》云："出广长舌相，遍覆三千大世界。""清净身"指佛的法身。佛有三身，即法身、化身与报身，其中法身指清净无相之身，化身指受生示现之身，报身指功德庄严之身。"溪声便是广长舌，山色岂非清净身"即是说，潺潺溪水声就是佛祖说话的声音，苍翠的青山就是佛祖的法身，正所谓"青青翠竹，

尽是法身。郁郁黄花，无非般若"。孟景翼《正一论》说："物有八万四千法，法乃至于无数，行亦达于未央。"当人静下心来体悟，就能听见佛通过万物所说的法。溪水有八万四千法，一夜间就诵念了"八万四千偈"，而我领悟了如此多的禅机，他日如何对人说呢？因为禅是不立文字、不可言传的啊。

此诗所赠的东林总长老，即照觉禅师。相传苏轼游庐山时，因与照觉禅师谈禅论道，说到《华严经》中的"情与无情，同圆种智"，忽有所悟，因此作三首游庐山诗，分别对应"参禅前、参禅时、参禅悟道后"的境界，以表明心得。参禅前的状态是：

题西林壁

横看成岭侧成峰，远近高低各不同。

不识庐山真面目，只缘身在此山中。

这是未臻禅境时"无明"的状态，人陷于纷扰的世俗间，没能从中跳脱出来，因为不能明了世间万物的真实本相，所以被万物虚妄的表象所迷惑，从而产生种种困惑。

参禅时的境界是：

观 潮

庐山烟雨浙江潮，未到千般恨不消。

及至到来无一事，庐山烟雨浙江潮。

这是谈禅论道时的禅理机锋，也是观物参悟的过程。诗的第一句和最后一句完全一样，但却并非简单的重复，而是蕴含了深刻的哲理。《五灯会元》卷十七中记载，青原惟信禅师曾说："老僧三十年前未参禅时，见山是山，见水是水；及至后来，亲见知识，有个入处，见山不是山，见水不是水；而今得个休歇处，依前见山是山，

见水是水。"苏轼的诗句正是从这段语录演化而来。第一句的"庐山烟雨浙江潮"是想象中的景，也是未到时心中的向往与目标，此时的山便是山，水便是水；"未到千般恨不消"即是说人在追寻理想的过程中，会生出无限烦恼与痛苦，越是得不到的东西，便越是幻想出诸般美好，此时的山不再是山，水也不再是水；而经过一番努力与追寻，终于实现目标时，却并没有什么特别的感受，"及至到来无一事，庐山烟雨浙江潮"，也就是这样的平常，此时的山还是山，水还是水。"庐山烟雨浙江潮"从来没有变过，是始终如如不动的存在，变化的只不过是人的心境而已，对事物的执着心会蒙蔽人的双眼，从而看不清世间的真相，且又从中生出烦恼心，然而一旦参透领悟后，便发现曾经执着的一切都如此简单平常。所以人应当回归本来面目，以平常心、清净心来看待世间万物，看待生活和人生际遇。

最后，参禅悟道后的境界，即上文的《赠东林总长老》，这是禅悟后烦恼净除的境界。以一颗清净寂灭之心去观照万物，即能发现佛法无处不在，"溪声便是广长舌，山色岂非清净身"。万物皆含灵，众生有佛性，一切众生本来具足如来智慧德相。人也一样，每个人都有深藏的佛性，只不过被妄心所遮蔽，未能找到自己的清净本性，而破除妄心，明心见性后的觉悟，也就是成佛了。只是明心见性的过程只能自悟，难以用文字言明，眼见众生挣扎于"无明"之中，遂生起慈悲心，欲普度众生，却又不可言说，无奈之下只能感慨"夜来八万四千偈，他日如何举似人"。

三首诗蕴藏的禅理很形象地概括了参禅悟道的不同阶段，从最初的迷茫，到以佛法为指路明灯探寻人生真谛，最后觉悟清净本

相，到达圆融境界，正是一个完整的过程，可见苏轼确实深得三昧。他在参禅研佛中所写的禅偈和机锋还有很多，比如：

琴　诗

若言琴上有琴声，放在匣中何不鸣？

若言声在指头上，何不于君指上听？

这首诗所说的是一个常识性问题。寻常生活中大家都知道，琴声的产生必须得琴弦与手指相互配合，两者共同作用下才能奏出琴音，仅有琴弦是不能发声的，而仅有手指也是不能够发声的。《楞严经》卷四说："譬如琴瑟箜篌琵琶，虽有妙音，若无妙指，终不能发，汝与众生，亦复如是。"佛教说"缘起性空"，世间万物，皆是因缘和合而生，正如琴音，是琴弦之"因"与手指之"缘"彼此和合而产生的，亲因与助缘两者缺一不可，这是放诸四海而皆准的真理。此诗虽简洁随意，却蕴含着禅偈的机锋，颇显别致。

再比如机锋故事：

别石塔

石塔来别居士。居士云："经过草草，恨不一见石塔。"塔起立云："遮个是砖浮图耶？"居士云："有缝。"塔云："无缝何以容世间蝼蚁？"坡首肯之。元丰八年八月二十七日。

这篇小短文所写的是石塔与居士（即苏轼）间的机锋问答。居士云："有缝。"塔云："无缝何以容世间蝼蚁？"这一对答细细品味可发掘出许多深藏的道理。从佛教的慈悲心来看，众生平等，佛法为众生存在，当然也为蝼蚁而存在，这与儒家思想其实是相通的，君子当有"兼济天下"之心，为天地立心，为生民立命。从"有

缝"这一特征看，砖塔有缝，比不上石塔的浑然一体，似乎并不完美，然而它却以缝包容众生，给了蝼蚁生存的空间，其普度众生、慈悲宽大的胸怀，更显可贵。为人处世何尝不是如此，凡事实在不必强求完美，古语有云："水至清则无鱼，人至察则无徒。"做人太过于密不透风也是不可取的。

还比如，禅与道相互融通后的领悟：

唐道人言，天目山上俯视雷雨，每大雷电，但闻云中如婴儿声，殊不闻雷震也

已外浮名更外身，区区雷电若为神。

山头只作婴儿看，无限人间失箸人。

诗中的"外浮名"、"外身"典出道家经典《庄子·内篇·大宗师》："吾犹守而告之，参日而后能外天下；已外天下矣，吾又守之，七日而后能外物；已外物矣，吾又守之，九日而后能外生；已外生矣，而后能朝彻；朝彻，而后能见独；见独，而后能无古今；无古今，而后能入于不死不生。"因此道家有"外天下"、"外物"、"外生"、"外己"之说。"失箸"典出《三国志·蜀书·先主传》："是时曹公从容谓先主曰：'今天下英雄，唯使君与操耳。本初之徒，不足数也。'先主方食，失匕箸。"裴松之注引《华阳国志》云："于时正当雷震，备因谓操曰：'圣人云"迅雷风烈必变"，良有以也。一震之威，乃可至于此也！'"

参禅修道之人，已超脱外物，超脱自身，所以不会因境生心，再大的雷声，听来犹如婴儿声，不似世间人，会被雷声惊掉手中的筷子。《坛经》中，将禅宗修行归纳为"无念为宗，无相为体，无住为本"三大要领。参禅之人不存妄念，眼前所见实相无相，内不

执于空，外不执于物，所以不管面对怎样的境况，都能够神色自若，如如不动。

回头再看苏轼跌宕起伏、荣辱不定的生涯，从他的处世态度和文学艺术作品中，很轻易便能找到佛教禅宗"心性空寂"、"无念无思"的影响。在人生得失间，他放达睿智，对境不生心，所以能够不惊不惧。人活于世，难免遭遇逆境，若能拥有这样超然物外的心境，则烦心琐事自当不侵我心，这也正是"禅"的智慧之所在。

第五章

全民偶像，文化巨人

一、宋代书法第一家

在中国书法艺术发展史上，宋代是一个非常重要的时期。经历过唐末五代战乱之后，宋代安定和平的社会环境和开放自由的社会风气，为文化的大发展提供了最适宜的土壤。宋代文学艺术各领域百花齐放，一时盛况空前，散文、诗、词、绘画、哲学、史学等都取得了辉煌成就，书法也不例外。宋代书法在继承前代书法艺术的基础上，独创一代新风，将中国传统书法艺术推到了前所未有的境界。这一时期的书法艺术发展有几大显著特点：

首先是帖学的兴盛。宋代初年，宋太宗曾遣使搜求历代帝王名贤的墨迹，命人以枣木摹刻，将其拓本赐予大臣，此帖即后世所谓的"法帖之祖"——《淳化秘阁法帖》。受帝王重视书法的影响，

神龙本《兰亭集序》（局部）

当时官家、私家刻帖成风，形成了一种以崇尚"二王"（王羲之、王献之）书风、临摹书信和手札为主的"帖学"。帖学的兴盛对于保存古代书法名迹、推动书法艺术的发展起到了积极作用。在其影响下，书法的表现形式由过去的碑刻和墓志转为重视卷轴、书简、手札和题跋，书写者可以信笔书写，尽情挥洒，逐渐开始打破前人法度。

其次，这一时期的书法出现了一种重要的审美倾向，即强调书家的学识和意趣。宋代是中国文化发展的大繁荣时期，宋代文人在艺术上大都多才多艺，大多数书法家同时身兼文学家、画家、诗人、词人等多重身份，他们极重视自身修养，注重在文字中融入个人学识和情感；加上禅宗思想的影响，文人书家喜于参禅研佛，从禅思、理趣中获得感悟，注重提升书法的意境。种种因素使得宋代书法最终形成了以表现个人主观情趣为主的"尚意"书风，而这也成为宋代书法艺术最鲜明的特色。

由于"尚意"书风的兴起与确立，宋代在书法领域取得了有别于前代的巨大成就，"尚意"书法的代表同时也是宋代成就最高的书法家，被后人合称为"宋四家"，即苏轼、黄庭坚、米芾、蔡襄

四人，简称"苏黄米蔡"。其中苏轼作为宋代"尚意"书风的开创者和领路人被列为"宋四家"之首。他的书法天真烂漫，长于抒情，重在写意，其书法风格和理论，对宋代及后世都产生了极大的影响。

苏轼《治平帖》

苏轼《天际乌云帖》（局部）

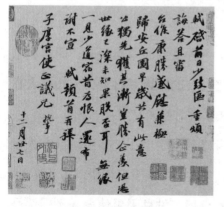

苏轼《归安丘园帖》

苏轼在书法艺术上有两大突出的创作理念，一则主张创新，建立自己独特的风格。他曾自言："吾书虽不甚佳，然自出新意，不践古人，是一快也。"（《评草书》）他在文学艺术上的总体追求是"得自然之数，不差毫末，出新意于法度之中，寄妙理于豪放之外"（《书吴道子画后》）。不管是文章、诗词，还是书画，都注重推陈出新，在雄放豪迈的风格之中寄予深邃淡远的丰富美感。黄庭坚曾评论苏轼书法："东坡道人少日学《兰亭》，故其书姿媚似徐季海。至酒酣放浪、意忘工拙，字特瘦劲似

柳诚悬。中岁喜学颜鲁公、杨风子书，其合处不减李北海。至于笔圆而韵胜，挟以文章妙天下，忠义贯日月之气，本朝善书，自当推为第一。"（黄庭坚《山谷题跋·跋东坡墨迹》）大致概括了苏轼书法的渊源以及各阶段的特点。苏轼注重从晋唐各名家书法中采撷优点长处，在继承的基础上进行艺术改造与革新，最终融会贯通，自成一体。他早年学王羲之、王献之，其书"姿媚"，而酒醉忘意之时，又呈现出"瘦劲"的特点；中年后学颜真卿、杨凝式，其书圆劲，而独以意韵和气骨取胜，最终形成自己深厚朴茂的独特风格。

古人的书体可学，但创作之"法"却不可学，苏轼在《跋王荆公书》里明确提出了"无法之法"的创作思想："荆公书得无法之法，然不可学，学之则无法。"他也曾多次提到自己的书法创作："我书意造本无法，点画信手烦推求。"（《石苍舒醉墨堂》）"吾虽不善书，晓书莫如我。苟能通其意，常谓不学可。"（《和子由论书》）他的书法重在写"意"，而这个"意"是无"法"可学的，它是作者内心感受和丰富联想在创作过程中的自然流露，是超越法度而更为深潜的艺术本质。在《书张长史书法》中，他很幽默地做了个形象的比喻：

> 世人见古有见桃花悟道者，争颂桃花，便将桃花作饭吃。吃此饭五十年，转没交涉。正如张长史见担夫与公主争路，而得草书之法。欲学长史书，日就担夫求之，岂可得哉？

他说世人见古代贤德之人因为桃花而悟道，于是便争相赞颂桃花，甚至把桃花当饭吃，希望能从中悟道。然而就算吃五十年桃花饭，也是不可能有所领悟的。这就像唐代著名的书法家张旭因为看见担夫与公主争路，而悟出草书之法。后世学习张旭草书的人，纵

然是日夜去观看担夫争道，也是不可能从中领悟到草书之道的。所谓"书必有神、气、骨、肉、血，五者阙一，不为成书也"（苏轼《论书》），简单呆板地去效法古人，至多能得其形，书法的神韵、气骨和灵魂却模仿不得，必须得靠自己去领悟。

除了主张"无法之法"的创新观，苏轼在书法艺术上，还秉持着"无意于佳乃佳"的创作心态。他在《评草书》中说：

> 书初无意于佳，乃佳尔。草书虽是积学乃成，然要是出于欲速。古人云"匆匆不及，草书"，此语非是。若"匆匆不及"，乃是平时亦有意于学。此弊之极，遂至于周越仲翼，无足怪者。吾书虽不甚佳，然自出新意，不践古人，是一快也。

在书法创作时，心中不执着于"佳"，才会创作出佳作。正如佛经所说的"以无所得故而得"，"口必至于忘声而后能言，手必至于忘笔而后能书……及其相忘之至也，则形容心术，酬酢万物之变，忽然而不自知也"（《虔州崇庆禅院新经藏记》）。这是他自己在创作实践中的领悟，他曾说："吾醉后能作大草，醒后自以为不及。"（苏轼《题醉草》）醉后无心求好，却往往能写出清醒时写不出的上乘之作。究其因，乃"意"使然。在无心无意的状态下，能够摆脱一切法度束缚，真正做到随意挥洒，尽情宣泄胸中情感，达到一种高度自由化的创作状态，这样写出的作品，才最接近于天真自然。

黄庭坚在《题东坡字后》中以旁观者的身份很生动地描述了苏轼的创作状态："东坡居士极不惜书，然不可乞。有乞书者，正色诘责之，或终不与一字。元祐中锁试礼部，每来见过，案上纸不择

精粗，书遍乃已。性喜酒，然不能四五龠已烂醉，不辞谢而就卧。鼻鼾如雷，少焉苏醒，落笔如风雨。虽谑弄皆有意味，真神仙中人。"苏轼从来不吝惜文字，然而若是直接找他要，必然是不能如愿的。比如杜几先曾经拿着上好的纸张，请苏轼在上面题字，又提出了一大通关于字的大小排列等要求，意思是字工字拙无所谓，只求别写太大，因为字写大了，一张纸就写不了几个字，他想要的是"多"。对此苏轼很诙谐地自嘲道："若是严子陵看见这光景，一定会说我这是在卖菜。"（《书杜介求字》）

苏轼对于书法创作秉持着无拘无束、随意所适的理念，所以他写字总是自由挥洒，一派豪放率真。元祐年间他担任主考官，与黄庭坚、李公麟、张耒等人深锁试院，阅卷完毕之前不能出宫，闲来无事，这些诗人艺术家们都以书画诗词自娱。比如黄庭坚写诗，李公麟画马，而苏轼则常常是随手抓起书案上的纸张，大笔一挥，痛痛快快地写个遍满，尤其是醉后，"落笔如风雨"，虽是随手玩耍戏作，却皆有意味。正是秉着随意而走、自然成书的创作理念，苏轼的字总带着一股汪洋浩荡、飘逸如仙的气质。

不过，在随"意"书写之前，基本功还是必须先具备的，而各体书法又独以楷书为最基本。苏轼曾说："书法备于正书，溢而为行、草，未能正书而能行、草，犹未尝庄语而辄放言，无是道也。"（《跋陈隐居书》）先写好楷书，基本功打得足够牢固，那么随意挥洒间，行书、草书自然而然就流出笔端了。苏轼是这样说的，也是这样做的。他少年时，手抄经史，以一种字体抄写过一遍后，就换另一种字体，直到练熟学成为止。对此，晁补之总结道："乃知笔下变化，皆自端楷中来，尔不端其本，而欺以求售，吾知书中孟嘉，

自可默识也。"（宋·何薳《春渚纪闻》）

苏轼写字在用笔上习惯于"偃卧"的手法，即书写时不悬腕，腕肘贴于桌面，运指不运腕，所以他的字厚实肥腴、字形扁平，横向舒展而以欹侧取势，形成了苏轼书法特有的风格。黄庭坚有一次跟苏轼谈论书法，苏轼戏说："鲁直（黄庭坚，字鲁直）最近写的字虽然清秀有力，但笔势有时太瘦，就像是树梢上挂着的蛇。"黄庭坚也不甘示弱，说："我对苏公的字固然不敢轻易评论，但间架褊浅，特别像石头压扁的蛤蟆。"两人哈哈大笑，以为深切要害。（事载南宋·曾敏行《独醒杂志》）

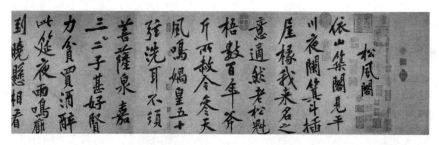

黄庭坚《松风阁帖》（局部）

苏轼《洞庭春色赋》（局部）

苏轼的书法诸体皆善，尤长于楷书和行书，笔法肉丰骨劲，跌宕自然，风格端庄杂流丽，刚健含婀娜，极具艺术美感。而最能体现出"尚意"书风特色的则是他的行书，且他的行书所达到的成就，又以在黄州时期为最高。

黄州时期是苏轼书法艺术创作的一个重要转折。他的书法创作

大体可以分作三个阶段，以黄州时期为界，早期即贬谪黄州之前，其书法用意精到，姿态妩媚，这一时期的代表作为《治平帖》。中期即谪居黄州时期，书法圆劲有力，相比早期有了质的飞跃。黄庭坚曾如此评说："东坡书早年用意精到，不及老大渐近自然。其彭城以前犹可伪，至黄州后，掣笔极有力，可望而知真赝矣。"（黄庭坚《山谷集》）这一时期的著名作品有《黄州寒食诗帖》《前赤壁赋》《杜甫桤木诗》等。其中《黄州寒食诗帖》是苏轼行书的代表作，在书法史上影响很大，被誉为是继王羲之《兰亭序》和颜真卿《祭侄文稿》之后的"天下第三行书"。此诗帖是苏轼到黄州后第三年的寒食节所写的遣兴之作，诗有两首：

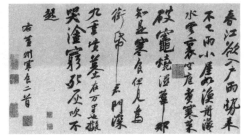

苏轼《黄州寒食诗帖》（局部1，2）

其一

自我来黄州，已过三寒食。

年年欲惜春，春去不容惜。

今年又苦雨，两月秋萧瑟。

卧闻海棠花，泥污燕支雪。

暗中偷负去，夜半真有力。

何殊病少年，病起头已白。

其二

春江欲入户，雨势来不已。

小屋如渔舟，濛濛水云里。

空庖煮寒菜，破灶烧湿苇。

那知是寒食，但见乌衔纸。

君门深九重，坟墓在万里。

也拟哭途穷，死灰吹不起。

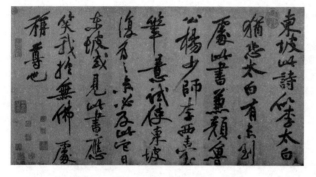

黄庭坚《跋苏轼〈黄州寒食诗帖〉》

诗句抒发的是作者的人生之叹，传达出的情感苍郁惆怅而不失旷达。这两首诗在苏轼的诗作中算不得出奇，然而当他以另一种形式，即书法艺术表现出来的时候，诗句心境的变化与书法点画线条的变化互相交融，跌宕起伏间浑然天成，达到了几近完美的境界，而诗与字共同构筑出的悲凉情感则强烈得呼之欲出，让人动容。勿怪黄庭坚有此叹息："东坡此诗似李太白，犹恐太白有未到处。此书兼颜鲁公、杨少师、李西台笔意，试使东坡复为之，未必及此。"（黄庭坚《跋苏轼〈黄州寒食诗帖〉》）

黄州之后，是苏轼书法创作的第三个阶段，这一时期的书法沉着老劲。晚年到儋州后，书法又为之一变，风格丰腴跌宕，天真浩瀚。元代书法家郭畀称苏轼"晚岁自儋州回，挟大海风涛之气，作字如古槎怪石，如怒龙喷浪，奇鬼搏人，书家不可及也"（郭畀

《苏轼书〈离骚九辩〉卷跋》）。苏轼晚年书法代表作有《洞庭春色赋》《中山松醪赋》《渡海帖》《江上帖》《答谢民师帖》等，其中《洞庭春色赋》《中山松醪赋》两帖以古雅制胜，姿态百出而结构紧密，集中反映了苏轼书法"结体短肥"的特点。

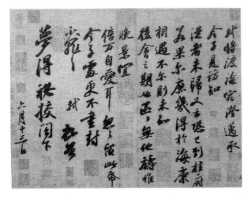

苏轼《渡海帖》　　　　　　　　　　苏轼《江上帖》

　　苏轼的书法，后世对其赞誉甚高，在北宋当时也非常受欢迎，在他生前便有人出高价收买他的作品。赵德麟的《侯鲭录》记载有这么一件趣事。有一天，黄庭坚跟苏轼开玩笑说："以前王羲之用抄写的《道德经》跟道士换鹅，一时传为美谈，他的书法因此被人称作'换鹅书'。知道么，最近你的字也被人拿去换东西了。韩宗儒这人特别贪吃，每次得到你手写的便条，就拿到殿帅姚麟家去换几斤羊肉回去吃，你的书法可以称作'换羊书'了。"苏轼听了，只觉得好笑。后来有一天，他正在翰林院处理公事，韩宗儒写了一封书简差人给他，想拿苏轼手写的回信。苏轼口头回复了，就是不写回信。来人不肯罢休，向苏轼催讨书面答复。苏轼笑着对来人说："回去告诉你家老爷，今天禁屠。"

　　苏轼的一些朋友也都热心搜集他的字，他所写的《书〈黄泥坂

词〉后》就记录了一段趣事：

> 余在黄州，大醉中作此词，小儿辈藏去稿，醒后不复见也。前夜与黄鲁直、张文潜、晁无咎夜坐。三客翻倒几案，搜索箧笥，偶得之，字半不可读，以意寻究，乃得其全。文潜喜甚，手录一本遗余，持元本去。明日得王晋卿书，云：“吾日夕购子书不厌，近又以三缣博两纸。子有近书，当稍以遗我，毋多费我绢也。”乃用澄心堂纸、李承晏墨书此遗之。元祐元年十一月二十一日。

《黄泥坂词》是苏轼在黄州时，某日大醉中所作，醒来后就不见了书稿，他也没在意。过了几年，有天晚上在家跟黄庭坚、张耒和晁补之三门生闲谈，三人在他家翻箱倒柜，一阵“搜刮”，无意中竟把多年前失踪的书稿给翻出来了，字迹有一半不可读，推敲了诗意，才把词补全。张耒捧着手稿爱不释手，于是把词抄了一遍，留了个抄本给苏轼，自己把原稿拿走了。第二天，苏轼收到好友王诜的书信，信中说：“我每日每夜不知厌倦地到处买你的书画，最近又花了三匹缣帛换了你两张纸。你如果有新作，应当记着先给我，莫让我再多费绢帛了。”估计是张耒拿了手稿一直显摆，让王诜既羡慕又郁闷，所以忍不住对苏轼抱怨：“你不能厚此薄彼啊！”于是，苏轼以上好的纸墨重新把《黄泥坂词》书写了一遍，送给王诜。

苏轼留存至今的书法作品很多，代表作有《治平帖》《天际乌云帖》《东武帖》《前赤壁赋》《黄州寒食诗帖》《次辩才韵诗帖》《归安丘园帖》《李太白游仙诗帖》《洞庭春色赋》《中山松醪赋》《渡海帖》《江上帖》《答谢民师帖》等。有学者将苏轼书法分作凝

练端庄类、豪放不羁类、潇散淡宕类三种，其中以端庄者居多，而豪放者较少，潇散淡宕类则成就最高。总体而言，气韵是苏轼书法最大的特点。他不计工拙、得失，一力追求意趣，在创作上取得了最大的自由。不求工而自工，无意于佳乃佳，这种自然天真、不事雕琢的艺术追求影响了后世几代人。

二、诗画本一律，天工与清新

在中国传统艺术中，书画是同体共源的，不论是艺术技巧还是美学理论，都具有共通性。宋代在书法方面既已创建了独特的风格并取得巨大成就，绘画艺术自然也不会落后。宋代绘画承袭隋唐五代传统而继续向前发展，并在不断探索中确立起独属于自己的风格，成就也不容小觑。

宋代许多帝王都对书画艺术抱有浓厚的兴趣，北宋初期即在宫廷内设立"翰林图画院"，以网罗培养宫廷画家，

李公麟《西园雅集图》（局部）

后来其机构和职能日趋完备。宋徽宗在位期间创设"画学"，并将其纳入科举考试中，此举吸引并集中了全国各地的优秀画家，既推动了绘画艺术的发展，提高了画家的地位，也导致了宫廷画的兴盛。在绘画艺术蓬勃兴盛的大环境下，人物画、山水画和风俗画也都有了不同程度的发展。

　　除此之外，宋代绘画艺术的另一个重要特点，是文人画的兴起。文人画出现于唐代，北宋中后期形成独立的绘画体系，当时以苏轼、文与可、米芾、李公麟等人为代表的一大批文人士大夫，在创作实践和创作理论方面双管齐下，最终将文人画导向兴盛，并对后世的绘画艺术发展产生了深远的影响。不同于宫廷画工笔设色的写实风格，文人画重"意"，强调"诗中有画，画中有诗"的意境，注重表达创作主体的思想情趣，对于绘画物象追求传其神韵，而非拘泥于外在刻画。关于"文人画"理论的探讨，以苏轼的成就最为突出。苏轼首先提出了"士人画"的概念，也是第一个对"文人画"理论做出全面阐述的人，对于"文人画"体系的形成有着不可替代的决定性作用。从某种程度上来讲，苏轼堪为"文人画"理论的奠基者。

　　苏轼在画论方面的著作很多，通过评论历代绘画名家的作品，或是品赏当代画家的画作，从审美和实践角度提炼出许多新颖独到的观念见解。较突出的有如下几点：

　　一则，首先提出了"诗画本一律"的审美认识。在《书鄢陵王主簿所画折枝二首》（其一）中他如是说：

　　　　论画以形似，见与儿童邻。

　　　　赋诗必此诗，定非知诗人。

　　　　诗画本一律，天工与清新。

　　　　边鸾雀写生，赵昌花传神。

　　　　何如此两幅，疏淡含精匀。

　　　　谁言一点红，解寄无边春。

　　苏轼在诗中写道，评论一幅画的优劣，若只从其外形出发，谈

论它是否与实际相似，这种见解是极为幼稚的。赋诗若只注重于表面意象，停留在诗歌字句本身，那么一定不是真正懂得诗歌的人。诗与画在表情功能上有着相通性，在艺术追求上也有着共通之处，即都崇尚自然之美和作品的神韵。另外，两者在创作思维上也是统一的，"古来画师非俗士，妙想实与诗同出"（苏轼《次韵吴传正枯木歌》）。画家与诗人在创作时的"妙想"是一致的，都需要神妙的想象力。正因如此，以诗作画、通过文字来表达画境和以画写诗、运用绘图来传达诗境，是完全可以成立的。苏轼曾评论王维的画："味摩诘之诗，诗中有画。观摩诘之画，画中有诗。"（《书摩诘蓝田烟雨图》）"诗中有画，画中有诗"，沟通两者，使其趋向统一的正是作品的意境。

苏轼"诗画本一律"的审美理论，将历来不为文人所重视的绘画艺术提高到了与诗歌等同的地位，并在实践中充分运用这一理论，将诗、书、画结合为一体，创作出格调高雅、意境深远的绘画作品。这类与以前的绘画艺术有着根本区别的作品，由于其注重文人意趣，为文人宣泄内心情感、表现心

文同《墨竹图》

志开辟了新的艺术途径，因而深受士大夫文人喜爱，吸引了大批文人参与其中，使得他所提倡的"士人画"渐渐在宋代绘画中占据重要的地位。

二则，强调"传神"。在《书陈怀立传神》中苏轼提出，绘画只消抓住物象的个性特征，以寥寥几笔勾勒出来，足以做到"传神"，这一理念从一定程度上导向了文人画"尚简"的审美趣味。

书陈怀立传神

传神之难在于目。顾虎头云："传神写照，都在阿堵中，其次在颧颊。"吾尝于灯下顾见颊影，使人就壁画之，不作眉目，见者皆失笑，知其为吾也。目与颧颊似，余无不似者，眉与鼻口，盖可增减取似也。传神与相一道，欲得其人之天，法当于众中阴察其举止。今乃使具衣冠坐注视一物，彼敛容自持，岂复见其天乎？凡人意思各有所在，或在眉目，或在鼻口。虎头云："颊上加三毛，觉精采殊胜。"则此人意思，盖在须颊间也。优孟学孙叔敖，抵掌谈笑，至使人谓死者复生。此岂能举体皆似耶？亦得其意思所在而已。使画者悟此理，则人人可谓顾、陆。吾尝见僧惟真画曾鲁公，初不甚似。一日，往见公，归而喜甚，曰："吾得之矣。"乃于眉后加三纹，隐约可见，作仰首上视，眉扬而额蹙者，遂大似。南都人陈怀立传吾神，众以为得其全者。怀立举止如诸生，萧然有意于笔墨之外者也。故以所闻者助发之。

苏轼在文章中以人物画为例阐述道，作画并不需要"举体皆似"，抓住其"神"，"得其意思所在"即可。而要做到传神，首先必须要经过细致的观察，把握住物象的本质。只要抓住了最突出的特征，将它画得像了，那么其他地方自然也就像了。

三则，首次提出了"常形"与"常理"的概念，并进一步引申出重视"常理"的品评观。

净因院画记

余尝论画，以为人禽宫室器用皆有常形。至于山石竹木，水波烟云，虽无常形，而有常理。常形之失，人皆知之。常理之不当，虽晓画者有不知。故凡可以欺世而取名者，必托于无常形者也。虽然，常形之失，止于所失，而不能病其全，若常理之不当，则举废之矣。以其形之无常，是以其理不可不谨也。世之工人，或能曲尽其形，而至于其理，非高人逸才不能辨。与可之于竹石枯木，真可谓得其理者矣。如是而生，如是而死，如是而挛拳瘠蹙，如是而条达畅茂，根茎节叶，牙角脉缕，千变万化，未始相袭，而各当其处。合于天造，厌于人意。盖达士之所寓也欤。昔岁尝画两丛竹于净因之方丈，其后出守陵阳而西也，余与之偕别长老臻师，又画两竹梢一枯木于其东斋。臻师方治四壁于法堂，而请于与可，与可既许之矣，故余并为记之。必有明于理而深观之者，然后知余言之不妄。

苏轼认为，凡绘画必涉两点，一则"常形"，一则"常理"。所谓"常形"，即事物的固定形状，而人物、禽兽、房屋和器物等都具备；所谓"常理"，即事物具备的情理和内在规律，似山石竹木、水波烟云这般事物，虽无固定形态，但必定有独具的"理"。"常形之失，止于所失，而不能病其全，若常理之不当，则举废之矣。"一件绘画作品，在"常形"上有所失误，所不足处也只在失误的那一部分，并不影响全部；若在"常理"上有所失当，那整幅画就全部败坏了。所以绘画不能不注意事物的"常理"，常理把握住了，就能画出事物的神韵。苏轼在《书戴嵩画牛》中曾经讲过一个故事，很好地诠释了"常理不当"所带来的失误：

蜀中有杜处士，好书画，所宝以百数。有戴嵩《牛》一轴，尤所爱，锦囊玉轴，常以自随。一日曝书画，有一牧童见之，拊掌大笑，曰："此画斗牛也。牛斗，力在角，尾搐入两股间，今乃掉尾而斗，谬矣。"处士笑而然之。古语有云："耕当问奴，织当问婢。"不可改也。

文章说，四川有一位杜处士，酷爱书画，他收藏的书画数以百计，其中有一幅是唐代著名画家戴嵩所画的牛。杜处士极珍爱这幅画，他以锦做画套，以玉做画轴，经常将这幅画随身携带着。有一天，他摊开书画晾晒，有个牧童路过看见了画，拍手大笑说："这画的是斗牛啊！牛在相斗时，力气全用在角上，尾巴是紧紧夹在两股之间的。但这画上的牛却是摇尾而斗，实在太荒谬了！"杜处士闻言笑了，认为他说的有理。

在苏轼关于"常形"与"常理"的相关论述中，可以看出，他反对绘画只追求对事物表象的描摹，而要求反映出事物内在的本质与规律，在"形似"与"神似"的问题上，是侧重于"神似"的。

李公麟《五马图》（局部1，2）

苏轼的画论及创作实践在宋代的影响是很大的，而他的绘画作品在当时也有着广泛的知名度和影响力。

《春渚纪闻》中记载了这样一件事：苏轼在杭州任太守时，有人告状说某人购买绫绢欠了他两万钱不肯偿还。苏轼将欠债人召来询问，这人说："我家是以制扇为业的，最近父亲去世，而今年从春天以来，一直阴雨绵绵，天气寒冷，做好的扇子卖不出去，并非故意欠账的。"苏轼仔细看了他很久，然后说："姑且将你做的扇子拿来，我帮你卖。"没多久，扇子送到，苏轼拿了二十把白色的夹绢团扇，就着判官笔在扇面上时而写行书，时而写草书，时而勾勒枯木，时而画以竹石，顷刻间画完。他将这些团扇递给制扇人，说："你去外面卖了，快点将欠的债给还了。"那人抱着扇子感激涕零地出去了。刚出府门，就有喜欢书画的人争相出价一千钱买一把扇子，制扇人手中的扇子眨眼间就卖完了，来得晚的人没买到还懊恨不已。制扇人于是还清了全部欠款，整个杭州郡都对此称赞感叹不已。（事载宋·何薳《春渚纪闻·卷六东坡事实·写画白团扇》）

苏轼留存于今的绘画作品数量很少，现存的有《枯木怪石图》《竹石图》《潇湘竹石图》。从存世作品与历代

苏轼《枯木怪石图》

关于苏轼画作的相关评议看，苏轼作画最喜爱的题材，即是竹、木、松、石，在绘画中注重写"意"，通过画作表现内心的情感。米芾在《画史》中提到，苏轼画墨竹，是"从地一直起至顶"。米芾问他为何不将竹子分节来画，他回答说："竹生时，何尝逐节生？"又说苏轼"作枯木枝干，虬曲无端；石皴硬，亦怪怪奇奇无端，如其胸中盘郁也"，可见他作画时都是怀着妙想与寄寓的。

苏轼《潇湘竹石图》

苏轼在绘画创作上有几大比较突出的美学倾向，即尚简、尚写和审丑。"尚简"这一审美追求，与苏轼在散文、诗、词方面的主张是相通的。所谓"发纤秾于简古，寄至味于澹泊"（《书黄子思诗集后》），外在的表现形式虽简，但却蕴含着丰富的意韵和内涵。他画的树木，没有叶子，只有躯干和枝条；画的竹子，一贯而上，不作分节；画的石头，并非层层叠垒

（明）项元汴《仿苏轼寿星竹图》

的山石，而往往只是一块怪石。这种极端简化的处理，撇开了物象繁缛的表征，而将关注点放在其本质与内蕴上，因此更能传达出绘画者内心的情感，正是文人画重"意"的表现。

"尚写"的做法是"书画同源"这一理论在实践中的运用。"士大夫工画者必工书，其画法即书法所在。"（元·杨维桢《图绘宝鉴序》）苏轼以书法的技巧和手法入画，强化了绘画的表现力，使得画面充满生命感，即如他画作中

的枯木、怪石，经过书法点画的构形，便有了强烈的生命张力。

"审丑"的美学趣味在苏轼的绘画作品中是显而易见的，他的枯木、怪石、墨竹没有让人赏心悦目的美态，与宫廷画的细致精美大相径庭，然而在"尚简"、"尚写"等艺术手法的表现下，却能生动地传达作者的思想情感。苏轼曾自题其画："枯肠得酒芒角出，肺肝槎枒生竹石。森然欲作不可留，写向君家雪色壁。"正是其画直抒胸臆的说明。这几种美学倾向对元明清三代绘画有着非常重要的影响。

三、慢著火，少著水，火候足时它自美

中国是一个名副其实的美食王国，"民以食为天"，中国人对于美食似乎有着天赋的才能和近乎执着的追求。中国饮食文化源远流长，其历史几乎与中华文明一样长久，要深入了解中国传统文化，一定避不开吃的文化。

苏轼是文学家，是诗人，是词人，是书法家，也是画家，而这样一位文学天才，之所以会让人倍感亲切，想必多少也是缘于他生活化的一面。从中国的美食之乡川蜀地区走出来的苏轼，是个当之无愧的美食家，他爱吃，懂吃，也会吃。野史笔记中关于苏轼与美食的故事很多，在苏轼浩如烟海的文学作品中，美食杂记也并不少见，从中我们大略可以得出一个共同的结论：苏轼是一个真正懂得生活的人。

"乌台诗案"后，苏轼被贬往黄州。刚到黄州时，他写下一首诗：

初到黄州

自笑平生为口忙，老来事业转荒唐。

长江绕郭知鱼美，好竹连山觉笋香。

逐客不妨员外置，诗人例作水曹郎。

只惭无补丝毫事，尚费官家压酒囊。

他中年政治失意，半生劳碌却一事无成，还落得如此潦倒的境地，所以才有"平生为口忙"的自嘲。然而到黄州后，见到长江绕城，首先想到的是这江里的鱼味定然鲜美，看到竹林连山，想到的是这山上的竹笋必定很香。本来是自嘲的"平生为口忙"，倒真成"为口忙"了。后来他在给秦观的信中介绍自己的生活状态，还特地写到黄州"柑橘椑柿极多，大芋长尺余，不减蜀中。外县米斗二十，有水路可致。羊肉如北方，猪、牛、麞、鹿如土，鱼、蟹不论钱"（《答秦太虚七首》其四），生活完全可以过得有滋有味。这种从美食里寻找精神开解和心灵安慰的经历，也不独发生在黄州。多年后，他被流放惠州，南迁途中，就从朋友口中打听到惠州风物甚美，而岭南特色美食尤其让人向往。

舟行至清远县见顾秀才极谈惠州风物之美

到处聚观香案吏，此邦宜著玉堂仙。

江云漠漠桂花湿，梅雨翛翛荔子然。

闻道黄柑常抵鹊，不容朱橘更论钱。

恰从神武来宏景，便向罗浮觅稚川。

惠州好山好水，荔枝、黄柑、朱橘、杨梅遍地都是，苏轼到惠州后亲尝了荔枝美味，不禁发出了那句著名的感叹："日啖荔支三百颗，不辞长作岭南人。"（《食荔支二首》其二）人活于世，可不

就是"为口忙"么？有的吃有的喝，又何苦忧郁不乐？有人要问，这是有的吃，那要是没的吃，又当如何？苏轼也自有一番讲究。

虽然苏轼惯常以一派乐观天真的心态面对自己的遭遇，但事实上，他在黄州的生活是相当艰苦的，没有俸禄收入，积蓄也不多，家里人口还不少，有很长一段时间生活非常拮据，只好节衣缩食。他倒是不以为意，还一本正经地写了一篇《节饮食说》：

> 东坡居士自今日以往，早晚饮食，不过一饮一啄。有尊客盛馔，则三之，可损不可增。有召我者，预以此告之，主人不从而过是，乃止。一曰安分以养福。二曰宽胃以养气。三曰省费以养财。元丰六年八月二十七日书。

没的吃，那就少吃，这食粮短缺的窘困之事，竟然还被他上升到养福、养气、养财的理论高度，且说得头头是道，由不得人不信。若是情况再严重点，实在无物可食，那还有一种方法，就是"阳光止饿"，修辟谷之法：

学龟息法

> 洛下有洞穴，深不可测。有人堕其中，不能出，饥甚。见龟蛇无数，每旦辄引吭东望，吸初日光，咽之。其人亦随其所向，效之不已，遂不复饥，身轻力强。后卒还家，不食，不知其所终。此晋武帝时事。辟谷之法，类皆百数，此为上，妙法止于此。能复服玉泉，使铅汞，具体去仙不远矣。此法甚易知，甚易行。然天下莫能知，知者莫能行。何则？虚一而静者，世无有也。元符二年，儋耳米贵，吾方有绝粮之忧，欲与过子共行此法，故书以授之。四月十九日记。

这篇杂记是苏轼晚年谪居儋州时写的，当时米贵，他与儿子苏

过曾一度断粮，不得已只好煮苍耳为食。因为面临着绝粮的困境，也不知是认真的还是开玩笑，苏轼说要和儿子一起修行道家的"辟谷之法"（即不食五谷，专食气以养生）。他讲了一个故事，说以前洛阳有个人，有一次不慎跌入深穴，没办法出去，肚子饿得不行，见洞中的龟、蛇每到黎明时分都伸头东望，吸食清晨的阳光，将其吞咽下去。这人就学着它们的样子吞食阳光，于是不再有饥饿之感，最后竟至于身轻力强。苏轼说自己可以试试这个办法。不管这是认真也好，还是困苦中的自我调侃也罢，这样永不沮丧的积极心态倒真是让人肃然起敬。

纵观苏轼一生，黄州谪居期间是非常重要的一个时期，他的文章、诗、词、书、画等文学艺术都在此时达到了创作生涯的高峰，令人咋舌的是，他在吃的方面居然也不落后。即便资粮短缺，但穷有穷的吃法，苏轼在黄州贫困的生活中，自己发掘出了许多美食。

比如说，"二红饭"。这饭的主料是大麦。苏轼在一篇杂记中提到，那年东坡田地里刚好收割了二十余石大麦，拿去卖的话价钱太低，正好家里的大米吃完了，所以这就成了一家人的口粮。这大麦煮出来的饭有个特点，嚼起来啧啧有声，几个儿子边吃边开玩笑说："这饭吃起来真像是在嚼虱子啊！"虽说是粗粮，难以下咽，不过中午肚子饿的时候，用开水或米汤泡一泡，"甘酸浮滑"，还是可以充饥的，苏轼称它有"西北村落气味"。但是大麦饭毕竟是不好吃的，后来苏轼不断对它进行研究改良，最后摸索出一个办法，将大麦和赤小豆混杂在一起煮，味道竟然特别的好。大麦颜色偏红，赤小豆也是红色，苏夫人笑着说："这就是新式的二红饭啊！"（事载苏轼《二红饭》）

再比如，"东坡羹"。这羹是一种菜羹，将白菜、大头菜、白萝卜、野荠菜等揉洗几遍，去掉苦汁，下入沸水中煮成菜汤。苏轼在《东坡羹颂》（并引）中详细介绍了做法：

> 东坡羹，盖东坡居士所煮菜羹也。不用鱼肉五味，有自然之甘。其法以菘若、蔓菁、若芦菔、若荠，揉洗数过，去辛苦汁。先以生油少许涂釜缘及一瓷碗，下菜沸汤中。入生米为糁，及少生姜，以油碗覆之，不得触，触则生油气，至熟不除。其上置甑，炊饭如常法，既不可遽覆，须生菜气出尽乃覆之。羹每沸涌，遇油辄下，又为碗所压，故终不得上。不尔，羹上薄饭，则气不得达而饭不熟矣。饭熟羹亦烂可食。若无菜，用瓜、茄，皆切破，不揉洗，入罨，熟赤豆与粳米半为糁。余如煮菜法。应纯道人将适庐山，求其法以遗山中好事者，以颂问之：

> 甘苦常从极处回，咸酸未必是盐梅。问师此个天真味，根上来么尘上来？

这道菜羹有很多讲究，单从做法上看，苏轼显然深谙各种食材的特性，所以才能以最适当的方式将每种食材自有的美味引导出来，又通过隔层蒸煮的方法，将不同食材之味均匀融合在一起，想来是极其美味的。苏轼曾将这道羹汤介绍给一些食素的僧道朋友，很受大家欢迎。

苏轼在黄州期间自创的美食很多，这之中最为人熟知的大概就是"东坡鱼"和"东坡肉"了。黄州临近江边，鱼自然是不缺的，苏轼也确实很懂得烹饪之法，且看他是怎么煮鱼的：

煮鱼法

> 子瞻在黄州，好自煮鱼。其法，以鲜鲫鱼或鲤治斫冷水下

入盐如常法，以菘菜心芼之，仍入浑葱白数茎，不得搅。半熟，入生姜萝卜汁及酒各少许，三物相等，调匀乃下。临熟，入橘皮线，乃食之。其珍食者自知，不尽谈也。

这做法也简单。选鲜鲫鱼或鲤鱼，剖好后以冷水洗过，抹上盐略腌制片刻，鱼肚里塞上白菜心，下锅后，放几段葱白，不用翻动。等到半熟时，将先前以少量生姜、萝卜汁和酒调匀的料汁浇于鱼身。鱼快熟的时候，撒上几丝橘皮，就可以出锅了。苏轼在文末很风趣地卖了个关子："至于味道怎么样，吃的人自然知道，我就不多说了。"这道菜当然是很美味的，所以至今仍然大受欢迎。

除了鱼以外，苏轼还很喜欢吃猪肉。据说当年佛印在金山寺住持的时候，因为苏轼喜食烧猪，所以每次都烧好了猪肉等他来。有一天做好的肉被人偷吃了，苏轼还作了首小诗打趣他（事载周紫芝《竹坡诗话》）：

戏答佛印

远公沽酒饮陶潜，佛印烧猪待子瞻。

采得百花成蜜后，不知辛苦为谁甜？

苏轼喜欢吃，也很会做。在黄州时，当地的猪肉很便宜，富人不愿意吃它，穷人又不懂得做法，苏轼颇以为憾，便亲自烹调猪肉。他在一篇杂记中写下了他炖肉的方法：

猪肉颂

净洗锅，少著水，柴头罨烟焰不起。待他自熟莫催他，火候足时他自美。黄州好猪肉，价贱如泥土。贵人不肯吃，贫人不解煮，早晨起来打两碗，饱得自家君莫管。

这道菜的做法极其简单，要点就是文火慢炖，所谓"柴头罨烟

焰不起"，就是强调用小火。其次，是水要少放，"慢著火，少著水，火候足时它自美"，这样炖出来的猪肉肥而不腻，味道鲜美。这道菜是苏轼自创的菜式中知名度最高的，也就是流传至今的"东坡肉"。就像在黄州炖猪肉这样，

东坡肉

苏轼的独到之处，就是他很擅长用别人弃之不用的食材，做出各种特色美食，既节省了用度，又满足了口腹之欲，可谓一举两得。

比如他谪居惠州期间，曾经给同样遭受贬谪的弟弟苏辙写信说：惠州市井寥落，不过菜市场每天都会杀一头羊，他没钱也不敢去跟当地官员争着买，所以每次都嘱咐屠户，把脊骨留给他。羊脊骨间还是有点肉的，他将羊骨煮熟，趁热拿出沥干，把它浸在酒里，撒点盐花，放在火上烤，烤得微焦的时候就可以吃了。他很得意地说，每天从羊脊骨中剔出些许羊肉来，就像吃蟹螯一样其味无穷，所以他总是隔几天就吃一次。然后又戏说道："子由三年食堂庖，所食刍豢，没齿而不得骨，岂复知此味乎？"意思是你以前有段时间任朝廷高官，伙食很好，吃的肉一口下去咬不到骨头，哪里知道这等美味啊！所以我写信把这秘方告诉你，你可以自己试试看。最后，苏轼很诙谐地添了一句，这办法好是好，就是别让太多人知道，不然那些等着啃肉骨头的狗就要不高兴了。（事载苏轼《与子由弟十首》其七）

从贫困艰苦的生活中寻找乐趣，是苏轼一贯的作风，而毫不费力地化苦为甘，也显示出他高于常人的生存智慧。至少对于钻研美食，品尝美食，他是真的乐在其中，即便那些食物在他人眼中看来是那么的不值一提。或许正是这样，民间关于苏轼与美食的故事特别多。

据说，苏轼有一次跟好友刘贡父闲聊，说自己以前跟弟弟准备制科考试时，每天都能吃到"三白"，味道特别好，吃过之后简直不相信世间还有八珍美食。刘贡父好奇，问他"三白"是什么。苏轼回答说："一撮盐，一碟生萝卜，一碗饭，乃三白也。"刘贡父听了大笑。过了些日子，贡父写了封书简，说要招待苏轼到他家吃"皛饭"。苏轼已经忘记了曾经对贡父说过"三白"之事，即便对"皛饭"不明所以，还是对人说道："贡父读书多，必有出处。"然后就去赴宴了。结果到了之后发现饭桌上摆的食物，只有盐、萝卜、饭而已，苏轼这才悟出贡父是以"三白"戏弄他，不过他还是不动声色，拿起筷子吃了个干干净净。回去的时候，他说："明天你来我家吧，我以'毳饭'招待你。"贡父虽然疑心苏轼是要捉弄他，但又实在很想知道苏轼的"毳饭"到底会准备哪些东西，于是就如期赴约了。苏轼很热情地招待了他，两个人边喝茶边聊天，一直聊到饭点都过了，贡父肚子特别饿，就向苏轼索食。苏轼说："稍等。"贡父问了好几遍，苏轼都这么回答，最后贡父说："我实在饿得受不了了！"苏轼慢吞吞地说："盐也毛（谐音'冇'，没有的意思），萝卜也毛（冇），饭也毛（冇），不是'毳'是什么？"贡父闻言捧腹大笑，说："我就知道你一定会报复我，只是万万没料到还有这么一出！"苏轼也大笑，这才命人摆上饭菜来吃。（事载南

宋·朱弁《曲洧旧闻》）

周紫芝的《竹坡诗话》记载，苏轼在黄州时，有一次去当地何秀才家吃饭，席上有一道油果很是酥脆，他便问主人这个油果叫什么名字，主人回答说没有名字，苏轼又问："为甚酥？（怎么这么酥脆？）"在座的客人们都说："正好，就用它来做名字好了。"有一位潘长官，思量着苏轼不太能饮酒，所以每次都特地为他准备甜酒。苏轼虽不善饮，但喝甜酒也不能尽兴，所以笑着打趣说："这酒一定是错著水（放错水）了吧。"后来有一天他忽然想吃油果了，于是作了一首小诗向何秀才求油果吃，诗是这样的：

> 野饮花前百事无，腰间惟系一葫芦。
>
> 已倾潘子错著水，更觅君家为甚酥。

意思是说，我在野外花前对酒百无聊赖，腰间只系了一只酒葫芦，里面已经装满了潘长官家的"错著水"，现在就差你家的"为甚酥"了。

苏轼的酒量虽然不佳，但是他很喜欢饮酒，写过好几篇酒赋，比如《浊醪有妙理赋》《中山松醪赋》《东皋子传后记》《桂酒颂》等，从这些文章可以看出他深解酒中之味。除了喜欢喝，苏轼也喜欢自己琢磨着酿酒，他在黄州时酿过蜜酒，在定州时酿过橘子酒和松酒，在惠州时酿过桂酒

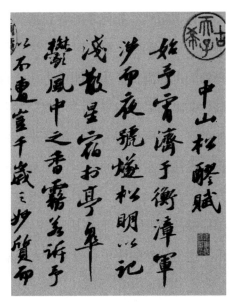

苏轼《中山松醪赋》（局部）

（"真一酒"），不过并不总是成功。据说他在黄州酿的蜜酒，喝过的人，曾出现腹泻，导致他一度不再酿酒。（事载宋·叶梦得《避暑录话》）

从苏轼的美食杂记和故事中，我们应该能够发现一点，就是他所津津乐道的美食都并非山珍海味，而是最平常简陋的食物，他却依然吃得有滋有味，所以说他是个不折不扣的美食家。不管多么粗劣的食材，能够用它烹制出美味，能够欣赏它的美味，才是真正懂得吃的人。就如同真正热爱生活的人，必定能够从苦难中品尝出乐趣一样，懂得饮食之道的人，也一定懂得生活之道。苏轼在《超然台记》中说：

> 凡物皆有可观。苟有可观，皆有可乐，非必怪奇玮丽者也。餔糟啜醨，皆可以醉，果蔬草木，皆可以饱。推此类也，吾安往而不乐？

何谓超然？如何才能做到超然？人之一生没有谁能够总是顺风顺水，称心如意，很多时候，快乐与幸福都是靠自己找来的。即使身处的世界满目疮痍，即使生活让自己遍体鳞伤，却依然不放弃从破败灰暗的世界中寻找"可观""可乐"的美，这才是超然。"人生如朝露，意所乐则为之，何暇计议穷达。"（《答陈师仲主簿书》）人也许没法左右自己的命运，却至少能够选择自己的人生态度和生活方式，睿智如苏轼，正因为懂得这一真谛，所以无论穷通祸福，他都能够超然物外，而正因为能够游于物外，所以才总是无往而不乐。这份超然的快乐，着实让人羡慕。

四、西湖十景之"苏堤春晓"

苏轼常说，他与杭州有着前生的缘分。神宗熙宁四年（1071年），他以通判的身份第一次出任杭州。那时，风景秀丽、美如天堂的杭州给了政治上遭遇坎坷的苏轼莫大的精神抚慰，在杭州的山水美景间，他渐渐忘掉了心中的忧愤与烦恼。杭州的山山水水留下了他大量的诗词篇章。"乌台诗案"后，苏轼谪居黄州，给友人陈师仲的信中，他说："轼亦一岁率常四五梦至西湖上，此殆世俗所谓前缘者。在杭州尝游寿星院，入门便悟曾到，能言其院后堂殿山石处，故诗中尝有'前生已到'之语。足下主簿，于法得出入，当复纵游如轼在彼时也。"（《答陈师仲主簿书》）

苏轼称自己离开杭州后，一年常有四五次梦见自己泛游于西湖之上，他感叹道，这就是世人所谓的"前缘"啊。他总相信自己前生就曾到过杭州，以前他在杭州任职时，有一次与参寥子同游西湖边的寿星院，一入门，便觉得眼前景物似曾相识，于是便对参寥子说："我生平从没来过这里，但眼前所视，都好像曾经经历过似的。我记得从这里一直到忏堂，应该有九十二级台阶。"结果命人数过之后，果然不差。（台阶事载宋·何薳《春渚纪闻》卷六"寺认法属，黑子如星"）他甚至可以把寿星院后面的殿堂、庭院乃至树木、山石描述得清清楚楚。为此他还写了一首诗：

和张子野见寄三绝句（其一）

过旧游

前生我已到杭州，到处长如到旧游。

更欲洞霄为隐吏，一庵闲地且相留。

　　或许正是这种说不清道不明的缘分，让苏轼对杭州始终念念不忘。哲宗元祐年间，苏轼在朝廷受尽排挤，逐渐萌生退意，他连上四道奏章，请求辞去翰林学士一职，外任地方，他所乞请的郡县，正是杭州。元祐四年（1089 年），苏轼如愿以龙图阁大学士的身份出任杭州太守。

　　在朝廷中央，政治集团间的争斗早已让苏轼身心俱疲，他的理想与抱负并没有丢失，然而即便一心想着能够有所作为，也总感有心无力。如今到了地方，情况就大不一样了，在这一郡之地，他大可一展拳脚为百姓做些实事。因此，一到杭州，苏轼就着手于郡县的治理工作。第一次在杭州任职，他只是佐官，政事上没有决定权。这第二次到杭州，就是名副其实的父母官了，他有足够的权力为百姓谋取福利。苏轼这次在杭州做了两年太守，两年间就完成了几项惠民大工程。

　　首先是疏通运河。杭州城中有两条运河，在闸口连接钱塘湾，湾内每天都有海潮涌入，沙泥浑浊，天长日久，运河内便积满淤泥，每隔三五年就得疏浚一次，每次动工，就得劳役兵民。运河贯通全城，长约十四五里，挖出的淤泥即就近堆在居民门前，使得整个杭州城混乱不堪，百姓更是苦不堪言，而堆积的泥沙日积月累形成土丘，雨水冲刷后，又重新流进运河里，更加深了运河的淤积。疏浚工程劳民伤财又全无改善，但若是不疏浚，则漕运和民船拥塞其中，舟行困难，又给城内交通带来极大不便。苏轼在熙宁年间出任杭州通判时，曾查访民间疾苦，当时就听百姓说到运河之患，因此，这次来杭州他所做的第一项大工程就是解决运河的问题。他在实地考察后，针对运河"频开屡塞"的根本原

因，向水利专家请教治理方法，最后他听取了当时临濮县主簿监杭州在城商税苏坚的建议。

城内的两条运河，一条是茅山河，一条是盐桥河，两条河贯通杭州城南北，在北部，两闸口相距不过三百步左右。两条运河需要有海水流入才能保持交通顺畅，但海水常常携带泥沙，盐桥河流经市区，必须保持清洁，相对来说，茅山河流经区域是人口稀少的城东郊区。所以苏轼采取的办法是在盐桥河南部修建水闸，海潮涨起时，就暂时将闸关闭，使海水径直从茅山河向北流出；潮退水清后，再打开闸门，这样盐桥河就免去了潮水淤塞、开淘扰民之患。而茅山河就算有泥沙淤积，因其沿岸居民稀少，即便开淘清理，泥土也有地方堆积，不至于给居民带来麻烦。进入茅山河的潮水，流过十余里后与盐桥河相通，这个时候泥沙已经沉淀，就算再入盐桥河，也不至于淤填。

另外，从长远考虑，为保持盐桥河水位，苏轼决定将城内水系连通起来，而在城北开凿了一条新的河道，使西湖、清湖河得以与盐桥河相通。这样，贯通市区的盐桥河南部有江潮的清水注入，北部又有西湖活水注入，就永无匮乏之忧。这套治理办法是极为有效的，自此之后，海潮不入市区，河道免了淤填之患，舟楫畅通无阻。而新河道开凿后，西湖水所过之处，居民饮用、农田灌溉等用水要求也得到了满足，可以说为百姓带来了多重便利。（参见苏轼《申三省起请开湖六条状》）

其次是疏浚六井，解决市民饮水问题。熙宁六年（1073 年），苏轼任杭州通判时，曾协助太守陈襄对唐朝李泌所凿的六井进行了修理，因为时隔多年，上次修好的六井再度废坏，杭州居民饮水非

常不便。苏轼决定彻底解决百姓用水问题，因此他改良输水管道，以陶瓦管取代竹管，又用砖石将输水管道固定保护起来，如此便可经久耐用。后来他又在城外新建了两井，以供军需。自此之后，西湖淡水通过输水管道进入六井，并遍及全城，大大满足了城内百姓的饮水需要。（参见苏轼《申三省起请开湖六条状》）

再次是赈济灾民，建设公立医院"安乐坊"。元祐四年（1089年），苏轼刚到杭州时，恰逢旱灾，饥荒时疫并发。他立即采取赈灾措施，上表朝廷请求免除杭州三分之一的上供米，稳定了米价，又请朝廷赐下数百份"度僧牒"，以其换米赈济灾民，第二年春天又将常平仓的存米减价卖出，百姓才免除了饥荒痛苦。元祐五年（1090年），杭州又遭水灾，苏轼接连上表七次，以《奏浙西灾伤第一状》、《奏浙西灾伤第二状》和五个《相度准备赈济状》陈述灾情，恳请朝廷急速设法，救百姓于饥馑之中。后来苏轼离开杭州回朝廷，还因此遭到弹劾，说他夸大灾情，"论浙西灾伤不实"（参见苏轼《乞开杭州西湖状》及林语堂《苏东坡传》）。

苏轼在救民饥荒之时，又积极注意防范疫病的流行。杭州是水陆交汇之地，因此疫病多发。苏轼供应粥、药，命人公布药剂良方，救活了很多病人。考虑到杭州常有疫病之患，他筹集钱款，同时自己捐出黄金五十两，于元祐五年（1090年）在杭州城建立了一家医院，名为"安乐坊"，收纳贫困病人，三年内治愈病人多达千人。而"安乐坊"也成了中国最早的公立医院。（事载宋·周辉《清波杂志》）

最后是苏轼最为人称道的一项重大举措——治理西湖。苏轼在杭州任通判时，西湖风光如画，他常常泛舟湖上，赏玩山水美景，

一首《饮湖上初晴后雨》道尽西湖之美：

> 水光潋滟晴方好，山色空濛雨亦奇。

> 欲把西湖比西子，淡妆浓抹总相宜。

然而，第二次到杭州来，此时的西湖已经不是他记忆中那个美丽的西湖了。苏轼在《申三省起请开湖六条状》中说："近年以来，埋塞几半，水石日减，葑荽日兹。""昔之水面，半为葑田。"西湖最大的两个问题，一是湖面水草蔓延，遮盖近半；二是湖底淤泥堙塞，污染严重。而西湖也因此储水量大减，丰水期漫淹农田，造成水患之灾；枯水期湖水又几近干涸，杭州城的饮水灌溉成为难题。照这样下去，再过二十年，西湖就不复存在了。（"更二十年，无西湖矣。"《申三省起请开湖六条状》）

然而，西湖是不可废的。从实用角度来说，"西湖之利，上自运河，下及民田，亿万生聚，饮食所资"（《申三省起请开湖六条状》），是不可或缺的淡水资源；从美学角度来说，"杭州之有西湖，如人之有眉目，盖不可废也。……使杭州而无西湖，如人去其眉目，岂复为人乎?"（《乞开杭州西湖状》）西湖就如同杭州城的眉眼，少了这眉眼，杭州的美也将失去大半。

在上奏朝廷的《乞开杭州西湖状》中，苏轼具体列出了五条西湖不可废的理由：其一，西湖以前被用作放生池，湖中生灵以百万数，一旦西湖堙塞，则"蛟龙鱼鳖，同为涸辙之鲋"，出于佛教悲悯之心的考量，西湖不可废；其二，西湖是杭州百姓的饮水之源，若少了西湖，则"举城之人，复饮咸苦"，这关系到民生问题；其三，西湖是杭州农田重要的灌溉水源，不可或缺；其四，西湖为运河提供了水源补给，若少了西湖，那么盐桥河只好再从江潮引水，日久泥沙浑浊，又得开浚清淤，到时"吏卒搔扰，泥水狼藉，为居民莫大之患"；其五，西湖是杭州酿酒的重要水源，杭州酒业乃天下最盛，每年可上缴赋税二十余万缗，一旦水源缺失，则酿酒业衰落，朝廷也会因此损失大量税收。

基于上述理由，苏轼提出要动工清理西湖二十五万余丈的湖上葑田，估算得用二十余万个人工，需要三万四千贯钱，这笔款项他已经筹得一半，还需要朝廷下拨一万七千贯。

苏轼的上表获得了朝廷的批准，不久他即与城民们开始了西湖的疏浚整治工作。花时四个月，终于清除了湖上水草和湖底淤泥。这时候又出现了一个新问题：挖出的淤泥怎么处理？苏轼想出了一个绝妙的点子。

苏堤春晓

当时西湖一周都有居户，从南岸步行到北岸必须绕湖边走大约两里之遥。若在湖中构筑一条长堤沟通南北，则必然能为交通提供便利，而湖上之堤也能为西湖增添几分美丽，可谓两全其美。于是，从西湖中清理出的几十万立方淤泥、水草，就在西湖西侧变成了一条修长蜿蜒的湖堤。这条湖堤全长近三公里，平均宽度三十六米。

湖堤修成后，此时的苏轼又回到了他诗人的身份，从文人雅士的审美眼光出发开始妆点起这道长堤。他命人沿着湖堤栽植了大量杨柳、碧桃等花草树木，还修建了六座古朴美观的单孔石拱桥和九座亭台。苏轼以其高妙的才情为六座桥各取了一个美丽的名字，分别是映波、锁澜、望山、压堤、东浦、跨虹。这一举措使得他的西湖整治工程不再只是一项单纯的水利工程，同时也变成了使山川变得更加秀美的景观工程。后人为了纪念苏轼治理西湖的功绩，将这座长堤命名为苏公堤（又称苏堤或苏堤春晓），而"苏堤春晓"也以其"十里长虹，焕成云锦"的风情韵致在南宋时被列为"西湖十景"之首。

西湖疏浚工程结束后，苏轼又为西湖的长远考虑起来。为了不使湖上水草复生，他又想了一个办法，即将水草滋生区域开辟出来，租给农民种植菱角，以抑

三潭印月

制水草，而不长水草的旧有水面，则不许人租佃，收来的租金则供今后西湖的清理疏浚之用。为防止年岁日久农户侵占西湖旧有水面，他命人在西湖水田与旧有水面的界限处立了三座石塔，下令石塔以内水面不得侵占种植。（参见苏轼《申三省起请开湖六条状》）这三座石塔后来也成为西湖著名的十大景观之一——"三潭印月"。

"苏堤春晓"和"三潭印月"是苏轼在杭州留下的两大人文景观，也是苏轼治理西湖之功的见证。历经千年，今天我们仍能亲身感受到它不朽的魅力。

五、远及东瀛的魔力

沈宗元在《东坡逸事序》中说:"古今立名者众矣,然自汉以来,名遍中外,能使妇人孺子、蛮夷外邦,咸震钦而倾服者,厥惟二人,武侯(按:诸葛亮)东坡是也。"诚然,苏轼以其学识才情和人格魅力征服了自宋以来的中国人,放眼古今中外,能如苏轼这般在诗词、散文、书法、绘画、宗教、医药、养生等方面都卓有建树的人,实在举世罕有。他的声名响彻四野,几乎无人不知,知者无不倾服,而这份魔力更是超越国界,延及他邦。苏轼其人其作,高丽、东瀛早在宋代便已知闻,如今的欧美,也是研究者甚众。

高丽与中国一直有着非常密切的外交联系,因此受中国文化影响甚深。苏轼生前,高丽人就知道他的文名,大约在高丽文宗三十四年(1080年,北宋神宗元丰三年)左右,高丽文学开始接受苏轼的影响。高丽中期,以李奎报为主的文人,反对高丽文坛及科场上盛行的浮靡文风,从而倡导苏轼式的豪放古文,为此刊行了《东坡文集》。当时高丽文人普遍学习苏轼诗文,模仿其文体和语言风格,苏轼的诗文、书画及生平故事之谈论在高丽尤其风行。与苏轼同时的高丽望族金覲,甚至分别为他的两个儿子取名为金富轼、金富辙,正是"生子当如孙仲谋"式的敬重。苏轼对高丽文学及学者的影响,由此可见一斑。

日本最初接受苏轼影响的方式,与高丽稍有不同。据王水照《苏轼作品初传日本考略》研究指出,苏轼诗文最早是以禅学为媒介与东瀛搭建起联系的。"东坡"之名首次见于东瀛文献,是平安朝后期藤原赖长的《宇槐记抄》"仁平元年（1151年）九月二十四日"条："去年（1150年）宋商刘文冲将《东坡先生指掌图》二帖等书赠给藤原"，可见至迟在12世纪中叶（1150年）时，苏轼的声名就已远及东瀛，为日本人士所知晓。而介绍苏诗的最早记载，则是日本镰仓时期成书的《正眼法藏》和《古今著闻集》。《正眼法藏》抄录了苏轼的一首禅诗，并以此称赞苏轼为"笔海真龙"，这首禅诗即苏轼的《赠东林总长老》。

前文谈到苏轼与禅的时候，已经详细分析过这首诗，此诗是苏轼禅诗中比较有代表性的一首。受佛教思想的影响，苏轼的作品中有相当一部分深具禅味，所以很受日本诗僧欢迎。其后较长一段时期，苏轼的诗作在日本传播并解读，都是从禅学角度出发的，苏轼也因此被日本僧人视为悟禅得道者。

日本刻本《东坡禅喜集》

镰仓时代（公元1192～1333年）后期至室町时代（公元1333～1573年），由于"五山十刹"宫寺制度的建立，禅僧们有着极高的社会地位，并享受着当权给予的优厚待遇。他们常常以文会友，以诗喻禅，热衷于通过禅宗接触中国文学，汉文化研究因此进入全盛时期，成为当时日本文坛的主流，史称"五山文学"。正是在这个时期，苏轼诗文集在日本的传播进入兴盛期，苏轼诗集、词集被大量刊行，流传也越来越广泛。

除了研究苏轼作品外，日僧们还写了不少以东坡为题的诗文，

如《读东坡海棠诗》《东坡咏海棠图》《东坡泛赤壁图》《题东坡雪堂图》《赞东坡》等，以苏轼为题材的绘画作品也较多，如《赤壁赋图》《东坡爱海棠图》《东坡笠屐图》等。

富冈铁斋《赤壁泛舟图》（局部）

江户时代（1603～1867年），一些文人因为崇敬苏轼，而在苏轼游赤壁的"壬戌十月之望"那天，把日本某座山当作"东坡赤壁"，仿效苏轼举行拟"赤壁游"。这个时期，日本文人对于苏轼的研究方式除了创作与其相关的文学作品外，与苏轼相关的绘画作品也很流行，不少画家仿照《赤壁赋》的意境入画，如石川丈山《后赤壁赋图》、贯名菘翁《前后赤壁赋图屏风》、富冈铁斋《赤壁前游图》及《赤壁四面图》等。

明治时代（1868～1912年）和大正时代（1912～1926年），长尾雨山和富冈铁斋等崇敬苏轼的文人们，举行了一系列与苏轼有关的纪念活动。除了拟赤壁游会以外，他们还在苏轼生日那天，举行"寿苏会"，收集有关苏轼的书画真迹、古董文物等，摆在寿苏会的会场，借此怀念苏轼。由此可见日本文人对苏轼的喜爱程度。

除了散文、诗、词等文学作品以外，苏轼的书画作品也深受日本人喜爱。值得一提的是《黄州寒食诗帖》，此帖的命运与它的作

者一样坎坷多舛。清代咸丰年间，英法联军火烧圆明园，《黄州寒食诗帖》险遭焚毁，其后即流落民间，辗转多人之手。1922 年，诗帖的持有者颜韵伯游览日本东京时，将《黄州寒食诗帖》以高价出售给日本收藏家菊池惺堂。1923 年 9 月，日本发生关东大地震，东京大半毁于火灾，菊池惺堂家也不例外，其毕生所藏名人字画几乎被毁一空。当时，菊池冒着生命危险，从烈火中将《黄州寒食诗帖》抢救出来。灾后，菊池将此帖寄藏在友人——汉学家内藤湖南处。1924 年 4 月，内藤应菊池惺堂之请，作跋以记《黄州寒食诗帖》从中国辗转至日本的大概情形，跋文如下：

> 苏东坡黄州寒食诗。引首乾隆帝行书。雪堂馀韵四字。用仿澄心堂纸致佳者。东坡诗黄山谷跋并无名款。山谷跋后。又有董玄宰跋语。张青父清河书画舫云。东坡草书寒食诗。当属最胜。卞令之书画汇考亦已著录。阮芸台石渠随笔云。苏轼黄州寒食诗墨迹。卷后有黄鲁直跋。为世鸿宝。戏鸿堂所刻止苏诗黄跋。其后张演一跋。人未之见其跋云云。彭大司空云。演跋所谓永安。庭坚为作仁宗皇帝御书记者也。庐山府君乃公裕弟。公邵官通直郎。知庐山县。张氏世为蜀州江原人。云。出留侯之裔。故以三晋署望也。虎按。卷中埋轮之后印。实系张氏所钤。又有天历之宝及孙退谷。

> 予于丁巳（1917）冬尝观此卷于燕京书画展览会。时为完颜朴孙所藏。震灾以后。惺堂寄收予斋中半岁余。昕夕把玩。益叹观止。乃磨乾隆御墨。用心太平室纯狼毫作此跋。愧不能若东坡。此卷用鸡毫弱翰而挥洒自在耳。虎又书。

第二次世界大战期间，日本东京屡遭美国空军轰炸，《黄州寒

食诗帖》在战火中幸而无恙。二战后，国民政府外交部长王世杰以重金从日本购回《寒食诗帖》，后来将其捐赠给台北故宫博物院。他在帖后题跋中简述了《黄州寒食诗帖》的辗转经历，并特别留下嘱托——"后之人当必益加珍护也。"

十几年后，台北一次书画展中展出了一幅长达 7.3 米的《黄州寒食诗帖》卷轴复制品，据称此复制品只有 10 件。1975 年前后，日本"东坡迷"山上次郎花巨资买下了最后一件复制品。十年后，山上次郎到黄州东坡赤壁参观，出于对苏轼的敬仰，山上次郎将他收藏的《黄州寒食诗帖》复制品捐赠给了东坡赤壁管理处，这幅《黄州寒食诗帖》因而成为中国大陆唯一的珍品。

文化是没有国界的，对于一位值得景仰的文人的喜爱当然也是不分国界的。长期以来，苏轼的诗、词、书、画作品在日本广为流传，对日本的宗教、文学、艺术等都产生了深远的影响。苏轼也成为日本人最崇敬的中国文人之一，至今犹然。

结　语

十多万字的叙说，仍然只能是点到为止，面对这位"远近高低各不同"的东坡先生，似乎再多的笔墨都只能是大致点染，而生动的写真只能从他的作品中真正寻得。

研究苏轼会发现，他是复杂的，从文学上看，他一生著述极丰，文学艺术作品包罗万象，风格各异；从思想上看，他身怀儒家的入世思想，又兼具佛家和道家的出世思想，三家思想混合交融，难分彼此；从爱好上看，他兴趣广泛，文艺、宗教、美食、酿酒、医药、养生、园艺等均有涉猎；从经历上看，他一生荣辱沉浮，辗转漂泊，足迹踏遍九州四海，交游遍及天下。然而，他又是极简单的，无论是为人、为政、为学，"率性"与"本真"都是他不变的风格，以赤子之心待人，以赤子之心处世，以赤子之心创作，纯朴自然，天真烂漫。因为苏轼的复杂，才有苏轼的厚重；因为苏轼的简单，才有苏轼的真诚。他就像是一个标杆，成为了他身后千百年来文人的

理想。

林语堂在《生活的艺术》中说："中国文化的最高理想人物，是一个对人生有一种建于明慧悟性上的达观者。这种达观产生宽宏的怀抱，能使人带着温和的讥评心理度过一生，丢开功名利禄，乐天知命地生活。这种达观也产生了自由意识，放荡不羁的爱好，傲骨和漠然的态度。一个人有了这种自由的意识及淡漠的态度，才能深切热烈地享受快乐的人生。"深以为，这句句说的都是苏轼。正因为他对于生命本质透彻的了悟，所以能够真正做到达观、宽宏与自由，面对一切不公的对待，他都能以极强的包容之心去接纳，对诸多不愉快都淡然视之，自由愉快地活着。而他的追随者们，同样也如同苏轼一样，不论政局如何波澜起伏，都无可避免地心折于苏轼的才华与率性。"东坡诗文，落笔辄为人所传诵。……崇宁、大观间，海外诗盛行……是时朝廷虽尝禁止，赏钱增至八十万，禁愈严而传愈多，往往以多相夸。士大夫不能诵坡诗，便自觉气素，而人或谓之不韵。"（南宋·朱弁《曲洧旧闻》卷八，《东坡诗文盛行》）就算诗文禁毁，也阻挡不了民间流播的势头和高涨的热度。他的文章、诗词、书画征服了万千文人，他的政行、性情、气节、品格更征服了百世后人。其原因何在？想来是他的"不可夺者峭然之节"所致吧。

如在中夜读《后赤壁赋》，看到苏轼在文中叹曰："有客无酒，有酒无肴，月白风清，如此良夜何？"在他则有朋友，携鱼与酒，谈玄而游于赤壁之下。而读者又何以自处呢？清人喻森用对联形容这种境遇说："无客无肴无酒无鱼无赤壁，有江有山有风有月有东坡。"其实江山风月亦不必，但有东坡诗文相伴，则足以自惬了。

神宗元丰元年（1078 年），苏轼在梦登燕子楼后，曾填了一首《永遇乐》词，在词末，他感叹："古今如梦，何曾梦觉，但有旧愁新怨。异时对、黄楼夜景，为余浩叹。"他没有料错，今天的我们，在面对他曾经留下过足迹的赤壁、黄楼、苏堤等景观时，真的会这么感叹一句："今时对、黄楼夜景，为君浩叹。"

可惜历史只有一个苏东坡。

苏轼大事年表

年代	大事记
宋仁宗景祐三年（1036 年）	苏轼出生。
宋仁宗宝元二年（1039 年）	苏辙出生。
宋仁宗至和元年（1054 年）	苏轼娶王弗。
宋仁宗嘉祐二年（1057 年）	苏轼中礼部试第二名进士，苏辙亦中举。旋因母丧服孝。
宋仁宗嘉祐四年（1059 年）	举家迁往京师，次年抵达。长子苏迈出生。
宋仁宗嘉祐六年（1061 年）	参加制举考试，高中第三等。授大理评事，签书凤翔判官。
宋英宗治平元年（1064 年）	复参加制举考试，中第三等。任职史馆。

年代	大事记
宋英宗治平二年（1065 年）	妻王弗丧。
宋英宗治平三年（1066 年）	父苏洵丧，苏轼辞官服孝两年三个月。
宋神宗熙宁元年（1068 年）	娶王闰之。
宋神宗熙宁二年（1069 年）	服丧毕，返京任职史馆。时王安石方推行新法，苏轼因讥讽新法得罪。
宋神宗熙宁四年（1071 年）	任告院监官，旋往杭州，任杭州通判。
宋神宗熙宁六年（1073 年）	王安石罢相。
宋神宗熙宁七年（1074 年）	任密州太守。
宋神宗熙宁十年（1077 年）	任徐州太守。
宋神宗元丰二年（1079 年）	任湖州太守。陷入"乌台诗案"，几身死狱中。
宋神宗元丰三年（1080 年）	出狱，谪居黄州。
宋神宗元丰七年（1084 年）	往常州。
宋神宗元丰八年（1085 年）	往登州，任登州太守。未几，往京都，任中书舍人。
宋哲宗元祐元年（1086 年）	以翰林学士知制诰。时司马光为相，尽废新法，苏轼数陈其非，得罪旧党。
宋哲宗元祐四年（1089 年）	任杭州太守兼浙西军区铃辖。

年代	大事记
宋哲宗元祐六年（1091 年）	任吏部尚书，旋改任颍州太守。
宋哲宗元祐七年（1092 年）	任扬州太守，旋迁兵部尚书、礼部尚书。
宋哲宗元祐八年（1093 年）	英宗高太后驾崩。苏轼妻闰之丧。调定州太守，河北军区司令。新党再度当权，尽斥元祐党人。
宋哲宗绍圣元年（1094 年）	谪居惠州。
宋哲宗绍圣四年（1097 年）	谪居海南儋州。
宋徽宗建中靖国元年（1101 年）	因新皇即位大赦，北返，卒于常州。
宋钦宗靖康二年（1127 年）	北宋灭亡。

参考文献

《碧鸡漫志校正》，【宋】王灼著，巴蜀书社，2000 年版。

《沧浪诗话校释》，【宋】严羽著，郭绍虞校释，人民文学出版社，2005 年版。

《春渚纪闻》，【宋】何薳撰，中华书局，1983 年版。

《东坡乐府笺》，【宋】苏轼著，【清】朱孝臧编年，龙榆生校笺，上海古籍出版社，2009 年版。

《东坡志林》，【宋】苏轼著，中华书局，1981 年版。

《东坡禅喜集》，【宋】苏轼著，【明】凌濛初增订，冯梦祯批点，黄山书社，2010 年版。

《东坡画论》，【宋】苏轼著，王其和校注，山东画报出版社，2012 年版。

《佛教十三经》，中华书局，2010 年版。

《汉书》，【汉】班固著，【唐】颜师古注，中华书局，1962

年版。

《侯鲭录·墨客挥犀·续墨客挥犀》，【宋】赵令畤撰，中华书局，2002 年版。

《嘉祐集笺注》，【宋】苏洵著，曾枣庄、金成礼笺注，上海古籍出版社，1993 年版。

《金刚经·心经·坛经》，中华书局，2007 年版。

《老学庵笔记》，【宋】陆游著，中华书局，1979 年版。

《冷斋夜话》，【宋】释惠洪著，中华书局，1988 年版。

《历代诗话》，【清】何文焕辑，中华书局，1981 年版。

《历代诗话续编》，丁福保辑，中华书局，1983 年版。

《梁溪漫志》，【宋】费衮著，三秦出版社，2004 年版。

《栾城集》，【宋】苏辙著，曾枣庄、马德富校点，上海古籍出版社，2009 年版。

《渑水燕谈录·归田录》，【宋】王辟之、欧阳修著，人民文学出版社，1997 年版。

《瓯北诗话》，【清】赵翼，人民文学出版社，1998 年版。

《欧阳修诗文集校笺》，【宋】欧阳修著，洪本健校笺，上海古籍出版社，2009 年版。

《全上古三代秦汉三国六朝文》，【清】严可均辑，中华书局，1958 年版。

《全唐诗》，【清】彭定求等编，中华书局，1960 年版。

《全唐文》，【清】董诰等编，上海古籍出版社，1990 年版。

《全宋笔记》，朱易安等主编，大象出版社，2003 年版（第一编）、2006 年版（第二编）、2008 年版（第三编、第四编）、2012

年版（第五编）、2013 年版（第六编）。

《全宋词》，唐圭璋编，中华书局，1999 年版。

《全宋诗》，北京大学古文献研究所编，北京大学出版社，1998年版。

《全宋文》，曾枣庄、刘琳编，上海辞书出版社，2006 年版。

《人间词话疏证》，王国维著，彭玉平疏证，中华书局，2011年版。

《容斋随笔》，【宋】洪迈著，中华书局，2005 年版。

《三苏全书》，曾枣庄、舒大刚主编，语文出版社，2001 年版。

《诗词散论》，缪钺著，上海古籍出版社，1982 年版。

《史记》，【汉】司马迁著，中华书局，1982 年版。

《十三经注疏》，【清】阮元校刻，中华书局，1980 年版。

《世说新语笺疏》，【南朝宋】刘义庆撰，【南朝梁】刘孝标注，余嘉锡笺疏，中华书局，2007 年版。

《四库全书总目》，【清】永瑢等撰，中华书局，2003 年版。

《宋论》，【明】王夫之著，中华书局，2003 年版。

《宋史》，【元】脱脱编，中华书局，1985 年版。

《苏东坡轶事汇编》，颜中其编，岳麓书社，1984 年版。

《苏东坡传》，林语堂著，群言出版社，2010 年版。

《苏轼词编年校注》，邹同庆、王宗堂，中华书局，2002 年版。

《苏轼年谱》，孔凡礼著，中华书局，1998 年版。

《苏轼诗集》，【宋】苏轼著，【清】王文诰辑注，孔凡礼点校，中华书局，1982 年版。

《苏轼诗集合注》，【宋】苏轼著，【清】冯应榴辑注，黄任轲、

朱怀春校点，上海古籍出版社，2001年版。

《苏轼文集》，【宋】苏轼著，【明】茅维编，孔凡礼点校，中华书局，1986年版。

《苏轼图传》，曾枣庄著，河北人民出版社，2006年版。

《苏轼资料汇编》，刘尚荣编，中华书局，2004年版。

《苏轼书画艺术与佛教》，陈中浙著，商务印书馆，2006年版。

《苏轼与书画文献集》，李福顺编著，荣宝斋出版社，2008年版。

《苏辙集》，【宋】苏辙著，中华书局，1990年版。

《谈艺录》，钱钟书著，三联书店，2007年版。

《唐宋八大家文钞》，【清】张伯行选编，萧瑞峰导读、张星集评，上海古籍出版社，2007年版。

《唐宋八大家文钞校注集评》，【明】茅坤选，高海夫校注，三秦出版社，1998年版。

《陶渊明集笺注》，【晋】陶渊明著，袁行霈笺注，中华书局，2003年版。

《苕溪渔隐丛话》，【宋】胡仔著，人民文学出版社，1981年版。

《王荆公文集笺注》，【宋】王安石著，李之亮笺注，巴蜀书社，2005年版。

《维摩诘经》，赖永海主编，中华书局，2010年版。

《文心雕龙注》，【南朝梁】刘勰撰，范文澜注，人民文学出版社，1958年版。

《文选》，【梁】萧统编，【唐】李善注，上海古籍出版社，1986

年版。

《续资治通鉴长编》，【宋】李焘著，中华书局，2004 年版。

《乐章集校注》，【宋】柳永著，薛瑞生校注，中华书局，1994 年版。

《庄子纂笺》，钱穆著，三联书店，2010 年版。

《资治通鉴》，【宋】司马光著，中华书局，1956 年版。

后　记

在我那些大大小小的梦想中，有一个梦跟随了我很多年，虽然很多年都不曾丢弃，却也永远只停留在"总有一天"的幻想里："总有一天，我要出版一本自己写的书。"我很想实现它，又不认为自己真的能实现它，于是这个梦，就这么被我在心底长久供奉着。

文人之中，我最喜爱的便是苏轼，而且是颇有点执着的喜爱，对于苏轼的作品、生平了解得也不算少，只是从没写过相关文章。可能有些人有些事，正因为太过喜欢，反而不敢轻易动笔，也可能是我在内心始终把自己定位成一个痴迷过头的业余者。所以当昊苏问我有没有意向写一本关于苏轼的书时，我的心情是很复杂的。我没想到，我一直牵念的梦想竟然是以这样一个方式突然出现在了伸手可及的位置。我并不认为自己有能力做到，本来想拒绝，可是心底又有一个越来越强烈的声音说我想试试，反复挣扎许久，终于还是决定遵从自己的本心。做了那么多年的梦，当实现的机会来到眼

前，却生生将它推开，那还大言不惭谈什么梦想？如果放弃，我一定会后悔，就算能力不足，可是不试试，就永远不会知道自己能做到什么程度。在书稿完成的今天，之所以详细记下这段心情经历，只是想告诫从来缺乏自信的自己，很多事情，非不能也，乃不为也。

写作的过程中，遇到的困难阻隔不少，一来是时间，再来是明显感觉到自己各方面知识的欠缺和不足，不能不说，很多时候都写得很吃力。辛苦是肯定的，但是在这一过程中，收获最多的却是快乐。我总暗自庆幸，还好，我写的是苏轼，因为他永远具备让人微笑的魅力，对着苏轼，你实在没法去沮丧悲观，只会更加积极去面对。也好在，我并不是一个人。这本书从提纲的拟定，到思路的展开，昊苏都提出了非常多的意见，图片的搜集和年表、文献等资料的整合也都是由昊苏完成的。我总戏说，这本书是由昊苏提供的骨架，而由我填充的血肉。比喻虽不甚恰当，但书稿确实是两个人的共同成果。

最后，感谢主编乔力先生和济南出版社，尤其感谢昊苏，感谢一直鼓励我的父母，和随时准备着听我发牢骚的弟弟，感谢你们，帮我圆了一个梦！这本书，我把它送给自己，作为对自己多年情结的一个纪念。

范晓佩

2013 年 12 月 13 日晨

图书在版编目（CIP）数据

苏轼：率性本真总不移/范晓佩，张昊苏著. —济南：
济南出版社，2014.5 （2023.5重印）
（文化中国/乔力，丁少伦主编. 永恒的话题. 第4辑）
ISBN 978 - 7 - 5488 - 1280 - 7

Ⅰ.①苏… Ⅱ.①范… ②张… Ⅲ.①苏轼（1036 ～
1101）—人物研究 Ⅳ.①K825.6

中国版本图书馆 CIP 数据核字（2014）第 091991 号

整体策划 丁少伦
责任编辑 贾英敏
装帧设计 侯文英

出版发行 济南出版社
地　　址 济南市二环南路 1 号（250002）
发行热线 0531 - 86131731　86131730　86116641
编辑热线 0531 - 86131721　86131722
网　　址 www.jnpub.com
经　　销 新华书店
印　　刷 肥城新华印刷有限公司
版　　次 2014 年 6 月第 1 版
印　　次 2023 年 5 月第 2 次印刷
规　　格 150 毫米×230 毫米　1/16
印　　张 20.5
字　　数 228 千字
定　　价 59.80 元

（济南版图书,如有印装错误,请与出版社联系调换。**联系电话:**0531 -86131736）
法律维权:0531 - 82600329